人民法院
刑事法律文书大全

本书编写组 编著

法律出版社
LAW PRESS · CHINA

前　言

在诉讼中，法律文书不仅是法律事务的文字载体，也是程序公正的体现，更是当事人权利义务的保障。对于当事人来说，法律文书具有极其重要的意义。一纸法律文书，可能关乎当事人的命运。因此，我们应该把如何写好法律文书当成一件大事来办。当然，对于在法院撰写法律文书的工作人员来讲，写好诉讼法律文书，不仅是工作的需要，也是实现自我价值、体现工作水平的需要，更是提高办案质量、促进司法公正的需要。

在三大诉讼中，刑事诉讼有着其特殊的使命。刑事诉讼的任务是惩罚犯罪，保护人民，保障国家安全和社会公共安全，维护社会主义秩序。刑事诉讼程序复杂、涉及面广，在每个程序阶段所配备的法律文书也是相当复杂和广泛。对于从事刑事诉讼法律文书撰写工作的人员来说，了解和掌握每一种法院刑事诉讼法律文书的写法，也是一件相当不容易的事情。在此，为了帮助相关工作人员学习和掌握法院刑事诉讼法律文书的写法和具体内容，我们特别编写了本书。本书具有以下主要特色：

第一，内容全面。

本书以文书种类为分类依据，收录了刑事诉讼中的各种判决书、裁定书、通知书、决定书、书函、笔录、表、报告、卷宗、票证等。可以说，在本书中，人民法院所用的刑事诉讼法律文书应有尽有。

第二，文本规范。

对于法院文书来讲，规范性是必不可少的。这不仅关乎法律的权威，也关乎到司法机关的权威。鉴于此，本书的法律文书样式均选自国家发布的正规法律文件，如《法院刑事诉讼文书样式》等。本书的文书样式来源权威、可靠，内容准确、具体，具有很大的参考价值。

第三，具体实用。

对于讲解法律文书写法的书来讲，仅仅附上文书框架，可能会给读者带来一定的困惑。比如这儿怎么填，那儿怎么填，读者可能会无措。对此，我们特别配以“例证”，以“文本演示”的方式给读者呈现一个立体的了解和学习法律文书的画面，相信读者一看就会，相当具体和实用。

第四，便于检索。

本书在体系设置上，按照文书种类进行了划分，结构清晰、分类明确。当您需要找某一份诉讼文书时，会很容易地就能找到。

当然，由于编写组人员水平、时间等限制，难免有不足之处。对于本书中出现的不足之处，敬请读者批评指正！最后，衷心希望本书能给您带来帮助！祝您工作顺利！

编委会

2019 年 12 月

目　录

第一章　判　决　书

第二章　裁　定　书

第三章　通　知　书

第四章　决　定　书

第五章 书　函

第六章 笔　录

第七章　表

第八章　报　　告

第九章 卷宗、票证

第一章 判 决 书

第一节 一 审 程 序

刑事判决书（一审公诉案件适用普通程序用）

适用情形

刑事判决书（一审公诉案件适用普通程序用），供第一审人民法院对于公诉案件按照第一审普通程序审理终结后，根据已经查明的事实、证据，依据有关法律规定，作出被告人有罪或者无罪、犯罪类型、判处何种刑罚或者免除处罚、宣告无罪等处理决定时使用。

基本框架

××××人民法院

刑事判决书

（××××）×刑初××号

公诉机关××××人民检察院。

被告人________（写明姓名、性别、出生年月日、民族、出生地、文化程度、职业或者工作单位和职务、住址和因本案所受强制措施情况等）。

辩护人________（写明姓名、工作单位和职务）。

××××人民检察院以×检×诉［××××］××号起诉书指控被告人×××犯××罪，于××××年××月××日向本院提起公诉。本院依法组成合议庭，公开（或者不公开）开庭审理了本案。××××人民检察院指派检察员×××出庭支持公诉，被害人×××及其法定代理人×××、诉讼代理人×××，被告人×××及其法定代理人×××、辩护人×××，证人×××，鉴定人×××，翻译人员×××等到庭参加诉讼。本案现已审理终结。

××××人民检察院指控，________（概述人民检察院指控被告人犯罪的事实、证据和适用法律的意见）。

被告人×××辩称，________（概述被告人对指控的犯罪事实予以供述、辩解、自行辩护的意见和有关证据）。辩护人×××提出的辩护意见是________（概述辩护人的辩护意见和有关证据）。

经审理查明，________（首先写明经庭审查明的事实，其次写明经举证、质证定案的证据及其来源，最后对控辩双方有异议的事实、证据进行分析、认证）。

本院认为，________（根据查证属实的事实、证据和有关法律规定，论证公诉机关指控的犯罪是否成立，被告人的行为是否构成犯罪，犯什么罪，应否从轻、减轻、免除处罚或者从重处罚。对于控辩双方关于适用法律方面的意见，应当有分析地表示是否予以采纳，并阐明理由）。依照________（写明判决的法律依据）的规定，判决如下：

__________。

[写明判决结果，分三种情况：

第一，定罪判刑的，表述为：

“一、被告人×××犯××罪，判处________（写明主刑、附加刑）。

（刑期从判决执行之日起计算。判决执行以前先行羁押的，羁押一日折抵刑期一日，即自××××年××月××日起至××××年××月××日止）。

二、被告人×××________（写明决定追缴、退赔或者发还被害人、没收财物的名称、种类和数额）。”

第二，定罪免刑的，表述为：

“被告人×××犯××罪，免予刑事处罚（如有追缴、退赔或者没收财物的，续写第二项）。”

第三，宣告无罪的，无论是适用《中华人民共和国刑事诉讼法》第二百条第二项还是第三项，均应表述为：

“被告人×××无罪”。]

如不服本判决，可在接到判决书的第二日起十日内，通过本院或者直接向××××人民法院提出上诉。书面上诉的，应当提交上诉状正本一份，副本×份。

审判长 ×××

审判员 ×××

审判员 ×××

××××年××月××日

（院印）

本件与原本核对无异

书记员 ×××

文本演示

案情简介：2017年4月19日19时许，韩某在某市某小区附近，以人民币500元的价格向吸毒人员薛某贩卖毒品甲基苯丙胺（冰毒）2.3克被公安机关查获。后公诉机关向人民法院提起诉讼，控诉韩某涉嫌贩卖毒品罪。法院经审理作出了如下判决。

某区人民法院

刑事判决书

（2017）某刑初236号

公诉机关某市某区人民检察院。

被告人韩某，男，1990年7月19日出生，汉族，小学文化，户籍地某省某市某小区。因本案于2017年4月20日被某市某区公安局刑事拘留，同年4月30日被逮捕，现羁押于某市某区看守所。

辩护人赵某，某律师事务所律师。

某市某区人民检察院以某检刑诉［2017］102号起诉书指控被告人韩某犯贩卖毒品罪，于2017年5月26日向本院提起公诉。本院依法组成合议庭，公开开庭审理了本案。某市某区人民检察院指派检察员方某出庭支持公诉，被告人韩某及其辩护人赵某等到庭参加诉讼。本案现已审理终结。

某市某区人民检察院指控，2017年4月19日19时许，被告人韩某在某市某小区附近，以人民币500元的价格向吸毒人员薛某贩卖毒品甲基苯丙胺（冰毒）2.3克被公安机关查获。公诉机关认为被告人韩某的行为已触犯我国刑法，应以贩卖毒品罪追究其刑事责任。被告人韩某对此拒不认罪，主观恶性较大，建议对被告人韩某判处有期徒刑一年至一年六个月。

庭审中，被告人韩某对公诉机关指控的罪名有异议，韩某认为其只是帮忙给薛某带点毒品，薛某为了表示感谢才给他500元钱，而且自己只带了2.3克，根本不能构成犯罪。辩护人认为，没有直接证据可以证明韩某和薛某之间存在毒品交易，所以不能认定韩某贩卖毒品。辩护人请法庭依照疑罪从无的原则公正判决。

为证明上述事实，公诉机关当庭出示并宣读了如下指控证据材料：

1. 抓获经过及到案经过证实：2017年4月19日19时许，某派出所民警李某、刘某在巡逻时发现韩某和薛某二人行为诡异，韩某将一包东西递给了薛某，薛某给了韩某几张一百元的人民币。刘某上前盘问，二人撒腿就跑。李某和刘某很快将二人追到，将其带到了派出所。经查，薛某上衣兜中装着刚刚从韩某手里拿到的冰毒，薛某承认自己在向韩某购买冰毒。但韩某拒不承认自己是在向薛某出售冰毒。

2. 证人王某的证言和辨认笔录及照片证实：2017年4月18日，薛某和我聊微信，说他最近手中没毒品了，明天要去找朋友买一些。这个朋友是从网上认识的，薛某也不知道靠不靠谱，说是第一次和这个人打交道，如果顺利，以后就在他那里买了。薛某吸毒已经有一段时间了，我以前也吸毒，但是现在不吸了。我不知道他说的这个人叫什么，也不知道住在哪里，但是薛某给我看过他的朋友圈里发过的照片。

经辨认，证人王某辨认出第二组被辨认照片中的2号男子（韩某）就是薛某所说的要向其购买冰毒的那个人。

3. 通话、短信提取笔录和通话记录证实：薛某所使用的号码为11234567899的电话于2017年4月19日18时35分拨打了被告人韩某所使用的号码为12223456783的电话。

4. 毒品称量笔录及照片证实：民警对从被告人韩某身上查获的毒品可疑物进行称量。经称量，从薛某身上查获的毒品净重2.3克。

5. 刑事科学技术鉴定书、鉴定意见通知书及鉴定告知笔录证实：本案中查获的毒品可疑物送检后，均在送检的毒品可疑物中检出甲基苯丙胺成分，并已将检验结果告知被告人韩某，但被告人韩某拒绝在从薛某身上查获的毒品可疑物的鉴定意见通知书中签字。

6. 监控视频证实：2017 年 4 月 19 日 18 时，一名红衣男子（韩某）和一名黑衣男子（薛某）在某小区楼下，红衣男子向黑衣男子手中放了东西，黑衣男子将几张红色纸币交给红衣男子，随后民警赶到。

7. 户口证明证实：被告人韩某作案时已年满十八岁，系成年人。

经质证，被告人韩某及其辩护人对公诉机关出示的以上证据仍坚持上述辩解意见。

本院认为，公诉机关出示的上述证据取证程序合法，内容客观真实，能够形成证据锁链相互印证，可以作为本案认定事实的根据。

经审理查明，本院认定以下事实：2017 年 4 月 19 日 19 时许，被告人韩某在某市某小区附近，以人民币 500 元的价格向吸毒人员薛某贩卖毒品 2.3 克被查获。经鉴定，上述毒品均检测出甲基苯丙胺成分。

本院认为：被告人韩某无视国家法律，明知是毒品而进行贩卖，其行为已构成贩卖毒品罪，依法应予惩处。公诉机关指控被告人韩某犯贩卖毒品罪事实清楚，证据充分，罪名成立，本院予以确认。对于韩某辩护人所称没有直接证据证明二人交易的辩护意见，证人王某的证言及监控视频都可以证明被告人韩某和薛某存在交易，而在被告人韩某身上搜查到了其从薛某处获取的人民币 500 元，在薛某身上也搜查到了毒品。故上述证据已形成完整的证据锁链，能够证实被告人韩某向薛某贩卖了毒品，故对辩护人所提的该辩护意见本院不予采纳。依照《中华人民共和国刑法》第三百四十七条、第五十二条之规定，判决如下：

一、被告人韩某犯贩卖毒品罪，判处有期徒刑一年三个月，并处罚金人民币 5000 元。（刑期从判决执行之日起计算。判决执行以前先行羁押的，羁押一日折抵刑期一日，即自 2017 年 4 月 19 日起至 2018 年 7 月 18 日止）

二、涉案毒品甲基苯丙胺 2.3 克予以没收并依法处理；涉案毒资人民币 500 元予以没收并上缴国库；扣押的作案工具苹果手机一部予以没收并依法处理。

如不服本判决，可在接到判决书的第二日起十日内，通过本院或者直接向某市中级人民法院提出上诉。书面上诉的，应当提交上诉状正本一份，副本三份。

审判长　张某

审判员　刘某

审判员　郭某

二〇一七年六月二十二日

（院印）

本件与原本核对无异

书记员　余某

要点总结

1. 首部

（1）法院名称，一般应与院印的文字一致，但是基层人民法院的名称前应冠以省、自治区、直辖市的名称；判处涉外案件时，各级人民法院均应冠以“中华人民共和国”的国名。

（2）案号写在文书名称下一行的右端，其最末一字与下面的正文右端各行看齐。

（3）公诉机关，直接写“公诉机关 ×××× 人民检察院”。

（4）被害人及其法定代理人、诉讼代理人出庭参加诉讼的，在“审判经过”段的“出庭人员”中写明（未出庭的不写）。

（5）被告人的基本情况有变化时，应在样式要求的基础上，根据不同情况作相应改动：

第一，被告人如有与案情有关的别名、化名，应在其姓名后面用括号加以注明。

第二，被告人的职业，一般应写工人、农民、个体工商户，等等；如有工作单位的，应写明其工作单位和职务。

第三，被告人的“出生年月日”，应写被告人准确的出生年月日；确实查不清出生年月日的，也可以写年龄。但对于未成年被告人，必须写出生年月日。

第四，被告人曾受过刑事处罚、行政处罚、劳动教养，或者在限制人身自由期间有逃跑等法定或者酌定从重处罚情节的，应当写明其事由和时间。

第五，因本案所受强制措施情况，应写明被拘留、逮捕等羁押时间，以便于折抵刑期。

第六，被告人项内书写的各种情况之间，一般可用逗号隔开；如果某项内容较多，可视行文需要，另行采用分号或者句号。

第七，被告人的住址应写住所所在地；住所所在地和经常居住地不一致的，写经常居住地。

第八，同案被告人有二人以上的，按主从关系的顺序列项书写。

第九，被告人是外国人的，应在其中文译名后用括号写明其外文姓名、护照号码、国籍。

（6）被告人是未成年人的，应当在写明被告人基本情况之后，另行续写法定代理人的姓名、与被告人的关系、工作单位和职务以及住址。

（7）辩护人是律师的，只写姓名、工作单位和职务，即“辩护人×××，××律师事务所律师”；辩护人是人民团体或者被告人所在单位推荐的，只写姓名、工作单位和职务；辩护人是被告人的监护人、亲友的，还应写明其与被告人的关系；辩护人如果是人民法院指定的，写为“指定辩护人”，并在“审判经过”段中作相应的改动。同案被告人有二人以上并各有辩护人的，分别在各被告人项的下一行列项书写辩护人的情况。

（8）“案件的由来和审判经过”段中，检察院的起诉日期为法院签收起诉书等材料的日期；出庭的被告人、辩护人有多人的，可以概写为“上列被告人及其辩护人”；出庭支持公诉的如系检察长、副检察长、助理检察员的，分别表述为“检察长”“副检察长”“代理检察员”。

（9）对于前案依据《刑事诉讼法》第二百条第三项规定作出无罪判决，人民检察院又起诉的，原判决不予撤销，但应在“案件审判经过”段“××××人民检察院以×检×诉［××××］××号起诉书”一句前，增写“被告人×××曾于××××年××月××日被××××人民检察院以×××罪向××××人民法院提起公诉。因证据不足，指控的犯罪不能成立，被××××人民法院依法判决宣告无罪”。

（10）对于经第二审人民法院发回重审的案件，原审法院重审以后，在制作判决书时，在“开庭审理了本案”一句之后，增写以下内容：“于 ×××× 年 ×× 月 ×× 日作出（××××）× 刑初 ×× 号刑事判决，被告人 ××× 提出上诉（或者 ×××× 人民检察院提出抗诉）。×××× 人民法院于 ×××× 年 ×× 月 ×× 日作出（××××）× 刑终 ×× 号刑事裁定，撤销原判，发回重审。本院依法另行组成合议庭，公开（或者不公开）开庭审理了本案。”

2. 事实

（1）按照样式规定，事实部分包括四个方面的内容：人民检察院指控被告人犯罪的事实和证据；被告人的供述、辩解和辩护人的辩护意见；经法庭审理查明的事实和据以定案的证据，并分四个自然段书写，以充分体现控辩式的审理方式。

（2）叙述事实时，应当写明案件发生的时间、地点，被告人的动机、目的、手段，实施行为的过程、危害结果和被告人在案发后的表现等内容，并以是否具备犯罪构成要件为重点，兼叙影响定性处理的各种情节。依法公开审理的案件，案件事实未经法庭公开调查的，不能认定。

（3）叙述事实要层次清楚，重点突出。一般按时间先后顺序叙述；一人犯数罪的，应当按罪行主次的顺序叙述；一般共同犯罪案件，应当以主犯为主线进行叙述；集团犯罪案件，可以先综述集团的形成和共同的犯罪行为，再按首要分子、主犯、从犯、胁从犯或者罪重、罪轻的顺序分别叙述各个被告人的犯罪事实。

（4）认定事实的证据必须做到：

首先，依法公开审理的案件，除无须举证的事实外，证明案件事实的证据必须经法庭公开举证、质证；未经法庭公开举证、质证的，不能认证。

其次，特别要注意通过对证据的具体分析、认证来证明判决所确认的犯罪事实。防止并杜绝用“以上事实，证据充分，被告也供认不讳，足以认定”等抽象、笼统的说法或者用简单的罗列证据的方法，来代替对证据的具体分析、认证。法官认证和采信证据的过程应当在判决书中充分体现出来。

再次，证据要尽可能写得明确、具体。证据的写法，应当因案而异。案情简单或者控辩双方没有异议的，可以集中表述；案情复杂或者控辩双方有异议的，应当进行分析、认证；一人犯数罪或者共同犯罪案件，还可以分项或者逐人逐罪叙述证据或者对证据进行分析、认证。对控辩双方没有争议的证据，在控辩主张中可不予叙述，而只在“经审理查明”的证据部分具体表述，以避免不必要的重复。

最后，叙述证据时，应当注意保守国家秘密，保护报案人、控告人、举报人、被害人、证人的安全和名誉。

3. 理由

（1）理由的论述一定要有针对性，有个性。要注意结合具体案情，充分摆事实、讲道理。说理力求透彻，逻辑严密，无懈可击，使理由具有较强的思想性和说服力。防止理由部分不说理或者说理不充分，只引用法律条文，不阐明适用法律的道理；切忌说空话、套话，理由千篇一律，只有共性，没有个性。尽量使用法律术语，并注意语言精练。

（2）确定罪名，应当以《刑法》《最高人民法院、最高人民检察院关于执行〈中华人民共和国刑法〉确定罪名的补充规定》《最高人民法院、最高人民检察院关于执行〈中华人民共和国刑法〉确定罪名的补充规定（二）》《最高人民法院、最高人民检察院关于执行〈中华人民共和国刑法〉确定罪名的补充规定（三）》《最高人民法院、最高人民检察院关于执行〈中华人民共和国刑法〉确定罪名的补充规定（四）》《最高人民法院、最高人民检察院关于执行〈中华人民共和国刑法〉确定罪名的补充规定（五）》《最高人民法院、最高人民检察院关于执行〈中华人民共和国刑法〉确定罪名的补充规定（六）》为依据。一人犯数罪的，一般先定重罪，后定轻罪；共同犯罪案件，应在分清各被告人在共同犯罪中的地位、作用和刑事责任的前提下，依次确定首要分子、主犯、从犯或者胁从犯、教唆犯的罪名。

（3）如果被告人具有从轻、减轻、免除处罚或者从重处罚等一种或者数种情节的，应当分别或者综合予以认定。

（4）对控辩双方适用法律方面的意见应当明确表明是否予以采纳，并阐明理由。

（5）判决的法律依据，根据《最高人民法院关于司法解释工作的规定》，应当包括司法解释在内。在引用法律条文时，应当注意：

第一，要准确、完整、具体。准确，就是要恰如其分地符合判决结果；完整，就是要把据以定性处理的法律规定和司法解释全部引用；具体，就是要引出法律依据条文外延最小的规定，即凡是条下分款分项的，应写明第几条第几款第几项；有的条文只分项不分款的，则写明第几条第几项。

第二，要有一定的条理和顺序。一份裁判文书应当引用两条以上的法律条文的，应当先引用有关定罪与确定量刑幅度的条文，后引用从轻、减轻、免除处罚或者从重处罚的条文；判决结果既有主刑，又有附加刑内容的，应当先引用适用主刑的条文，后引用适用附加刑的条文；某种犯罪需要援引其他条款的法定刑处罚（即援引法定刑）的，应当先引用本条条文，再按本条的规定，引用相应的他罪条文；一人犯数罪的，应当逐罪引用法律条文；共同犯罪的，既可集中引用有关的法律条文，也可逐人逐罪引用有关的法律条文。引用的法律依据中，既有法律规定又有司法解释规定的，应当先引用法律规定，再引用相关的司法解释；同时适用修订前后刑法的，对修订前的刑法，称“1979年《中华人民共和国刑法》”；对修订后的刑法，称“《中华人民共和国刑法》”。

4. 判决结果

判决结果（又称主文）是依照有关法律的具体规定，对被告人作出的定性处理的结论，应当字斟句酌，认真推敲。书写判决结果时，应当注意以下几点：

（1）判处的各种刑罚，应按法律规定写明全称。既不能随意简化，如将“判处死刑，缓期二年执行”的，简写为判处“死缓”；也不能“画蛇添足”，如将宣告缓刑的，写为“判处有期徒刑 × 年，缓期 × 年执行”。

（2）有期徒刑的刑罚应当写明刑种、刑期和主刑的折抵办法以及起止时间。本样式系按判处有期徒刑、拘役的模式设计起止时间的。如系判处死刑缓期二年执行的，起止时间表述为：“死刑缓期二年执行的期间，从高级人民法院核准之日起计算”；如系判处管制的，起止时间表述为：“刑期从判决执行之日起计算；判决执行以前先行羁押的，羁押一日折抵刑期二日，即自 ×××× 年 ×× 月 ×× 日起至 ×××× 年 ×× 月 ×× 日止。”

（3）关于对三类特殊案件判决结果的表述。对被告人因不满刑事责任年龄不予刑事处罚和被告人是精神病人，在不能辨认或者不能控制自己行为时造成危害结果不予刑事处罚的，均应当在判决结果中宣告“被告人 ××× 不负刑事责任”。对被告人死亡的案件，根据已查明的案件事实和认定的证据，能够确认被告人无罪的，应当在判决结果中宣告“被告人 ××× 无罪”。

（4）适用《中华人民共和国刑事诉讼法》第二百条第三项规定宣告被告人无罪的，应当将“证据不足，×××× 人民检察院指控的犯罪不能成立”，作为判决的理由，而不应当作为判决的主文。

（5）追缴、退赔和发还被害人、没收的财物，应当写明其名称、种类和数额。财物多、种类杂的，可以在判决结果中概括表述，另列清单，作为判决书的附件。

（6）数罪并罚的，应当分别定罪量刑（包括主刑和附加刑），然后按照刑法关于数罪并罚的原则，决定执行的刑罚，切忌综合（即“估堆”）量刑。

（7）一案多人的，应当以罪责的主次或者判处刑罚的轻重为顺序，逐人分项定罪判处。

（8）如果适用《中华人民共和国刑法》第六十三条第二款的规定在法定刑以下判处刑罚的，应当在交代上诉权之后，另起一行写明：“本判决依法报请最高人民法院核准后生效”。

5. 尾部

（1）判决书的尾部应当由参加审判案件的合议庭组成人员或者独任审判员署名。合议庭成员有陪审员的，署名为“人民陪审员”；合议庭成员有助理审判员的，署名为“代理审判员”；助理审判员担任合议庭审判长的，与审判员担任合议庭审判长一样，署名为“审判长”；院长（副院长）或者庭长（副庭长）参加合议庭的，应当担任审判长，均署名为“审判长”。

（2）判决书尾部的年月日，为作出判决的日期。当庭宣判的，应当写当庭宣判的日期；定期或者委托宣判的，应当写签发判决书的日期（裁定书亦同）。当庭宣告判决的，其不服判决的上诉和抗诉的期限，仍应当从接到判决书的第二日起计算。

（3）判决书原本上不写“本件与原本核对无异”。此句文字应制成专用印戳，由书记员将正本与原本核对无异之后，加盖在正本末页的年月日的左下方、书记员署名的左上方。

刑事判决书（一审自诉、反诉并案审理用）

适用情形

刑事判决书（一审自诉、反诉并案审理用），供第一审人民法院在受理自诉案件之后，被告人又提起反诉，经审查反诉能够成立，通过并案审理，作出处理时使用。

基本框架

××××人民法院

刑事判决书

（××××）×刑初××号

自诉人（反诉被告人）________（写明姓名、性别、出生年月日、民族、出生地、文化程度、职业或者工作单位和职务、住址等）。

诉讼代理人（辩护人）________（写明姓名、工作单位和职务）。

被告人（反诉自诉人）________（写明姓名、性别、出生年月日、民族、出生地、文化程度、职业或者工作单位和职务、住址等）。

辩护人（诉讼代理人）________（写明姓名、工作单位和职务）。

自诉人×××以被告人×××犯××罪，于××××年××月××日向本院提起控诉。被告人×××于××××年××月××日以自诉人×××犯××罪提起反诉。本院受理后，依法组成合议庭（或者实行独任审判），公开（或者不公开）开庭进行了合并审理。自诉人（反诉被告人）×××及其诉讼代理人（辩护人）×××、被告人（反诉自诉人）×××及其辩护人（诉讼代理人）×××等到庭参加诉讼。现已审理终结。

自诉人×××诉称，________（概述自诉人指控被告人犯罪的事实、证据和诉讼请求）。

被告人×××辩称，________（概述被告人对自诉人的指控予以供述、辩解、自行辩护的意见和有关证据）。辩护人×××提出的辩护意见是（概述辩护人的辩护意见和有关证据）。

反诉自诉人×××诉称，________（概述反诉自诉人指控反诉被告人犯罪的事实、证据和诉讼请求）。

反诉被告人 ××× 辩称，__________（概述反诉被告人对反诉自诉人的指控予以供述、辩解、自行辩护的意见和有关证据）。辩护人 ××× 提出的辩护意见是__________（概述辩护人的辩护意见和有关证据）。

经审理查明，__________（首先写明经法庭审理查明的事实；其次写明据以定案的证据及其来源；最后对自诉、反诉各方有异议的事实、证据进行分析、认证）。

本院认为，__________（写明根据查证属实的事实、证据和有关法律规定，论证自诉人、反诉自诉人的指控是否成立，被告人或者反诉被告人或者双方的行为是否构成犯罪，犯的什么罪，应当如何处罚。对于控辩双方有关适用法律方面的意见，应当有分析地表示是否予以采纳，并阐明理由）。依照__________（写明判决的法律依据）的规定，判决如下：

__________[写明判决结果。分四种情况：

第一，被告人构成犯罪，反诉被告人无罪的，表述为：

"一、被告人 ××× 犯 ×× 罪，____________（写明判决结果）。（刑期从____________）；

二、反诉被告人 ××× 无罪。"

第二，被告人无罪，反诉被告人构成犯罪的，表述为：

"一、被告人 ××× 无罪；

二、反诉被告人 ××× 犯 ×× 罪，__________（写明判决结果）。（刑期从__________）。"

第三，双方都构成犯罪的，表述为：

"一、被告人 ××× 犯 ×× 罪，__________（写明判决结果）。（刑期从__________）；

二、反诉被告人 ××× 犯 ×× 罪，__________（写明判决结果）。（刑期从__________）。"

第四，双方都不构成犯罪的，表述为：

"一、被告人 ××× 无罪；

二、反诉被告人 ××× 无罪。"]

如不服本判决，可在接到判决书的第二日起十日内，通过本院或者直接向

×××× 人民法院提出上诉。书面上诉的，应当提交上诉状正本一份，副本 × 份。

审判长　×××

审判员　×××

审判员　×××

×××× 年 ×× 月 ×× 日

（院印）

本件与原本核对无异

书记员　×××

文本演示

案情简介： 王某和陈某系同一销售公司的职工，王某销售业绩颇好，包揽了每个月的销售冠军，后来王某很快升职为销售经理。陈某看到王某有如此骄人的成绩，心生嫉妒，便在公司同事中传言，称王某和上司有不正当关系。这一言论很快传到王某耳中，王某很生气，称曾多次目睹陈某和某上司共同出入某酒店。王某为此向法院起诉，诉称陈某涉嫌诽谤罪。

某区人民法院

刑事判决书

（2016）某刑初 1312 号

自诉人（反诉被告人）王某，女，1986 年 1 月 21 日出生，汉族，某公司职工，大学本科，住某省某市某小区 2201 号。

诉讼代理人张某，某律师事务所律师。

被告人（反诉自诉人）陈某，女，1988 年 3 月 30 日出生，汉族，某公司职工，大学本科，住某省某市某路 401 号。

辩护人胡某，某律师事务所律师。

自诉人王某以被告人陈某犯诽谤罪，于 2016 年 6 月 26 日向本院提起控诉。被告人陈某于 2016 年 7 月 17 日以自诉人王某犯诽谤罪提起反诉。本院受理后，依法组成合议庭，公开开庭进行了合并审理。自诉人（反诉被告人）王某及其诉讼代理人张某、被告人（反诉自诉人）陈某及其辩护人胡某等到庭参加诉讼。本案现已审理终结。

自诉人王某诉称，我与陈某同在某销售公司工作，我的销售业绩每月都是冠军，并于2016年5月升职为公司销售经理，我的成绩是通过自己的努力换来的，但陈某却在公司散布谣言，诽谤我和公司领导有不正当关系。我认为陈某的行为已构成诽谤罪，请求法院追究被告人的刑事责任。

其诉讼代理人的意见为：被告人陈某在公司散布谣言，诽谤我的当事人王某，有该单位员工的证人证言可以证明。本案被告人无端给我的当事人造谣生事，造成我的当事人名誉受到严重的损害，性质极为恶劣，该行为已经构成诽谤罪，请求法院依法追究陈某的刑事责任。

被告人陈某辩称，自诉人王某和其诉讼代理人的指控与事实不符，且自己并没有诽谤自诉人。因我多次看到，王某在公司以加班为理由，很晚才离开公司，而且每次都是和某领导一起离开公司。我并没有诽谤自诉人，也不构成诽谤罪，请求法院依法驳回自诉人的诉讼请求。

反诉自诉人陈某诉称，王某在公司同事中，传播我和领导多次出入某酒店，系空穴来风，我和领导去酒店系业务需要，王某的行为构成诽谤罪，请求法院依法追究王某诽谤罪的刑事责任。

反诉被告人王某辩称，我并非散布谣言，陈某和某领导多次出入酒店，并非我一人目睹，有几次我和其他几位同事都看到了，该情况的真实性可以通过查询某酒店的交易记录予以证实。请求法院驳回陈某的诉讼请求。

经审理查明，自诉人王某与被告人陈某系同一销售公司职工，因王某销售业绩很好，并很快升职为公司销售经理，陈某心生嫉妒，在单位散布谣言，称王某和领导有染。王某因心中委屈，将以前曾经和同事一起目睹陈某和某领导进出某酒店的事实说出。

认定上述事实的有：

1. 被告人陈某的供述，我曾多次看到，王某以加班为借口，在公司待到很晚，并且几乎每次都是和某领导一起离开公司。

2. 自诉人王某的陈述称，我和同事曾看到陈某和某领导在某酒店进出，我本不想说出这一情况，但是陈某诽谤我在先，我这才说她和上司有染。

3. 王某同事的证人证言，证明自诉人王某所述情况属实。

4. 某酒店交易记录，证明自诉人王某所述情况属实。

上述证据经庭审质证，足以证明案件事实，本院予以认可。

本院认为，被告人因自诉人业务能力强而心生嫉妒，在公司中散播谣言，诽谤自诉人，其行为构成诽谤罪，自诉人王某指控被告人陈某的罪名成立，本院予以支持。自诉人王某的诉讼代理人提出被告人的行为构成诽谤罪，事实清楚，证据确实充分，本院予以采纳。被告人提出反诉认为自诉人王某犯有诽谤罪，并无充分证据加以证明，本院不予支持，自诉人王某的行为不构成诽谤罪。综上所述，根据《中华人民共和国刑法》第二百四十六条的规定，判决如下：

一、被告人陈某犯诽谤罪，判处管制半年。（管制期限，从判决执行之日起计算。判决执行前先行羁押的，羁押一日折抵刑期两日。）

二、反诉被告人王某无罪。

如不服本判决，可在接到判决书的第二日起十日内，通过本院或者直接向某市中级人民法院提出上诉。书面上诉的，应当提交上诉状正本一份，副本二份。

审判长　夏某

审判员　陈某

审判员　王某

二〇一六年七月三十日

（院印）

本件与原本核对无异

书记员　曾某

要点总结

1. 首部

（1）标题。写明“××××人民法院刑事判决书”，如是附带民事诉讼内容的自诉案件，文书名称中的“刑事判决书”改为“刑事附带民事判决书”。

（2）案号。写明“（××××）×刑初××号”。

2. 正文

（1）写明自诉人（反诉被告人）的姓名、性别、出生年月日、民族、出生地、文化程度、职业或工作单位和职务、住址等。

被告人（反诉人）是公民的，写明姓名、性别、年龄、民族、职业或工作单位、住所，还应写明采取何种强制措施及以前受过何种刑事处分等。

如为刑事附带民事诉讼，称谓要相应变动。

（2）写明案件开庭审判的组织、审判方式以及各方到庭的人员。

（3）事实部分。

①概述自诉人指控被告人犯罪和由此造成经济损失的事实、证据和诉讼请求。

②概述被告人对人民检察院指控的犯罪事实和附带民事诉讼原告人的诉讼请求予以供述、辩解、自行辩护的意见和有关证据。

③概述反诉自诉人指控反诉被告人犯罪的事实、证据和诉讼请求。

④概述反诉被告人对反诉自诉人的指控予以供述、辩解、自行辩护的意见和有关证据。

⑤首先写明经法庭审理查明的事实；其次写明据以定案的证据及其来源；最后对自诉、反诉各方有异议的事实、证据进行分析、认证。

（4）理由。

写明根据查证属实的事实、证据和有关法律规定，论证自诉人、反诉自诉人的指控是否成立，被告人或者反诉被告人或者双方的行为是否构成犯罪，犯的什么罪，应当如何处罚。对于控辩双方有关适用法律方面的意见，应当有分析地表示是否予以采纳，并阐明理由。

（5）写明判决结果。

（6）有附带民事诉讼内容的，在控辩主张、审理查明的事实、判决理由和判决结果部分相应增加有关附带民事的内容。

（7）说明法律效力，交代上诉权。对附带民事判决或者裁定的上诉、抗诉期限，应当按照刑事部分的上诉、抗诉期限确定。

3. 尾部

（1）审判人员署名。

（2）写明发文日期并加盖人民法院印章。

（3）判决书原本上不写“本件与原本核对无异”。此句文字应制成专用印戳，由书记员将正本与原本核对无异之后，加盖在正本末页的年月日的左下方、书记员署名的左上方。

（4）书记员署名。

刑事判决书（一审单位犯罪用）

适用情形

刑事判决书（一审单位犯罪用），供第一审人民法院对于实行“双罚制”的单位犯罪的公诉案件，按照第一审普通程序审理终结后，根据已经查明的事实、证据，依据有关法律规定，作出被告单位和被告人有罪或者无罪，犯罪类型，判处何种刑罚，能否免除处罚，或者宣告无罪等处理决定时使用。对于刑法规定的只实行“单罚制”的单位犯罪，即单位犯罪只处罚直接负责的主管人员和其他直接责任人员的案件，不适用本文书。

基本框架

××××人民法院

刑事判决书

（××××）×刑初××号

公诉机关××××人民检察院。

被告单位__________（写明单位名称、住所地）。

诉讼代表人__________（写明姓名、工作单位和职务）。

辩护人__________（写明姓名、工作单位和职务）。

被告人__________（写明直接负责的主管人员、其他直接责任人员的姓名、性别、出生年月日、民族、出生地、文化程度、职业或者工作单位和职务、住址以及因本案所受强制措施情况等）。

辩护人__________（写明姓名、工作单位和职务）。

××××人民检察院以[××××]×检×诉××号起诉书指控被告单位×××犯××罪，被告人×××犯××罪，于××××年××月××日向本院提起公诉。本院依法组成合议庭，公开（或者不公开）开庭审理了本案。××××人民检察院指派检察员×××出庭支持公诉，被害人×××及其法定代理人×××、诉讼代理人×××，被告单位的诉讼代表人×××及其辩护人×××，被告人×××及其辩护人×××，证人×××，鉴定人×××，翻译人员×××等到庭参加诉讼。本案现已审理终结。

××××人民检察院指控，__________（概述人民检察院指控被告单位和被告人犯罪的事实、证据和适用法律的意见）。

被告单位×××辩称，___________（概述被告单位对指控的犯罪事实予以供述、辩解、自行辩护的意见和有关证据）。辩护人×××提出的辩护意见是__________（概述辩护人的辩护意见和有关证据）。

被告人×××辩称，___________（概述被告人对指控的犯罪事实予以供述、辩解、自行辩护的意见和有关证据）。辩护人×××提出的辩护意见是__________（概述辩护人的辩护意见和主要证据）。

经审理查明，___________（首先写明经法庭审理查明的有关被告单位犯罪的事实和被告人犯罪的事实；其次写明据以定案的证据及其来源；最后对控辩双方有异议的事实、证据进行分析、认证）。

本院认为，___________（根据查证属实的事实、证据和法律规定，论证公诉机关指控的单位犯罪是否成立，被告单位及其直接负责的主管人员、其他直接责任人员的行为是否构成犯罪，犯的什么罪，应否实行“双罚制”，应否从轻、减轻、免除处罚或者从重处罚。对于控辩双方关于适用法律方面的意见，应当有分析地表示是否予以采纳，并阐明理由）。依照___________（写明判决的法律依据）的规定，判决如下：

[判决结果分三种情况：

第一，定罪判刑的，表述为：

“一、被告单位×××犯××罪，判处罚金××元，____________（写明缴纳期限）；

二、被告人×××犯××罪，判处___________（写明主刑、附加刑）。

（刑期从判决执行之日起计算。判决执行以前先行羁押的，羁押一日折抵刑期一日，即自××××年××月××日起至××××年××月××日止）。

（如有追缴、退赔或者发还被害人、没收财物的，应在以上各项之后续项写明）。”

第二，定罪免刑的，表述为：

“一、被告单位×××犯××罪，免予刑事处罚；

二、被告人×××犯××罪，免予刑事处罚。

（如有追缴、退赔或者发还被害人、没收财物的，应在以上各项之后续项写明）。”

第三，宣告无罪的，无论是适用《中华人民共和国刑事诉讼法》第二百条第二项还是第三项，均应表述为：

“一、被告单位 ××× 无罪；

二、被告人 ××× 无罪。”］

三、如不服本判决，可在接到判决书的第二日起十日内，通过本院或者直接向 ×××× 人民法院提出上诉。书面上诉的，应当提交上诉状正本一份，副本 × 份。

审判长　×××

审判员　×××

审判员　×××

××××年××月××日

（院印）

本件与原本核对无异

书记员　×××

文本演示

案情简介：2007 年至 2015 年 7 月，某科技公司法人代表周某以公司新产品研发为由，按 3%~15% 的月息面向社会公众非法吸收存款 3211.23 万元，涉及群众 40 人。资金主要用于公司经营及支付群众利息，其中支付利息 765.4321 万元。2016 年 7 月 7 日，被告人周某主动到公安机关投案自首。公诉机关依法对某公司和周某提起公诉。

某县人民法院

刑事判决书

（2016）某刑初 249 号

公诉机关某县人民检察院。

被告单位某科技有限公司，住所地某省某市某县开发区289号。

诉讼代表人文某，男，1976年8月23日出生，汉族，该公司副总经理，住某省某市某区。

辩护人赵某，某律师事务所律师。

被告人周某，男，1980年9月11日出生，汉族，大学文化，住所地某省某市某小区，某科技公司总经理。2016年7月8日因涉嫌非法吸收公众存款犯罪被某县公安局刑事拘留，7月16日被某县人民检察院批准逮捕。现羁押于某县看守所。

辩护人李某，某律师事务所律师。

某县人民检察院以［2016］某检刑诉654号起诉书指控被告单位某科技公司、被告人周某犯非法吸收公众存款罪，于2016年8月5日向本院提起公诉。本院依法组成合议庭，公开开庭审理了本案。某县人民检察院指派检察员王某出庭支持公诉，被告单位的诉讼代表人文某、被告人周某及其辩护人李某等到庭参加诉讼。本案现已审理终结。

某县人民检察院指控，2007年至2015年7月，某科技公司法人代表周某以公司新产品研发为由，按3%~15%的月息面向社会公众非法吸收存款3211.23万元，涉及群众40人。资金主要用于公司经营及支付群众利息，其中支付利息765.4321万元。2016年7月7日，被告人周某主动到公安机关投案自首。上述事实，公诉机关提交了被告人的供述、证人证言、书证等证据材料。公诉机关认为，被告单位某科技公司、被告人周某扰乱金融秩序，非法吸收公众存款，数额巨大，其行为已构成非法吸收公众存款罪，提请本院依照《中华人民共和国刑法》第一百七十六条之规定，依法追究其刑事责任。

被告某科技公司诉讼代表人文某对公诉机关指控无异议，辩护人对公诉机关指控被告单位犯非法吸收公众存款罪罪名无异议，但认为被告单位法定代表人周某主动到公安机关投案自首，故被告单位也构成自首，建议对被告单位从轻处罚。

被告人周某对公诉机关指控其非法吸收公众存款无异议，但辩解其有自首情节，请求从轻处罚。同时，被告人周某的辩护人提出被告人周某的借款主要来自公司内部职工或职工亲友，不应该属于刑法意义上的公众，同时被告人周某有自首情节，建议对其从轻处罚。

经审理查明，被告单位某科技公司于2006年注册成立，被告人周某系法定代表人。2007年至2015年7月，某科技公司法人代表周某以公司新产品研发为由，按3%~15%的月息面向社会公众非法吸收存款3211.23万元，涉及群众40人。资金主要用于公司经营及支付群众利息，其中支付利息765.4321万元。

上述事实，有检察院移交，并经法庭举证、质证，本院予以确认的下列证据证实：

1. 某科技公司设立登记、变更登记申请书、审核表及所附材料、公司章程、验资报告、企业法人营业执照、税务登记证、组织机构代码等信息，证明某科技公司的基本情况。

2. 借款协议书（合同）、借条、收条、收据等证实：被告人周某以科技公司的名义，或以个人名义，与多名被害人签订借款协议（合同），约定高利率，并向被害人出具借据、收条。

3. 公司会计部门出具的公司资金往来明细表证实：某科技公司向社会吸收公众存款3211.23万元，涉及群众40人，其中支付利息765.4321万元。

4. 证人王某证言：我是某科技公司的会计。从2008年我进公司开始，公司就不断向私人借钱，都是周某经手。截至去年，大概借了3000多万元，有三四十个人。

5. 证人何某证言：周某说他公司研发了新产品，让我投资，给我每个月9%的利息，我就介绍我的老板投了100万元，还让我哥们投了80万元。他给他们都出具了借条。给了他们前两个月的利息，后来就没有再给过利息。

6. 被害人李某等32人分别陈述：周某以公司新产品研发为由，按3%~15%的月息向他们借款，还签订借款协议或出具借条。

7. 被告人周某供述：我这么多年借了很多钱，拆东墙补西墙，现在还不上了，来自首。对于我借了多少钱，找过多少人我已经记不清了，我只知道大概有3000多万元。我对公诉机关的指控无异议。他们查到多少，我都承认。

本院认为，被告单位某科技公司违反国家金融管理法规，向社会公众非法吸收资金，扰乱金融秩序，数额巨大，其行为已构成非法吸收公众存款罪；被告人周某系单位犯罪中直接负责的主管人员，其行为已构成非法吸收公众存款罪。公诉机关指控被告单位某科技公司非法吸收公众存款3211.23万元系分别向被害人李某等40人借来。公诉机关指控事实和罪名成立，适用法律正确。针对某科技公司辩护人、被告人周某及其辩护人辩护意见，评判如下：1.被告人周某辩护人提出被告人周某借款主要来自公司内部职工或职工亲友，不属于刑法意义上的公众，但经查，被告单位借款对象一共有40人，这其中确实有周某的亲友，但大部分不是被告人的亲友，而是超过亲友范围的不特定社会公众。对于辩护人的辩护意见，本院不予采纳。2.被告单位辩护人、被告人周某及其辩护人分别提出被告单位、被告人周某有自首情节，经查属实，予以采纳。综上所述，依据《中华人民共和国刑法》第一百七十六条、第五十二条、第六十七条第一款之规定，经本院审判委员会讨论决定，判决如下：

一、被告单位某科技公司犯非法吸收公众存款罪，判处罚金人民币25万元（罚金在本判决送达后七日内缴纳）；

二、被告人周某犯非法吸收公众存款罪，判处有期徒刑三年，罚金人民币38万元。

如不服本判决，可在接到判决书的第二日起十日内，通过本院或者直接向某市中级人民法院提出上诉。书面上诉的，应当提交上诉状正本一份，副本四份。

审判长　薛某

审判员　陈某

审判员　杨某

二〇一七年九月十二日

（院印）

本件与原本核对无异

书记员　谢某

要点总结

1.首部

（1）标题和案号。标题写明“××××人民法院刑事判决书”；案号写明“（××××）×刑初××号”。

（2）诉讼参加人。应当写明公诉机关和被告人。由于本样式适用于立法规定对单位犯罪实行“双罚制”的被告，因此，本样式“被告单位”项下还需列“诉讼代表人”。作为单位犯罪的直接负责的主管人员和其他直接责任人员的“被告人”的基本情况，与其他自然人犯罪的“被告人”项的内容相同，但要突出其在所在单位的任职情况，以表明其行为与职务有关。诉讼代表人，应是代表被告单位出庭参加诉讼的单位的法定代表人或者主要负责人。法定代表人或者主要负责人被指控为单位犯罪中直接负责的主管人员的，应当由单位的其他负责人作为被告单位的诉讼代表人出庭参加诉讼。被告单位的诉讼代表人与被指控为单位犯罪直接负责的主管人员是同一人的，人民法院应当要求人民检察院另行确定被告单位的诉讼代表人出庭参加诉讼。被告单位被注销或者宣告破产，但单位犯罪中直接负责的主管人员和其他直接责任人员应当负刑事责任的，仍应在首部写明被告单位的基本情况，并增加其被注销或者被宣告破产的内容，然后再写明其他被告人的基本情况。

2. 事实

（1）本样式事实部分“经审理查明”的内容是按被告单位和被告人的行为均已构成犯罪的模式设计的；如果条件变化，即如果被告人的行为不构成犯罪时，则应作相应的改动。

（2）对“经审理查明”的犯罪事实的叙述，按照单位犯罪的具体情况，既可一并叙述，也可分别叙述，但对于“直接负责的主管人员和其他直接责任人员”，除对单位犯罪应承担罪责外，还有其他犯罪事实的，则应单独列项表述。

3. 理由

在论证被告人的行为已经构成犯罪的情况下，要根据刑法总则和分则条文的具体规定，对本案是否构成单位犯罪和实行“双罚制”进行重点阐述。

4. 判决结果

（1）本样式是按照单位犯罪的“单位”和“直接负责的主管人员和其他直接责任人员”均定罪判刑、定罪免刑或者宣告无罪设计的。如果条件变化，如有的定罪判刑，有的定罪免刑，或者有的定罪判刑（免刑），有的宣告无罪等，则应作相应改动。但按照对单位犯罪实行“双罚制”原则，对单位不构成犯罪的，对直接负责的主管人员或者其他直接责任人员也不得以犯罪论处，除非这些人员还单独犯有其他罪行。

（2）对单位被注销或者宣告破产，但单位犯罪中直接负责的主管人员和其他直接责任人员应当负刑事责任而继续审理的，判决结果的第一项写“对被告单位终止审理”，并在理由部分阐明终止审理的理由；第二项写对被告人（直接负责的主管人员和其他直接责任人员）作出的判决，即定罪处刑的意见。

（3）对于单位犯罪案件中有附带民事诉讼内容的，除文书名称改为“刑事附带民事判决书”外，其他相关部分均应作相应的修改或者补充。

（4）按本样式制作判决书时，应当注意参阅一审公诉案件适用普通程序用的刑事判决书样式及其说明。

（5）交代对判决结果不服的上诉权。

5. 尾部

（1）审判人员署名。

（2）写明发文日期并加盖人民法院印章。

（3）判决书原本上不写“本件与原本核对无异”。此句文字应制成专用印戳，由书记员将正本与原本核对无异之后，加盖在正本末页的年月日的左下方、书记员署名的左上方。

（4）书记员署名。

刑事附带民事判决书（一审公诉案件适用普通程序用）

适用情形

刑事附带民事判决书（一审公诉案件适用普通程序用），供第一审人民法院适用普通程序审理公诉案件过程中，确定被告人是否承担刑事责任的同时，附带解决被告人对于被害人所遭受的物质损失（经济损失）是否承担民事赔偿责任时适用。

基本框架

××××人民法院

刑事附带民事判决书

（××××）×刑初××号

公诉机关××××人民检察院。

附带民事诉讼原告人__________（写明姓名、性别、出生年月日、民族、出生地、文化程度、职业或者工作单位和职务、住址等）。

被告人_________（写明姓名、性 别、出生年月日、民族、出生地、文化程度、职业或者工作单位和职务、住址、因本案所受强制措施情况等，现羁押处所）。

辩护人_________（写明姓名、工作单位和职务）。

××××人民检察院以×检×诉［××××］××号起诉书指控被告人×××犯××罪，于××××年××月××日向本院提起公诉。在诉讼过程中，附带民事诉讼原告人向本院提起附带民事诉讼。本院依法组成合议庭，公开（或者不公开）开庭进行了合并审理。××××人民检察院指派检察员×××出庭支持公诉，附带民事诉讼原告人×××及其法定（诉讼）代理人×××，被告人×××及其法定代理人×××、辩护人×××，证人×××，鉴定人×××，翻译人员×××等到庭参加诉讼。现已审理终结。

××××人民检察院指控，________（概述人民检察院指控被告人犯罪的事实、证据和适用法律的意见）。附带民事诉讼原告人诉称，_______（概述附带民事诉讼原告人的诉讼请求和有关证据）。被告人×××辩称，______（概述被告人对人民检察院指控的犯罪事实和附带民事诉讼原告人的诉讼请求予以供述、辩解、自行辩护的意见和有关证据）。辩护人×××提出的辩护意见是_______（概述辩护人的辩护意见和有关证据）。

经审理查明，_________（首先写明经法庭审理查明的事实，既要写明经法庭查明的全部犯罪事实，又要写明由于被告人的犯罪行为使被害人遭受经济损失的事实；其次写明据以定案的证据及其来源；最后对控辩双方有异议的事实、证据进行分析、认证）。

本院认为，________（根据查证属实的事实、证据和法律规定，论证公诉机关指控的犯罪是否成立，被告人的行为是否构成犯罪，犯的什么罪，应否追究刑事责任；论证被害人是否由于被告人的犯罪行为而遭受经济损失，被告人对被害人的经济损失应否负民事赔偿责任；应否从轻、减轻、免除处罚或者从重处罚。对于控辩双方关于适用法律方面的意见，应当有分析地表示是否予以采纳，并阐明理由）。依照________（写明判决的法律依据）的规定，判决如下：

________[写明判决结果。分四种情况：

第一，定罪判刑并应当赔偿经济损失的，表述为：

"一、被告人 ××× 犯 ×× 罪，________（写明主刑、附加刑）。（刑期从判决执行之日起计算。判决执行以前先行羁押的，羁押一日折抵刑期一日，即自 ×××× 年 ×× 月 ×× 日起至 ×××× 年 ×× 月 ×× 日止）。

二、被告人 ××× 赔偿附带民事诉讼原告人 ×××________（写明受偿人的姓名、赔偿的金额和支付的日期）。"

第二，定罪免刑并应当赔偿经济损失的，表述为：

"一、被告人 ××× 犯 ×× 罪，免予刑事处罚；

二、被告人 ××× 赔偿附带民事诉讼原告人 ×××________（写明受偿人的姓名、赔偿的金额和支付的日期）。"

第三，宣告无罪但应当赔偿经济损失的，表述为：

"一、被告人 ××× 无罪；

二、被告人 ××× 赔偿附带民事诉讼原告人 ×××________（写明受偿人的姓名、赔偿的金额和支付的日期）。"

第四，宣告无罪且不赔偿经济损失的，表述为：

"一、被告人 ××× 无罪；

二、被告人 ××× 不承担民事赔偿责任。"]

如不服本判决，可在接到判决书的第二日起十日内，通过本院或者直接向 ×××× 人民法院提出上诉。书面上诉的，应当提交上诉状正本一份，副本 × 份。

审判长　×××

审判员　×××

审判员　×××

××××年××月××日

（院印）

本件与原本核对无异

书记员　×××

文本演示

案情简介：2017年3月29日18时许，郭某驾驶京12345号大众牌小轿车，沿阳光公路由北向南行驶，行驶至阳光加油站附近时，因郭某盲目超车，与对面驶来的被害人何某驾驶的摩托车相撞，造成何某受伤、两车受损的交通事故，后来，何某经抢救无效死亡。经交管部门认定，郭某负事故全部责任，何某无责任。公诉机关将郭某诉至法院，被害人妻子张某也提起附带民事诉讼，要求郭某赔偿。

某县人民法院
刑事附带民事判决书

（2017）某刑初123号

公诉机关某县人民检察院。

附带民事诉讼原告人张某，女，1986年7月12日出生，汉族，现住某县某村，系被害人何某之妻。

诉讼代理人李某，某律师事务所律师。

被告人郭某，男，1981年9月12日出生，身份证号198728198109120000，汉族，高中文化，无业，住某省某市某县某镇某村，2017年5月2日被刑事拘留，2017年5月10日被逮捕，现羁押于某县看守所。

辩护人许某，某律师事务所律师。

刑事附带民事诉讼被告人某保险公司，地址某市某路191号。

法定代表人韩某，总经理。

诉讼代理人刘某，公司职员。

某县人民检察院以某检刑诉［2017］107号起诉书指控被告人郭某犯交通

肇事罪，于2017年6月25日向本院提起公诉。在诉讼过程中，附带民事诉讼原告人向本院提起附带民事诉讼。本院依法组成合议庭，公开开庭进行了合并审理。某县人民检察院指派检察员刘某出庭支持公诉，附带民事诉讼原告人张某及其诉讼代理人李某，被告人郭某及其辩护人许某、被告人某保险公司诉讼代理人刘某等到庭参加诉讼。本案现已审理终结。

某县人民检察院指控，2017年3月29日18时许，被告人郭某驾驶京1×××5号大众牌小轿车，沿阳光公路由北向南行驶，行驶至阳光加油站附近时，因郭某盲目超车，与对面驶来的被害人何某驾驶的摩托车相撞。造成何某受伤、两车受损的交通事故。后来，何某经抢救无效死亡。经鉴定，何某生前头部受钝性外力作用致颅脑损伤，失血过多休克死亡。经认定，郭某负事故全部责任，何某无责任。被告人郭某于2017年3月29日在案发现场主动向公安机关投案，并如实供述犯罪事实。

公诉机关认为，被告人郭某违反交通规则，在未保证安全的情况下驾驶机动车辆，造成一人死亡的交通事故。其行为已触犯了《中华人民共和国刑法》第一百三十三条的规定，应当以交通肇事罪追究其刑事责任。建议法庭对被告人郭某在有期徒刑二至三年幅度内量刑。针对上述指控，公诉机关提交了相关的证据。

刑事附带民事诉讼原告人张某要求被告人郭某、附带民事诉讼被告人郭某、某保险公司在各自责任范围内赔偿死亡赔偿金300000元、丧葬费30000元、被扶养人生活费250000元、鉴定费3000元，合计583000元，并提交了相关证据。

被告人郭某对公诉机关指控的罪名、事实及量刑建议均无异议，对附带民事诉讼原告人的诉讼请求，其表示愿意给予赔偿。但是被告人认为附带民事诉讼原告人要求的各项费用过高，自己无力承担。刑事附带民事诉讼被告人某保险公司诉讼代理人对各附带民事诉讼原告人的诉讼请求提出如下辩论意见：

郭某本身的行为具有违法性，也应承担一部分赔偿责任。

经审理查明：刑事附带民事诉讼被告人郭某为京12345大众轿车的登记所有权人。2017年3月29日18时许，郭某驾驶该车辆去往朋友家。沿着阳光公路由北向南行驶，行驶至阳光加油站附近时，郭某没有注意对面会车，盲目超越前面车辆，与自南向北行驶的被害人驾驶的摩托车迎面相撞。造成何某受伤、两车受损的交通事故。后来，何某经抢救无效死亡。经鉴定，何某生前头部受钝性外力作用致颅脑损伤，失血过多休克死亡。经认定，郭某负事故全部责任，何某无责任。被告人郭某于2017年3月29日在案发现场主动向公安机关投案，并如实供述犯罪事实。在审理过程中，被告人主动给付了被害人先行垫付的抢救费用。刑事附带民事诉讼被告人某保险公司系交强险与第三者责任险的投保公司。保险期限分别为2016年8月24日0时至2017年8月23日24时、2016年9月25日0时至2017年9月25日24时。

另查明，被害人何某系农业家庭户口，张某系何某的妻子。张某与何某育有一女何某影，2007年7月23日出生，时年13周岁。被害人何某在事故发生以后，被送往某县人民医院抢救，抢救过程中死亡，对于抢救发生的各项费用，被告人郭某已经主动支付。认定上述事实的证据如下：

1. 被告人郭某、刑事附带民事诉讼原告人张某的户籍证明：被告人郭某的身份事项与起诉书指控的一致；刑事附带民事诉讼原告人张某的身份、年龄等情况。

2. 现场勘查笔录及照片：案发现场情况及照片。

3. 某司法鉴定中心鉴定意见书：京12345大众汽车制动系统性能符合《机动车安全运行技术条件》的规定，同时，送检的郭某血样中未检出乙醇成分。

4. 某法医学尸体检验鉴定书：何某生前头部受钝性外力作用致颅脑损伤，失血过多休克死亡。

5. 事故责任认定书：郭某驾驶机动车观察不周，与对向来车会车时超车，是发生事故的全部原因。此次事故由郭某负全部责任，何某无责任。

6. 鉴定费票据：对何某的鉴定费3000元。

7. 证人王某的证言：3月29日那天下午，我正在我们家的加油站那儿坐着，看见一辆白色的大众牌汽车想超过前面那辆大货车，随后我听到“砰”的一声，就看见那辆白车和对面来的一辆摩托车相撞了。然后，一会儿警察就来了，“120”救护车也来了，是那个肇事司机打电话叫的“120”救护车。

8. 证人胡某的证言：我是郭某的哥们儿，那天晚上我请客，叫了几个朋友来我家吃饭，我们也叫了郭某。但是郭某下午有事儿，他们六点多都到我家以后，郭某还没有来。我就给郭某打电话，让他快点，他说行。后来，他给我打电话说出车祸了，撞了个人，让我去趟医院，把抢救费交上，我就去医院了。

9. 被告人郭某的供述：3月29日，我哥们胡某叫我和其他几个哥们儿去他家吃饭，后来我有事儿去得比较晚，他们就一直给我打电话催我快点。我开车到阳光加油站附近的时候，前面有辆货车走得特别慢，我就想超过去。当时没注意对面有没有来车，就开始超车。正好对面有个人骑着辆摩托车就过来了，我来不及刹车，就撞上了。我当时都蒙了，我就想着得赶紧救人，就给“120”打电话，后来又打“110”说我撞人了，一会儿警察就来了。然后我就被警察带走了，我让胡某去医院，给被害人把抢救费交上了。

上述证据经过当庭出庭、质证，形成了完整的证据链条，足以证实被告人郭某犯交通肇事罪事实的存在。

本院认为，被告人郭某违反交通管理法规，驾驶机动车辆造成一人死亡的交通事故，并负事故的全部责任，其行为已构成交通肇事罪。公诉机关指控的事实和罪名成立，本院予以支持。被告人郭某的行为依法应予惩处。但鉴于其犯罪后能够主动到公安机关投案，并如实供述所犯罪行，系自首，依法可以从轻处罚。被告人郭某的危害行为给被害方造成的经济损失应予赔偿。因郭某驾驶的京 1× × ×5 轿车在刑事附带民事诉讼被告人某保险公司投有第三者责任险、不计免赔险、交强险，某保险公司应当在保险限额内承担赔偿责任。刑事附带民事诉讼原告人张某提出各刑事附带民事诉讼被告人承担赔偿责任合理部分，即死亡赔偿金 300000 元、丧葬费 30000 元、被扶养人生活费 250000 元、鉴定费 3000 元，合计人民币 583000 元，本院予以支持。综上所述，被告人郭某平时表现良好，归案后认罪态度较好，且系初犯、偶犯，依照《中华人民共和国刑法》第一百三十三条，《最高人民法院关于审理交通肇事刑事案件具体应用法律若干问题的解释》第二条第一款第一项，《最高人民法院关于审理道路交通事故损害赔偿案件适用法律若干问题的解释》第一条、第十六条、第二十五条、第二十七条的规定，判决如下：

一、被告人郭某犯交通肇事罪，判处有期徒刑二年。

二、刑事附带民事诉讼被告人某保险公司在交强险限额内承担刑事附带民事诉讼原告人张某死亡赔偿金等经济损失，合计人民币 80000 元。

三、刑事附带民事诉讼被告人某保险公司在第三者责任险限额内承担刑事附带民事诉讼原告人死亡赔偿金 220000 元、丧葬费 30000 元、被扶养人生活费 250000 元、鉴定费 3000 元，合计人民币 503000 元。

如不服本判决，可在接到判决书的第二日起十日内，通过本院或者直接向某市人民法院提出上诉。书面上诉的，应当提交上诉状正本一份，副本二份。

审判长　张某

审判员　刘某

审判员　白某

二〇一七年七月二十七日

（院印）

本件与原本核对无异

书记员　蒋某

要点总结

1. 首部

（1）标题。写明“××××人民法院刑事附带民事判决书”。

（2）案号。写明“（××××）×刑初××号”。

2. 正文

（1）写明公诉机关。

（2）附带民事诉讼如系被害人提起的，应在“附带民事诉讼原告人”项内的“单位和职务、住址”之后，续写“系本案被害人”；如果被害人是无行为能力或者限制行为能力的人，应当在第一项“附带民事诉讼原告人×××”之后，列第二项“法定代理人×××”，并注明其与被害人的关系；如果被害人已经死亡，经更换当事人，由他的近亲属提起附带民事诉讼的，应当将其近亲属列为“附带民事诉讼原告人×××”，并注明其与死者的关系。

附带民事诉讼如系公诉机关提起的，要删去首部的“附带民事诉讼原告人”项。

被告人是公民的，首先应写明姓名、性别、年龄、民族、职业或工作单位、住所，还应写明采取何种强制措施及以前受过何种刑事处分等。

刑事附带民事诉讼如有除“被告人”以外的“附带民事诉讼被告人”的，应当在“被告人”项后单独列项，并在文书的相应部分增加有关内容。

（3）写明案件开庭审判的组织、审判方式、各方到庭的人员。

（4）事实部分。

①概述人民检察院指控被告人犯罪的事实、证据和适用法律的意见。

②概述附带民事诉讼原告人的诉讼请求和有关证据，概述被告人对人民检

察院指控的犯罪事实和附带民事诉讼原告人的诉讼请求予以供述、辩解、自行辩护的意见和有关证据。附带民事诉讼如系公诉机关提起的，在控方指控项中增加有关附带民事诉讼的意见，并把“概述附带民事诉讼原告人的诉讼请求和有关证据”的内容删去。

③法院认定的事实和证据，首先写明经法庭审理查明的事实，既要写明经法庭查明的全部犯罪事实，又要写明由于被告人的犯罪行为使被害人遭受经济损失的事实；其次写明据以定案的证据及其来源；最后对控辩双方有异议的事实、证据进行分析、认证。

（5）理由。

根据查证属实的事实、证据和法律规定，论证公诉机关指控的犯罪是否成立，被告人的行为是否构成犯罪，犯的什么罪，应否追究刑事责任；论证被害人是否由于被告人的犯罪行为而遭受经济损失，被告人对被害人的经济损失应否负民事赔偿责任；应否从轻、减轻、免除处罚或者从重处罚。对于控辩双方关于适用法律方面的意见，应当有分析地表示是否予以采纳，并阐明理由。除需要引用刑法和刑事诉讼法的有关条文外，还必须同时引用《中华人民共和国民法通则》第一百一十九条[①]和最高人民法院下发的相关司法解释中有关损害赔偿的规定，作为判决的法律依据。

（6）判决结果。

人民法院在判决前，如果经调解，双方当事人就经济损失的赔偿已达成调解协议的，可以制作《刑事附带民事调解书》，经双方当事人签收后即具有法律效力，但不能制作《民事调解书》；刑事部分单独审结的，则应当制作《刑事判决书》。赔偿金额在判决前被告人已一次付清的，应当记入笔录，经双方当事人、审判人员、书记员签名或者盖章后即发生法律效力；如果当事人要求制作调解书的，也可以制作《刑事附带民事调解书》。经调解无法达成协议或者调解书签收前当事人反悔的，附带民事诉讼则应当同刑事诉讼一并判决，并制作《刑事附带民事判决书》。

（7）说明法律效力，交代上诉权。

对附带民事判决或者裁定的上诉、抗诉期限，应当按照刑事部分的上诉、

① 对应《民法典》第一千一百七十九条。——编者注

抗诉期限确定。

3. 尾部

（1）审判人员署名。

（2）写明发文日期并加盖人民法院印章。

（3）判决书原本上不写“本件与原本核对无异”。此句文字应制成专用印戳，由书记员将正本与原本核对无异之后，加盖在正本末页的年月日的左下方、书记员署名的左上方。

（4）书记员署名。

刑事附带民事判决书（一审自诉案件用）

适用情形

刑事附带民事判决书（一审自诉案件用），供第一审人民法院审理刑事自诉案件过程中，确定被告人是否承担刑事责任的同时，附带解决被告人对于被害人所遭受的物质损失（即经济损失）是否承担民事赔偿责任时使用。

基本框架

××××人民法院

刑事附带民事判决书

（××××）×刑初××号

自诉人暨附带民事诉讼原告人______（写明姓名、性别、出生年月日、民族、出生地、文化程度、职业或工作单位和职务、住址等）。

诉讼代理人________（写明姓名、工作单位和职务）。

被告人________（写明姓名、性别、出生年月日、民族、出生地、文化程度、职业或工作单位和职务、住址等）。

辩护人________（写明姓名、工作单位和职务）。

自诉人×××以被告人×××犯××罪，并由此造成经济损失为由，于××××年××月××日向本院提起控诉。本院受理后，依法实行独任审判（或组成合议庭），公开（或不公开）开庭审理了本案。自诉人 ×××、被告人 ××× 及其诉讼代理人 ×××，被告人 ××× 及其辩护人 ××× 等到庭参加诉讼。本案现已审理终结。

自诉人 ××× 诉称，________（概述自诉人指控被告人犯罪和由此造成经济损失的事实、证据和诉讼请求）。

被告人 ××× 辩称，________（概述被告人对自诉人的指控予以供述、辩解、自行辩护的意见和有关证据）。辩护人 ××× 提出的辩护意见是________（概述辩护人的辩护意见和有关证据）。

经审理查明，________（首先写明经法庭审理查明的被告人的犯罪事实包括由此造成被害人经济损失的事实；其次写明据以定案的证据及其来源；最后对控辩双方有异议的事实、证据进行分析、认证）。

本院认为，________（写明根据查证属实的事实、证据和法律规定，论证自诉人暨附带民事诉讼原告人的指控是否成立，被告人的行为是否构成犯罪，应如何处罚，被告人的行为是否给被害人造成经济损失和应否承担民事赔偿责任。对于控辩双方有关适用法律方面的意见，应当有分析地表示是否予以采纳，并阐明理由）。依照________（写明判决的法律依据）的规定，判决如下：

________［写明判决结果。分四种情况：

第一，定罪判刑并应当赔偿经济损失的，表述为：

“一、被告人 ××× 犯 ×× 罪，________（写明判处的刑罚）；

（刑期从判决执行之日起计算。判决执行以前先行羁押的，羁押一日折抵刑期一日，即自 ×××× 年 ×× 月 ×× 日起至 ×××× 年 ×× 月 ×× 日止。）

二、被告人 ××× 赔偿自诉人 ×××________（写明赔偿的金额和支付日期）。”

第二，定罪免刑并应当赔偿经济损失的，表述为：

“一、被告人 ××× 犯 ×× 罪，免予刑事处罚；

二、被告人 ××× 赔偿自诉人 ×××________（写明赔偿的金额和支付日期）。”

第三，宣告无罪但应当赔偿经济损失的，表述为：

“一、被告人 ××× 无罪；

二、被告人 ××× 赔偿自诉人 ×××________（写明赔偿的金额和支付日期。）”

第四，宣告无罪并且不赔偿经济损失的，表述为：

“一、被告人 ××× 无罪；

二、被告人 ××× 不承担民事赔偿责任。”]

如不服本判决，可在接到判决书的第二日起十日内，通过本院或者直接向 ×××× 人民法院提出上诉。书面上诉的，应交上诉状正本一份，副本 × 份。

审判员　×××

×××× 年 ×× 月 ×× 日

（院印）

本件与原本核对无异

书记员　×××

文本演示

案情简介：郭某在大学期间与赵某恋爱，2016 年 7 月，大学毕业后，两人长期异地，感情逐渐疏远，郭某欲与赵某分手，赵某及家人强烈反对，称郭某应对赵某负责。因郭某决心分手，赵某家人找到郭某，强行让郭某与赵某结婚，郭某不从，赵父便对郭某大打出手，造成郭某头部受伤。郭某提起刑事附带民事诉讼，请求法院依法追究赵某家人的刑事责任，并赔偿因此给自己带来的损失。

某区人民法院

刑事附带民事判决书

（2016）某刑初 236 号

自诉人暨附带民事诉讼原告人郭某，男，1992 年 10 月 21 日出生，汉族，职员，大学本科，住某省某市某小区 402 号。

诉讼代理人李某，某律师事务所律师。

被告人赵某某，男，汉族，1964 年 1 月 15 日出生，小学文化，农民，住某省某市某县某村。

自诉人郭某以被告人赵某某犯暴力干涉婚姻自由罪，并由此造成经济损失为由，于2016年9月21日向本院提起控诉。本院受理后，依法实行独任审判，公开开庭审理了本案。自诉人郭某及其代理人李某、被告人赵某某等到庭参加诉讼。本案现已审理终结。

自诉人郭某称，2016年8月12日，赵某给我打电话说要见我，把话当面说清，我想即使分手，也应该给对方一个交代，所以当天我们约在我家附近的一家餐厅见面，我以为只有赵某一人过来，但没想到赵父和赵兄一起来了。席间，赵某和我说她不想分手，我也和她说了我们已经不能再继续交往下去，但赵某听后情绪很激动，赵父让我必须对他女儿负责，一定要结婚，否则就要给我点颜色看看，我没有同意，赵兄就打了我一耳光，后来赵父也起身，将我推倒，头部撞到饭店桌角，当时我的头部就流血了，后来饭店老板报警，我也被送去医院检查。赵父因我想要和他女儿分手，就强行要我和赵某结婚，并因此对我大打出手，经法医鉴定，我受的伤是一级轻伤，故我对赵父提起刑事附带民事诉讼，要求追究赵父暴力干涉婚姻自由的刑事责任，并赔偿给我造成的经济损失，医疗费及住院费5567元、精神损失费10000元，合计人民币15567元。

自诉人为支持自己的主张，向法院提交了以下证据：1. 被告人赵某某的供述。2. 餐厅老板王某证人证言。3. 医疗费票据。4. 住院病历、诊断证明、用药清单各一份。

被告人赵某某辩称，我女儿和郭某在大学期间谈恋爱，毕业回家后，因为和郭某的感情问题，甚至耽误了工作，郭某应该对我女儿负责。我和我女儿去找郭某那天，我见我女儿情绪激动，我确实对郭某的态度很生气，就推了他一下，他撞到桌角是自己不小心跌倒，我并没有打他，更不存在暴力干涉婚姻自由。因此，对于郭某的医药费及住院费，我不予赔偿。另外，在整个案件中，我女儿才是受害者，对于郭某提出的10000元精神损失费，我不同意赔偿。

为支持自己的主张，被告人赵某某向法庭提交了其子的证言。

经审理查明，自诉人郭某和赵某在大学期间系恋爱关系，2016年7月，两人大学毕业，郭某欲与赵某分手，赵某不同意，便与赵父、赵兄找到郭某，四人在某市某区某饭店用餐，席间因言语不和，赵父便对郭某动手，造成郭某头部受伤，当即送往医院治疗。花费医药费及住院费共5567元。

认定上述事实的证据有：1. 自诉人郭某的陈述。2. 证人王某的证言。3. 医疗费票据。4. 住院病历、诊断证明、用药清单各一份。5. 被告人赵某某的供述及辩解。经庭审质证，足以证明案件事实，本院予以认可。

本院认为，被告人赵某某因其女儿赵某和郭某的感情问题，在饭店将郭某推倒，该行为不构成暴力干涉婚姻自由，但是已构成故意伤害罪。被告人赵某某将郭某推倒，导致其撞到饭店桌角，这一行为侵犯了郭某的人身权，赵某某应对该行为承担民事责任。自诉人要求被告人赔偿医疗费用共计 5567 元，证据确实充分，本院予以认定。对于郭某要求被告人承担精神损失的请求，没有法律依据，本院不予认可。综上所述，依据《中华人民共和国刑事诉讼法》第一百九十五条①，《中华人民共和国侵权责任法》第二条②、第十五条③、第十六条④的规定，判决如下：

一、被告人赵某某无罪。

二、被告人赵某某承担郭某的医疗费用共计 5567 元。

如不服本判决，可在接到判决书的第二日起十日内，通过本院或者直接向某市人民法院提出上诉。书面上诉的，应当提交上诉状正本一份，副本二份。

审判员　郭某

二〇一六年十一月十日

（院印）

本件与原本核对无异

书记员　刘某

要点总结

1. 首部

（1）标题。写明“×××× 人民法院刑事附带民事判决书”。

（2）案号。写明“（××××）× 刑初 ×× 号”。

---

① 对应2018年修正后《刑事诉讼法》第二百条。——编者注
② 对应《民法典》第一百一十条、第一百二十条。——编者注
③ 对应《民法典》第一百七十九条。——编者注
④ 对应《民法典》第一千一百七十九条。——编者注

2. 正文

（1）写明自诉人暨附带民事诉讼原告人的姓名、性别、出生年月日、民族、出生地、文化程度、职业或工作单位和职务、住址等。

被告人是公民的，写明姓名、性别、年龄、民族、职业或工作单位、住所应写明采取何种强制措施及以前受过何种刑事处分等。

刑事附带民事诉讼如有除“被告人”以外的“附带民事诉讼被告人”的，应当在“被告人”项后单独列项，并在文书的相应部分增加有关内容。

（2）写明案件开庭审判的组织、审判方式，各方到庭的人员。

（3）事实部分。

①概述自诉人指控被告人犯罪和由此造成经济损失的事实、证据和诉讼请求。

②概述被告人对人民检察院指控的犯罪事实和附带民事诉讼原告人的诉讼请求予以供述、辩解、自行辩护的意见和有关证据。

③法院认定的事实和证据，首先写明经法庭审理查明的事实，既要写明经法庭查明的全部犯罪事实，又要写明由于被告人的犯罪行为使被害人遭受经济损失的事实；其次写明据以定案的证据及其来源；最后对控辩双方有异议的事实、证据进行分析、认证。

（4）理由。

写明根据查证属实的事实、证据和法律规定，论证自诉人暨附带民事诉讼原告人的指控是否成立，被告人的行为是否构成犯罪，应如何处罚，被告人的行为是否给被害人造成经济损失和应否承担民事赔偿责任。对于控辩双方有关适用法律方面的意见，应当有分析地表示是否予以采纳，并阐明理由。

（5）判决结果。

（6）说明法律效力，交代上诉权。对附带民事判决或者裁定的上诉、抗诉期限，应当按照刑事部分的上诉、抗诉期限确定。

3. 尾部

（1）审判人员署名。

（2）写明发文日期并加盖人民法院印章。

（3）判决书原本上不写“本件与原本核对无异”。此句文字应制成专用印戳，由书记员将正本与原本核对无异之后，加盖在正本末页的年月日的左下

方、书记员署名的左上方。

（4）书记员署名。

刑事附带民事调解书（一审自诉案件用）

适用情形

刑事附带民事调解书（一审自诉案件用），供基层人民法院在审理一审自诉案件过程中，对于告诉才处理和被害人有证据证明的轻微刑事或者刑事附带民事诉讼案件，经法院主持调解，双方当事人达成协议时使用。

基本框架

××××人民法院

刑事附带民事调解书

（2014）×刑初××号

自诉人暨附带民事诉讼原告人__________（写明姓名、性别、年龄等基本情况）。

被告人______（写明姓名、性别、年龄等基本情况）。

自诉人×××以被告人×××犯××罪，并造成经济损失为由，于××××年××月××日向本院提起控诉。本院受理后，依法实行独任审判（或者组成合议庭），公开（或者不公开）开庭进行了审理。

经审理查明，__________，双方当事人__________。在本院主持调解下，_________。双方当事人自愿达成如下协议：

一、被告人×××向自诉人×××赔礼道歉；

二、自诉人×××自愿放弃对被告人×××的指控；

三、被告人×××赔偿自诉人×××__________。

上述协议不违反有关法律规定，本院予以确认。

本调解书经双方当事人签收后即具有法律效力。

审判员　×××

××××年××月××日

（院印）

本件与原本核对无异

书记员 ×××

文本演示

案情简介：2016年1月，刘某与妻子离婚，并于同年8月与张某再婚。刘某脾气不好，再婚后经常与张某吵架，还多次因小事动手，将张某打伤，为此张某多次去医院就诊，花了不少医药费，同时，张某的精神也遭受到巨大伤害。张某将刘某告上法庭，请求追究刘某的责任，并赔偿自己的损失。

某区人民法院

刑事附带民事调解书

（2016）某刑初093号

自诉人暨附带民事诉讼原告人张某，女，1987年1月18日出生，汉族，某公司职工，某市某区某路104号。

被告人刘某，男，1980年12月30日出生，汉族，某公司员工，住某市某区某路104号。

自诉人张某以被告人刘某犯虐待罪，并造成经济损失和精神损害为由，于2016年11月11日向本院提起控诉。本院受理后，依法实行独任审判，公开开庭进行了审理，自诉人张某及被告人刘某等到庭参加诉讼。本案现已审理终结。

经审理查明，自诉人张某与被告人刘某系再婚夫妻，二人再婚后，经常因小事发生争执，因刘某脾气暴躁，多次对张某进行殴打，造成张某身体受伤，同时导致张某精神上遭受巨大打击。自诉人和被告人对法院认定的事实基本上没有意见。自诉人张某起诉被告人刘某犯虐待罪证据确实、充分，但被告人认罪态度良好，并得到了自诉人张某的谅解。在本院主持调解下，被告人刘某认识到了自己的错误，愿意向自诉人张某赔礼道歉，并愿意承担民事赔偿责任。自诉人张某与被告人刘某双方达成了谅解。双方当事人自愿达成如下协议：

一、被告人刘某向自诉人张某赔礼道歉；

二、自诉人张某自愿放弃对被告人刘某的指控；

三、被告人刘某赔偿自诉人张某经济和精神损失合计人民币 20000 元。

上述协议不违反有关法律规定，本院予以确认。

本调解书经双方当事人签收后即具有法律效力。

审判员　金某

二〇一六年十二月二十日

（院印）

本件与原本核对无异

书记员　赵某

要点总结

1. 首部

（1）标题。写明“×××× 人民法院刑事附带民事调解书”。

（2）案号。写明“（××××）× 刑初 ×× 号”。

2. 正文

（1）写明自诉人暨附带民事诉讼原告人基本情况，包括姓名、性别、年龄、民族、职业或工作单位、住所。

（2）原审被告人的基本情况。

原审被告人是公民的，写明姓名、性别、年龄、民族、职业或工作单位、住所，还应写明采取何种强制措施及以前受过何种刑事处分等。

原审被告人是法人或其他组织的，写明单位全称、法定代表人、住所、联系方式。

（3）写明案件来源、开庭审判的组织、审判方式，各方到庭的人员。

（4）事实部分。

①概述经法庭审理查明的事实。

②写明对认定的事实没有异议或者基本上没有意见的情况。

③概述被告人认错，愿意承担民事赔偿责任和双方互相谅解的情况。

（5）在法院主持下双方达成调解的内容。

（6）说明法律效力，为双方当事人签收后即具有法律效力。

3. 尾部

（1）审判人员署名。

（2）写明发文日期并加盖人民法院印章。

（3）判决书原本上不写“本件与原本核对无异”。此句文字应制成专用印戳，由书记员将正本与原本核对无异之后，加盖在正本末页的年月日的左下方、书记员署名的左上方。

（4）书记员署名。

刑事判决书（一审公诉未成年刑事案件适用简易程序用）

适用情形

刑事判决书（一审公诉未成年刑事案件适用简易程序用），供一审人民法院对于公诉案件中被告人是未成年人或涉及未成年人的等刑事犯罪案件，按照第一审简易程序审理终结后，作出处理决定时使用。

基本框架

××××人民法院

刑事判决书

（××××）×刑初××号

公诉机关××××人民检察院。

被告人基本情况。

法定代理人基本情况。

辩护人（或者指定辩护人）基本情况。

××××人民检察院以×检×诉［××××］××号起诉书指控被告人×××犯××罪，于××××年××月××日向本院提起公诉。本院于××××年××月××日立案，并依法适用简易程序，实行独任审判。因本案被告人系未成年人（或者因本案涉及未成年被告人），依法不公开开庭审理了本案。（××××人民检察院检察员×××、）被告人×××及

其法定代理人 ×××、辩护人（或者指定辩护人 ×××）等到庭参加诉讼。现已审理终结。

公诉机关指控被告人____________。

上述事实，被告人在开庭审理过程中亦无异议，并有物证 ××、书证 ××、证人 ××× 的证言、被害人 ××× 的陈述、×××× 公安机关（或检察机关）的勘验、检查笔录和 ×× 鉴定结论等证据证实，足以认定。

在法庭审理过程中，本院了解到________。

本院认为，被告人 ××× 的行为（具体）已构成 ×× 罪。________。依照________（写明判决的法律依据）的规定，判决如下：

被告人 ××× 犯 ×× 罪，判处__________。（刑期从判决生效之日起计算。判决执行以前先行羁押的，羁押刑期一日折抵刑期一日，即自 ×× 年 ×× 月 ×× 日起至 ×××× 年 ×× 月 ×× 日止。）

如不服本判决，可在接到判决书的第二日起十日内，通过本院或者直接向 ×××× 中级人民法院提出上诉。书面上诉的，应当提交上诉状正本一份，副本 ×× 份。

审判员　×××

×××× 年 ×× 月 ×× 日

（院印）

本件与原本核对无异

书记员　×××

文本演示

案情简介：2017 年 9 月 19 日，张某在老师方某的办公室交作业时，顺手将方某办公桌上的一个钱包盗走。后将钱包扔进了校园的垃圾桶里。经查，钱包里有现金 3800 元，张某将 3800 元占为己有，案发时已经挥霍 2000 元。检察机关以张某涉嫌盗窃罪向法院提起公诉。

某县人民法院
刑事判决书

（2017）某刑初 316 号

公诉机关某县人民检察院。

被告人张某，男，2000 年 6 月 4 日出生，汉族，高中在校学生，户籍地某省某市某镇某村。因本案于 2017 年 9 月 21 日被刑事拘留，2017 年 9 月 25 日某检察院认为无逮捕必要遂决定不批准逮捕。

法定代理人张某，男，1979 年 11 月 30 日出生，汉族，农民，小学文化，住址同被告人。系被告人张某之父。

辩护人郭某，某律师事务所律师。

某县人民检察院以某检刑诉［2017］199 号起诉书指控被告人张某犯盗窃罪，于 2017 年 9 月 30 日向本院提起公诉。本院于 2017 年 10 月 9 日立案，并依法适用简易程序，实行独任审判，因本案被告人系未成年人，依法不公开开庭审理了本案。某县人民检察院指派检察员刘某出庭支持公诉，被告人张某及其法定代理人王某、辩护人郭某等到庭参加诉讼。本案现已审理终结。

公诉机关指控被告人于 2017 年 9 月 19 日，在某学校老师方某的办公室交作业时，顺手将方某办公桌上的一个钱包盗走。后将钱包扔进了校园的垃圾桶里。经查，钱包里有现金 3800 元，张某将 3800 元占为己有，案发时已经挥霍 2000 元。公诉机关认为应该以盗窃罪追究张某的刑事责任。

上述事实，被告人张某在开庭审理过程中亦无异议，并有书证被告人的户籍证明、某村委会的证明、被告人张某所在学校的证明书、被害人方某的陈述、事发时办公室的监控录像等证据材料予以证实，足以认定。

本院查明，张某系某县某高中高三在校学生。2017 年 9 月 19 日，张某去老师方某的办公室交作业，当时办公室没人，张某遂将方某办公桌上的灰色钱包盗走。经查，钱包里有现金 3800 元，张某将钱取出后，将钱包扔进了校园操场上的垃圾桶里，后将其中 2000 元挥霍。

本院认为，被告人张某以非法占有为目的，秘密窃取公私财物 3800 元，其行为已构成盗窃罪，公诉机关指控其所犯罪名成立。对于辩护人郭某提出被告人张某犯罪时系未成年人、主观恶性不大、当庭自愿认罪，希望对其从轻处罚之辩护意见，本院予以采纳。经查被告人张某犯罪时系未成年人，其在庭审中自愿认罪，且退赔了被害人的经济损失并取得了被害人的书面谅解。被告人张某平时表现良好，学习成绩较好，团结同学，乐于助人，品格良好。其家境困难，母亲瘫痪在床，父亲外出打工，是一时糊涂才犯此大错。张某归案后认罪态度较好，且系初犯、偶犯，本院依法予其从轻处罚。依照《中华人民共和国刑法》第二百六十四条、第十七条的规定，判决如下：

被告人张某犯盗窃罪，判处拘役四个月，并处罚金1500元（拘役刑期从判决执行之日起计算。判决执行以前先行羁押一日折抵刑期一日，即自2017年9月21日起至2018年1月20日止。罚金已预缴）。

如不服本判决，可在接到判决书的第二日起十日内，通过本院或者直接向某中级人民法院提出上诉。书面上诉的，应当提交上诉状正本一份，副本二份。

审判员　钱某

二〇一七年十月十八日

（院印）

本件与原本核对无异

书记员　何某

要点总结

1. 首部

（1）标题。写明“××××人民法院刑事判决书”。

（2）案号。写明“（××××）×刑初××号”。

2. 正文

（1）写明公诉机关。

（2）被告人的基本情况。

写明姓名、性别、年龄、民族、文化程度、职业或工作单位、住所，被采取何种强制措施及以前受过何种刑事处分等。

法定代理人的基本情况，包括姓名、性别、年龄、民族、职业或工作单位、住所。

被告人有辩护人的，写明辩护人的姓名、工作单位。

（3） 写明案件来源，明确一审法院适用简易程序、独任审理的审判方式及各方到庭的人员。

（4）事实部分。

①概述人民检察院指控被告人犯罪的事实、证据和适用法律的意见。

②概述被告人对指控的犯罪事实自行辩护的意见。

③概述简要概述被告人的情况调查报告中与量刑密切相关的内容。如果可能判处被告人非监禁刑罚的，概述所具备的监护、帮教条件等情况。

（5）理由。

理由部分在“本院认为”之后，写明对控辩双方适用法律方面的争议采纳或者不予采纳的理由，依法从轻、减轻处罚或者免除处罚的理由。结合未成年被告人的成长经历，剖析未成年被告人走上犯罪道路的主客观方面的原因。

（6）判决结果。

（7）说明法律效力，交代上诉权。

3. 尾部

（1）审判人员署名。

（2）写明发文日期并加盖人民法院印章。

（3）判决书原本上不写“本件与原本核对无异”。此句文字应制成专用印戳，由书记员将正本与原本核对无异之后，加盖在正本末页的年月日的左下方、书记员署名的左上方。

（4）书记员署名。

刑事判决书（一审未成年刑事案件适用普通程序用）

适用情形

刑事判决书（一审未成年刑事案件适用普通程序用），供一审人民法院对于公诉案件中被告人是未成年人或涉及未成年人的刑事犯罪案件，按照第一审普通程序审理终结后依法作出判决时使用。

基本框架

×××× 人民法院
刑事判决书

（××××）× 刑初 ×× 号

公诉机关 ×××× 人民检察院。

被告人基本情况。

法定代理人基本情况。

辩护人（或者指定辩护人）基本情况。

×××× 人民检察院以 × 检 × 诉［××××］×× 号起诉书指控被告人 ××× 犯 ×× 罪，于 ×××× 年 ×× 月 ×× 日向本院提起公诉。本院于 ×××× 年 ×× 月 ×× 日立案，并依法组成合议庭。因本案被告人系未成年人（或者因本案涉及未成年被告人），依法不公开开庭审理了本案。（×××× 人民检察院检察员 ×××、）被告人 ××× 及其法定代理人 ×××、辩护人（或者指定辩护人 ×××）等到庭参加诉讼。现已审理终结。

公诉机关指控，被告人______________。

被告人 ××× 辩称，___________。法定代理人___________。辩护人的辩护意见是__________。

×××× 人民检察院向法庭提交了被告人 ××× 的情况调查报告。

经审理查明，_____________。

在法庭审理过程中，本院了解到______________。

本院认为，被告人 ××× 的行为（具体）已构成 ×× 罪。_________。依照__________（写明判决的法律依据）的规定，判决如下：

［写明判决结果。分四种情况：

第一，定罪判刑的，表述为：

“一、被告人 ××× 犯 ×× 罪，判处_______（写明主刑、附加刑）。（刑期从判决生效之日起计算。判决执行以前先行羁押的，羁押刑期一日折抵刑期一日，即自 ×××× 年 ×× 月 ×× 日起至 ×××× 年 ×× 月 ×× 日止。）

二、被告人 ×××___________。”

第二，宣告无罪的，表述为：

“被告人 ××× 犯 ×× 罪，免予刑事处罚。”

第三，对被告人因不满十六周岁不予刑事处罚的，表述为：

被告人 ××× 不负刑事责任。

第四，宣告无罪的，无论是适用《中华人民共和国刑事诉讼法》第二百条第二项还是第三项，均应表述为：

“被告人 ××× 无罪。”]

如不服本判决，可在接到判决书的第二日起十日内，通过本院或者直接向 ×××× 中级人民法院提出上诉。书面上诉的，应当提交上诉状正本一份，副本 ×× 份。

审判长 ×××

审判员 ×××

审判员 ×××

×××× 年 ×× 月 ×× 日

（院印）

本件与原本核对无异

书记员 ×××

文本演示

案情简介：2017 年 7 月 19 日 11 时许，被告人马某骑自行车经过某村小学门口时，与王某发生争执，马某拿砖头将王某头部打伤。2017 年 7 月 20 日，经某市法医中心鉴定，王某的伤情属于轻伤一级。公诉机关以马某涉嫌故意伤害罪向法院提起公诉。

某县人民法院

刑事判决书

（2017）某刑初 258 号

公诉机关某县人民检察院。

被告人马某，男，2000 年 12 月 12 日出生，汉族，农民，初中文化，户籍地某省某市某镇某村。因本案于2017年7月20日被刑事拘留，2017年7月26日批准逮捕。现羁押于某市看守所。

法定代理人马某甲，男，1976年8月30日出生，汉族，农民，小学文化，住址同被告人。系被告人马某之父。

辩护人杨某，某律师事务所律师。

某县人民检察院以某检刑诉［2017］258号起诉书指控被告人马某犯故意伤害罪，于2017年8月9日向本院提起公诉。本院于2017年8月15日立案，并依法组成合议庭。因本案被告人系未成年人，依法不公开开庭审理了本案。某县人民检察院指派检察员夏某出庭支持公诉，被告人马某及其法定代理人马某甲、辩护人杨某等到庭参加诉讼。本案现已审理终结。

公诉机关指控，2017年7月19日11时许，被告人马某骑自行车经过某村小学门口时，与王某发生争执，马某拿砖头将王某头部打伤。2017年7月20日，经某市法医中心鉴定，王某的伤情属于轻伤一级。对此，公诉机关提供了相应证据。公诉机关认为被告人马某的行为触犯了《中华人民共和国刑法》第二百三十四条第一款的规定，应以故意伤害罪追究其刑事责任，建议判处其有期徒刑十个月至一年七个月。提请本院依法惩处。

被告人马某及其法定代理人马某甲对公诉机关指控的犯罪事实及定性均无异议。其辩护人提出，马某犯罪时未满成年，且有自首情节，系初犯、偶犯，并已支付了被害人部分医疗费用，建议对其从轻处罚，并适用缓刑。

某县人民检察院向法庭提交了被告人马某的情况调查报告。

经审理查明，2017年7月19日11时许，被告人马某骑自行车经过某村小学门口时，因王某挡住了马某的路而与王某发生争执，马某拿砖头将王某头部打伤。2017年7月20日，经某市法医中心鉴定，王某的伤情属于轻伤一级。事发后，马某等候民警的到来，并主动交代了犯罪事实，还向被害人道歉，得到了被害人及家属的谅解。

上述事实，有经过庭审质证的下列证据予以证实：

1. 某市法医鉴定中心关于王某损伤程度鉴定意见书及照片，证实王某确系钝性物质所伤，伤残程度一级。

2. 被告人马某的到案经过，证实事发后马某未离开现场，等候民警处理，并如实供述自己的犯罪事实。

3. 被害人王某及其家属对马某的谅解书。

4. 证人黄某证言：我当时正在小学门口摆摊儿，马某骑着车子从我旁边过去，到我前面以后，王某在那站着不动。马某让王某让开，王某还是没有动，然后俩人就吵起来了，马某把车子扔到了一边，拿起地上的砖头就打王某，后来王某脑袋被打破了，一会儿警察就来了。

5. 被害人王某陈述：7 月 19 日 11 时左右，我当时在小学门口站着等着接孩子，马某骑着车子从我那过，他让我给他让路，但是态度不好，我就没动。然后他说“好狗不挡道”，我就很生气，和他吵了起来。后来他就拿起砖头打我。我就报警了。

6. 马某供述：2017 年 7 月 19 日中午 11 点多，我骑着车子路过小学门口，那会儿赶上学生放学，人特别多，我就骑着车子从人群里面过。后来王某站在那里不给我让路，我就让他让开，他不动，我就说了几句。他很生气，我俩就吵了起来，后来，我一生气就拿起砖头来把他给打了。我是一时冲动，见他流血我就害怕了。我就等着警察来，就跟着警察走了。

以上证据经庭审质证，来源合法，且被告人马某及其辩护人在开庭审理过程中亦无异议。上述证据客观真实，足以认定。

本院认为，被告人马某故意伤害他人身体，致人轻伤，非法损害他人身体健康，其行为构成故意伤害罪。公诉机关指控其犯罪，事实清楚，证据充分，罪名成立。事发后，被告人马某主动投案，如实供述自己的罪行，系自首；且犯罪时未满成年，依法从轻处罚。对于辩护人提出的被告系初犯、偶犯，并已支付了被害人部分医疗费用，建议对其从轻处罚，并适用缓刑的建议，有理有据，本院予以采纳。鉴于本案系民间矛盾激化引发，被害人王某对矛盾激化有一定责任，酌情对马某从轻处罚。依照《中华人民共和国刑法》第七十二条、第二百三十四条第一款、第十七条，《中华人民共和国侵权责任法》第六条①、第十六条②的规定，判决如下：

被告人马某犯故意伤害罪，判处有期徒刑一年三个月，缓刑一年。

如不服本判决，可在接到判决书的第二日起十日内，通过本院或者直接

---

① 对应《民法典》第一千一百六十五条。——编者注

② 对应《民法典》第一千一百七十九条。——编者注

向某中级人民法院提出上诉。书面上诉的，应当提交上诉状正本一份，副本二份。

审判长　刘某

审判员　白某

审判员　范某

二〇一七年九月二十五日

（院印）

本件与原本核对无异

书记员　冯某

要点总结

1. 首部

（1）标题。写明“××××人民法院刑事判决书”。

（2）案号。写明“（××××）×刑初××号”。

2. 正文

（1）写明公诉机关。

（2）被告人的基本情况。

写明姓名、性别、年龄、民族、文化程度、职业或工作单位、住所，还应写明采取何种强制措施及以前受过何种刑事处分等。

法定代理人的基本情况，包括姓名、性别、年龄、民族、职业或工作单位、住所。

被告人有辩护人的，写明辩护人的姓名、工作单位。

（3）写明案件来源、各方到庭的人员及是否公开审理等情况。

（4）事实部分。

①概述人民检察院指控被告人犯罪的事实、证据和适用法律的意见。

②概述被告人对指控的犯罪事实自行辩护的意见。

③概述法院审理查明的情况。

（5）理由。

理由部分在“本院认为”之后，写明对控辩双方适用法律方面的争议采纳或者不予采纳的理由，依法从轻、减轻处罚或者免除处罚的理由。结合未成年被告人的成长经历，剖析未成年被告人走上犯罪道路的主客观方面的原因。

（6）判决结果。

（7）说明法律效力，交代上诉权。

3. 尾部

（1）审判人员署名。

（2）写明发文日期并加盖人民法院印章。

（3）判决书原本上不写“本件与原本核对无异”。此句文字应制成专用印戳，由书记员将正本与原本核对无异之后，加盖在正本末页的年月日的左下方、书记员署名的左上方。

（4）书记员署名。

刑事判决书（一审公诉案件适用简易程序用）

适用情形

刑事判决书（一审公诉案件适用简易程序用），供基层人民法院对于公诉案件中被告人可能判处免予刑事处罚等案件，按照第一审简易程序审理终结后，作出处理决定时使用。

基本框架

××××人民法院

刑事判决书

（××××）×刑初××号

公诉机关××××人民检察院。

被告人基本情况。

辩护人基本情况。

××××人民检察院以×检×诉［××××］××号起诉书指控被告人×××犯××罪，于××××年××月××日向本院提起公诉。本院依法适用简易程序，实行独任审判，公开（或不公开）审理了本案。××××人民检察院指派检察员 ××× 出庭支持公诉，被告人 ××× 及其辩护人 ××× 等到庭参加诉讼。本案现已审理终结。

×××× 人民检察院指控，__________。

上述事实，被告人在开庭审理过程中亦无异议，并有物证___________、书证__________、证人 ××× 证言、被害人 ××× 陈述、×××× 公安局（或检察院）的勘验、检查笔录和 ×× 鉴定结论予以证实，足以认定。

本院认为，被告人 ××× 的行为已构成 ×× 罪。____________。依照__________（写明判决的法律依据）的规定，判决如下：

被告人 ××× 犯 ×× 罪，判处___________。（刑期从判决生效之日起计算。判决执行以前先行羁押的，羁押刑期一日折抵刑期一日，即自 ×××× 年 ×× 月 ×× 日起至 ×××× 年 ×× 月 ×× 日止。）

如不服本判决，可在接到判决书的第二日起十日内，通过本院或者直接向 ×××× 中级人民法院提出上诉。书面上诉的，应当提交上诉状正本一份，副本 ×× 份。

审判员　×××

×××× 年 ×× 月 ×× 日

（院印）

本件与原本核对无异

书记员　×××

文本演示

案情简介： 2017 年 3 月 27 日，王某约陈某一起出去玩。王某驾车载着陈某行驶至某镇公路时，其把车停到了路边，称要休息一下，然后趁机将陈某强奸。陈某及时报案，王某被公诉机关依法提起公诉。

某县人民法院

刑事判决书

（2017）某刑初 198 号

公诉机关某县人民检察院。

被告人王某，男，1983年9月24日出生，汉族，农民，初中文化，户籍地某省某市某镇某村。因本案于2017年4月4日被刑事拘留，同年4月18日被逮捕。现羁押于某市看守所。

某县人民检察院以某检刑诉［2017］108号起诉书指控被告人王某犯强奸罪，于2017年5月28日向本院提起公诉。本院依法适用简易程序，依法组成合议庭，不公开开庭审理了本案。某县人民检察院指派检察员冯某出庭支持公诉，被告人王某等到庭参加诉讼。本案现已审理终结。

某县人民检察院指控，王某和陈某系同事，也是老乡。2017年3月27日，王某约陈某一起出去玩，其驾车载着陈某行驶至某镇公路时，把车停到了路边，称要休息一下。然后下车来到陈某所坐副驾驶位置，把陈某的座位放倒，扑到陈某的身上亲吻其脖子，抚摸其胸部和下身。陈某奋力反抗，用手推王某并大声呼救。王某对陈某进行言语威胁，称如果再叫就勒死陈某。陈某不敢反抗，王某在后座上将陈某强奸。之后，王某将陈某送回宿舍。某县人民检察院认为应依据《中华人民共和国刑法》第二百三十六条第一款之规定，以强奸罪追究被告人王某的刑事责任。

辩护人认为，被告人王某系初犯，没有前科，且平时表现很好，应该从轻处罚，同时被告人能如实的交代犯罪事实，构成坦白。希望法院能从轻处罚，给被告人一个改过的机会。

上述事实，被告人王某在开庭审理过程中无异议，且有经庭审查证属实的报警案件登记表、医疗诊断书、某人民医院检验报告单、证人郭某的证言、被害人陈某的陈述、被告人王某的供述等证据证实，足以认定。

对于辩护人认为“被告人系初犯，应该从轻处罚，且构成坦白，希望从轻处罚”的辩护意见，有理有据，本院经查证属实，予以采纳。

本院认为，被告人王某违背妇女意志，强行与陈某发生性关系，其行为已构成强奸罪。公诉机关指控被告人王某犯强奸罪的事实清楚，证据确实、充分，指控罪名成立，本院予以确认。被告人王某到案后如实供述了自己的罪行，可以从轻处罚，据此，本院决定对被告人王某从轻处罚。综上所述，根据被告人王某的犯罪情节、危害结果和悔罪表现，对被告人王某依照《中华人民共和国刑法》第二百三十六条第一款、第六十七条第三款之规定，判决如下：

被告人王某犯强奸罪，判处有期徒刑四年一个月。（刑期从判决执行之日起计算，判决执行以前先行羁押的，羁押一日折抵刑期一日，即自2017年4月4日起至2021年5月3日止。）

如不服本判决，可在接到判决书的第二日起十日内，通过本院或者直接向某中级人民法院提出上诉。书面上诉的，应当提交上诉状正本一份，副本二份。

审判员　郝某

二〇一七年六月二十五日

（院印）

本件与原本核对无异

书记员　赵某

要点总结

1. 首部

（1）标题。写明"××××人民法院刑事判决书"。

（2）案号。写明"（××××）×刑初××号"。

2. 正文

（1）写明公诉机关。

（2）被告人的基本情况。

被告人是公民的，写明姓名、性别、年龄、民族、职业或工作单位、住所，还应写明采取何种强制措施及以前受过何种刑事处分等。

被告人有辩护人的，写明辩护人的姓名、工作单位。

（3）写明案件来源，明确一审法院适用简易程序、独任审理的审判方式及各方到庭的人员。

（4）事实部分。

①概述人民检察院指控被告人犯罪的事实、证据和适用法律的意见。

②概述被告人对指控的犯罪事实自行辩护的意见和有关证据。

③概述辩护人的辩护意见和有关证据。

（5）理由。

理由部分在"本院认为"之后，根据查证属实的事实、情节和法律规定，论证被告人是否犯罪，犯什么罪（一案多人的还应分清各被告人的地位、作用和刑事责任），应否从宽或从严处理。对于控、辩双方关于适用法律方面的意见和理由，应当有分析地表示采纳或予以批驳。

（6）判决结果。

（7）说明法律效力，交代上诉权。

3. 尾部

（1）审判人员署名。

（2）写明发文日期并加盖人民法院印章。

（3）判决书原本上不写“本件与原本核对无异”。此句文字应制成专用印戳，由书记员将正本与原本核对无异之后，加盖在正本末页的年月日的左下方、书记员署名的左上方。

（4）书记员署名。

刑事判决书
（一审公诉案件适用普通程序审理“被告人认罪案件”用）

适用情形

刑事判决书（一审公诉案件适用普通程序审理“被告人认罪案件”用），供一审人民法院对于公诉案件中的“被告人认罪案件”，按照第一审普通程序审理终结后，作出处理决定时使用。

基本框架

××××人民法院

刑事判决书

（××××）×刑初××号

公诉机关××××人民检察院。

被告人基本情况。

辩护人基本情况。

××××人民检察院以×检×诉［××××］××号起诉书指控被告人

×××犯________罪，于××××年××月××日向本院提起公诉。本院依法组成合议庭，公开（或不公开）开庭审理了本案。（××××人民检察院检察员×××、）被告人×××及其辩护人×××等到庭参加了诉讼。现已审理终结。

经审理查明，____________。

上述事实，被告人在开庭审理过程中亦无异议，且有物证××，书证××，证人×××的证言，被害人×××的陈述，××××公安机关（或检察机关）的勘验、检查笔录和××鉴定结论等证据证实，足以认定。

本院认为，被告人×××的行为已构成××罪。___________。依照《中华人民共和国刑法》第×条第×款的规定，判决如下：

被告人×××犯_____________罪，判处_____________。（刑期从判决生效之日起计算。判决执行以前先行羁押的，羁押刑期一日折抵刑期一日，即自××××年××月××日起至××××年××月××日止。）

如不服本判决，可在接到判决书的第二日起十日内，通过本院或者直接向××××中级人民法院提出上诉。书面上诉的，应当提交上诉状正本一份，副本××份。

审判长　×××

审判员　×××

审判员　×××

××××年××月××日

（院印）

本件与原本核对无异

书记员　×××

文本演示

案情简介： 2017年2月16日20时左右，被告人李某甲、李某乙同几个朋友在某饭店吃饭。后喝醉酒以后，走到隔壁包间，无故辱骂正在隔壁包间吃饭的张某。张某回应了几句以后，李某甲和李某乙开始无故殴打张某。后张某报警，公诉机关依法向法院提起公诉。

某县人民法院
刑事判决书

（2017）某刑初 183 号

公诉机关某县人民检察院。

被告人李某甲，男，1987 年 11 月 24 日出生，汉族，某公司员工，高中文化，户籍地某省某县某小区。因涉嫌寻衅滋事罪于 2017 年 2 月 17 日被某县公安局刑事拘留，同年 2 月 22 日被某县公安局取保候审。

被告人李某乙，男，1988 年 8 月 26 日出生，汉族，无业，高中文化，户籍地某省某县某小区。因涉嫌寻衅滋事罪于 2017 年 2 月 17 日被某县公安局刑事拘留，同年 2 月 22 日被某县公安局取保候审。

某县人民检察院以某检刑诉［2017］218 号起诉书指控被告人李某甲、李某乙犯寻衅滋事罪，于 2017 年 3 月 28 日向本院提起公诉。本院受理后依法组成合议庭，公开开庭审理了本案。某县人民检察院指派检察员郝某出庭支持公诉，被告人李某甲、李某乙到庭参加了诉讼。现已审理终结。

某县人民检察院指控，2017 年 2 月 16 日 20 时左右，被告人李某甲、李某乙同几个朋友在某饭店吃饭。后喝醉酒以后，走到隔壁包间，无故辱骂正在隔壁包间吃饭的张某。张某回应了几句以后，李某甲和李某乙开始无故殴打张某。后经鉴定，张某受伤程度构成轻伤二级。公诉机关认为，被告人李某甲、李某乙醉酒后无故殴打他人，致使一人轻伤，其行为触犯了《中华人民共和国刑法》第二百九十三条的规定，应当以寻衅滋事罪追究其刑事责任。现提起公诉，请依法判处。

被告人李某甲、李某乙对指控的犯罪事实及罪名均无异议，请求从轻处罚。

经审理查明，2017 年 2 月 16 日 20 时左右，被告人李某甲、李某乙同几个朋友在某饭店吃饭。后喝醉酒以后，走到隔壁包间，无故辱骂正在隔壁包间吃饭的张某。张某回应了几句以后，李某甲和李某乙开始无故殴打张某。张某身上多处被打伤，后送往医院救治，经鉴定，张某受伤程度构成轻伤二级。案发后，被告人李某甲、李某乙主动到公安机关投案，如实供述了犯罪事实。两被告人赔偿了被害人经济损失并取得了被害人谅解。

上述事实，被告人李某甲、李某乙在开庭审理过程中均无异议，且有到案经过、户籍信息等书证材料，证人王某的证言，被害人张某的陈述，被告人李某甲、李某乙的供述与辩解，鉴定意见，视听资料等证据予以证实，足以认定。

本院认为，被告人李某甲、李某乙饮酒后随意殴打他人，致一人轻伤，情节恶劣，应以寻衅滋事罪追究其刑事责任。公诉机关指控罪名成立，依法应予惩处。被告人李某甲、李某乙具有自首情节，依法可以从轻或者减轻处罚。被告人赔偿了被害人经济损失并取得了谅解，被告人李某甲、李某乙当庭认罪，可酌定从轻处罚。依照《中华人民共和国刑法》第二百九十三条、第六十七条、第七十二条的规定，判决如下：

被告人李某甲犯寻衅滋事罪，判处有期徒刑一年五个月，缓刑二年执行（缓刑考验期限，从判决确定之日起计算）。

被告人李某乙犯寻衅滋事罪，判处有期徒刑一年五个月，缓刑二年执行（缓刑考验期限，从判决确定之日起计算）。

如不服本判决，可在接到判决书的第二日起十日内，通过本院或者直接向某市中级人民法院提出上诉。书面上诉的，应当提交上诉状正本一份，副本二份。

审判长　黄某

审判员　陈某

审判员　姚某

二〇一七年四月二十五日

（院印）

本件与原本核对无异

书记员　曹某

要点总结

1. 首部

（1）标题。写明“××××人民法院刑事判决书”。

（2）案号。写明“（××××）×刑初××号”。

2. 正文

（1）写明公诉机关。

（2）被告人的基本情况。

被告人是公民的，写明姓名、性别、年龄、民族、职业或工作单位、住所，还应写明采取何种强制措施及以前受过何种刑事处分等。

被告人有辩护人的，写明辩护人的姓名、工作单位。

（3）写明案件来源，明确一审法院适用审判方式及各方到庭的人员。

（4）事实部分。

①简要概括法院查明犯罪事实内容。

②概述被告人对指控的犯罪事实自行辩护的意见和有关证据。

③概述辩护人的辩护意见和有关证据。

（5）理由。

理由部分在“本院认为”之后，根据查证属实的事实、情节和法律规定，论证被告人是否犯罪，犯什么罪（一案多人的还应分清各被告人的地位、作用和刑事责任），应否从宽或从严处理。对于控、辩双方关于适用法律方面的意见和理由，应当有分析地表示采纳或予以批驳。

（6）判决结果。

（7）说明法律效力，交代上诉权。

3. 尾部

（1）审判人员署名。

（2）写明发文日期并加盖人民法院印章。

（3）判决书原本上不写“本件与原本核对无异”。此句文字应制成专用印戳，由书记员将正本与原本核对无异之后，加盖在正本末页的年月日的左下方、书记员署名的左上方。

（4）书记员署名。

刑事判决书（死缓期间故意犯罪一审适用普通程序用）

适用情形

刑事判决书（死缓期间故意犯罪一审适用普通程序用），供中级人民法院对公诉机关起诉的被告人在死刑缓期二年执行期间故意犯罪的案件审理终结后，根据已经查明的事实、证据，依据有关法律规定，作出被告人有罪、犯的什么罪、判处什么刑罚或者宣告无罪等处理决定时使用。

基本框架

×××× 人民法院
刑事判决书

（××××）× 刑初 ×× 号

公诉机关 ×××× 人民检察院。

被告人基本情况。

辩护人基本情况。

×××× 人民检察院以 × 检 × 诉［××××］ ×× 号起诉书指控被告人 ××× 在死刑缓期二年执行期间犯 ×× 罪，于 ×××× 年 ×× 月 ×× 日向本院提起公诉。本院依法组成合议庭，公开（或者不公开）开庭审理了本案。×××× 人民检察院指派检察员 ××× 出庭支持公诉，被害人 ××× 及其法定代理人 ×××、诉讼代理人 ×××，被告人 ××× 及其法定代理人 ×××，辩护人 ×××，证人 ×××，鉴定人 ×××，翻译人员 ××× 等到庭参加诉讼。本案现已审理终结。

×××× 人民检察院指控，____________。

被告人 ××× 辩称，________。辩护人 ×× 提出的辩护意见是________。

经审理查明，____________。

另查：被告人 ××× 曾因犯 ×× 罪 ×××× 年 ×× 月 ×× 日被 ×××× 中级人民法院以（××××）× 刑初 ×× 号刑事判决判处死刑，缓期二年执行，剥夺政治权利终身（或者判处死刑，剥夺政治权利终身）；×××× 高级人民法院于 ×××× 年 ×× 月 ×× 日以（××××）× 刑终 ×× 号刑事裁定（或者判决），维持原判（或者判处被告人 ××× 死刑，缓期二年执行，剥夺政治权利终身。如果系最高人民法院改判为死刑，缓期二年执行的，亦应一并写明。）

本院认为，____________。依照______________（写明判决的法律依据），判决如下：

第一，定罪判刑的，表述为：被告人 ××× 犯 ×× 罪，判处____________。

第二，宣告无罪的，应表述为：

被告人 ××× 无罪。

如不服本判决，可在接到判决书的第二日起十日内，通过本院或者直接向

××××高级人民法院提出上诉。书面上诉的，应当提交上诉状正本一份，副本××份。

［对于定罪判刑的，还应当在全部交代上述之后，另起一段，写明：

依据《中华人民共和国刑法》第五十条、《中华人民共和国刑事诉讼法》第二百六十一条第二款的规定，本判决生效以后，经最高人民法院（或者依授权有死刑核准权的高级人民法院和解放军军事法院）核准，对被告人×××应当执行死刑。］

审判长 ×××

审判员 ×××

审判员 ×××

××××年××月××日

（院印）

本件与原本核对无异

书记员 ×××

文本演示

案情简介： 被告人吴某因抢劫罪于2016年5月15日被判处死刑，缓期两年执行，并剥夺政治权利终身。2016年11月11日，被告人吴某在缓刑考验期内，因言语不和，恼羞成怒将狱友杀害，某市人民检察院以故意杀人罪依法对被告人吴某提起公诉，现已审理终结。

某市人民法院

刑事判决书

（2016）某刑初195号

公诉机关某市人民检察院。

被告人吴某，男，1966年6月21日出生，汉族，农民，小学文化，户籍地某省某市某小区，因犯故意杀人罪在某监狱服刑。

辩护人李某，某律师事务所律师。

某市人民检察院以某检刑诉［2016］206号起诉书指控被告人吴某在死刑缓期二年执行期间犯故意杀人罪，于2016年11月20日向本院提起公诉。本院依法组成合议庭，公开开庭审理了本案。某市人民检察院指派检察员罗某出庭支持公诉，被告人吴某及辩护人李某等到庭参加诉讼。本案现已审理终结。

某市人民检察院指控，被告人吴某在某监狱服刑期间，不服从监狱制度，2016年11月11日，故意将狱友杀害，该行为造成监狱内秩序混乱，同时严重违反刑法规定，构成故意杀人罪。

为证明上述事实，某检察院提交证据如下：1. 被告人吴某的供述。2. 监狱服刑人员张某的证人证言。3. 监狱监控录像。4. 鉴定机构的鉴定意见。公诉机关认为被告人吴某在服刑期间故意杀害共同服刑的狱友，证据确实、充分，根据《中华人民共和国刑法》第二百三十二条之规定，应当以故意杀人罪追究其刑事责任。

被告人吴某对公诉机关指控的事实及罪名均无异议。

经审理查明，被告人吴某死缓服刑期间，与狱友经常发生口角。2016年11月11日，吴某将狱友头部撞向监狱墙壁，造成狱友头部遭受严重撞击，最终失血过多死亡。以上事实，被告人吴某没有异议，同时，经过法庭审理和举证、质证，本院对以下证据予以认定：

1. 被告人的狱友证言证明，被告人于2016年11月11日与被害人发生争吵，被告人恼羞成怒，将被害人头部撞向墙壁，被害人当场晕倒，并流了很多血。

2. 被害人的死亡证明及法医鉴定意见，证明被害人系头部受到猛烈撞击，失血过多而死亡。

3. 被告人供述，能与狱友证言相互印证。

4. 监狱的监控录像，证明被告人供述和证人证言属实。

另查：被告人吴某曾因犯抢劫罪于2016年1月19日被某中级人民法院以（2016）某刑初153号刑事判决判处死刑，缓期二年执行，剥夺政治权利终身；某高级人民法院于2016年2月12日以（2016）某刑终016号刑事裁定，维持原判。

本院认为，被告人吴某在死刑缓期执行服刑期间，故意杀害他人，主观恶性极大，且系累犯，公诉机关对吴某的指控成立，本院予以支持。据此依照《中华人民共和国刑法》第二百三十二条、第六十五条之规定，判决如下：

被告人吴某犯故意杀人罪，判处无期徒刑，剥夺政治权利终身。

如不服本判决，可在接到判决书的第二日起十日内，通过本院或者直接向某高级人民法院提出上诉。书面上诉的，应当提交上诉状正本一份，副本二份。

依据《中华人民共和国刑法》第五十条、《中华人民共和国刑事诉讼法》第二百五十条[①]第二款的规定，本判决生效以后，经最高人民法院核准，对被告人吴某应当执行死刑。

审判长　刘某

审判员　陈某

审判员　罗某

二〇一六年十二月三十日

（院印）

本件与原本核对无异

书记员　夏某

要点总结

1. 首部

（1）标题。写明“××××人民法院刑事判决书”。

（2）案号。写明“（××××）×刑初××号”。

2. 正文

（1）写明公诉机关。

（2）被告人的基本情况。

被告人是公民的，写明姓名、性别、年龄、民族、职业或工作单位、住所，还应写明采取何种强制措施及以前受过何种刑事处分等。

被告人有辩护人的，写明辩护人的姓名、工作单位。

（3）写明案件来源，明确开庭审判的组织、审判方式，各方到庭的人员。

（4）事实部分。

①概述人民检察院指控被告人犯罪的事实、证据和适用法律的意见。

②概述被告人对指控的犯罪事实予以供述、辩解、自行辩护的意见和有关

① 对应2018年修正后《刑事诉讼法》第二百六十一条。——编者注

证据。

③概述辩护人的辩护意见和有关证据。

④法院认定的事实和证据，首先写明法庭审理查明的事实；其次写明经举证、质证定案的证据及其来源；最后对控辩双方有异议的事实、证据进行分析、认证。

（5）理由。

理由部分在“本院认为”之后，根据查证属实的事实、证据和有关法律规定，论证公诉机关指控的犯罪是否成立，被告人的行为是否构成犯罪，犯的什么罪，应否从轻、减轻、免除处罚或者从重处罚。对于控辩双方关于适用法律方面的意见，应当有分析地表示是否予以采纳，并阐明理由。

（6）判决结果。

（7）说明法律效力，交代上诉权。

3. 尾部

（1）审判人员署名。

（2）写明发文日期并加盖人民法院印章。

（3）判决书原本上不写“本件与原本核对无异”。此句文字应制成专用印戳，由书记员将正本与原本核对无异之后，加盖在正本末页的年月日的左下方、书记员署名的左上方。

（4）书记员署名。

第二节　二审程序

刑事判决书（二审改判用）

适用情形

刑事判决书（二审改判用），供第二审人民法院在受理当事人不服一审判决提出上诉或者公诉机关提出抗诉的刑事案件后，经审理查明原判决在适用法律上有错误或者量刑不当，或者原判决事实不清楚、证据不足，经二审查清事实后予以改判时使用。

基本框架

×××× 人民法院

刑事判决书

（××××）× 刑终 ×× 号

原公诉机关 ×××× 人民检察院。

上诉人（原审被告人）______（写明姓名、性别、出生年月日、民族、出生地、文化程度、职业或工作单位和职务、住址和因本案所受强制措施情况，现羁押处所等）。

辩护人________（写明姓名、工作单位和职务）。

×××× 人民法院审理 ×××× 人民检察院指控原审被告人______犯罪一案，于 ×××× 年 ×× 月 ×× 日作出（××××）× 刑初 ×× 号刑事判决。原审被告人 ××× 不服，提出上诉（或写明检察院提起抗诉的事实和理由）。本院依法组成合议庭，公开（或者不公开）开庭审理了本案。×××× 人民检察院指派检察员 ××× 出庭履行职务。上诉人（原审被告人）××× 及其辩护人 ××× 等到庭参加诉讼。现已审理终结。

_________（首先概述原判决认定的事实、证据、理由和判决结果；其次概述上诉、辩护的意见；最后概述人民检察院在二审中提出的新意见）。

经审理查明，_________（首先写明经二审审理查明的事实；其次写明二审据以定案的证据；最后针对上诉理由中与原判认定的事实、证据有异议的问题进行分析、认证。）

本院认为，_________（根据二审查明的事实、证据和有关法律规定，论证原审法院判决认定事实、证据和适用法律是否正确。对于上诉人、辩护人或者出庭履行职务的检察人员等在适用法律、定性处理方面的意见，应当明确表示是否予以采纳，并阐明理由）。依照_________（写明判决的法律依据）的规定，判决如下：

________［写明判决结果。分两种情况：

第一，全部改判的，表述为：

“一、撤销 ×××× 人民法院（××××）× 刑初 × 号刑事判决；

二、上诉人（原审被告人）________（写明改判的具体内容）。

（刑期从__________）。”

第二，部分改判的，表述为：

“一、维持 ×××× 人民法院（××××）× 刑初 × 号刑事判决的第项，即_______（写明维持的具体内容）；

二、撤销 ×××× 人民法院（××××）× 刑初 × 号刑事判决的第项，即_____（写明撤销的具体内容）；

三、上诉人（原审被告人）______（写明部分改判的具体内容）。

（刑期从__________）”。]

本判决为终审判决。

审判长　×××

审判员　×××

审判员　×××

×××× 年 ×× 月 ×× 日

（院印）

本件与原本核对无异

书记员　×××

文本演示

案情简介：刘某经营了一支钻探劳务队。2015 年 5 月，某市的工程勘察院进行钻探组改编，为了能获取更多的钻探工程量，刘某找到了工程勘察院的院长奇某，并向其承诺如果协助刘某获取工程量，在获得工程款之后将以 10% 的工程款作为回报。2016 年 2 月 4 日，刘某拿到工程款后，将人民币 70000 元汇入奇某的账户内。两个月后，刘某、奇某被反贪局抓获。一审判决后，刘某、奇某均不服提起上诉，该市中院审理后依法改判。

某市中级人民法院

刑事判决书

（2016）某刑终 778 号

原公诉机关某市某区人民检察院。

上诉人（原审被告人）刘某，男，1980年11月3日出生，汉族，中专文化，住某省某市某区某大道131号。因涉嫌犯行贿罪于2016年4月6日被刑事拘留，同年4月10日被取保候审，2016年9月14日被执行逮捕。现羁押于某市看守所。

上诉人（原审被告人）奇某，男，1976年9月5日出生，汉族，大学文化，住某省某市某区幸福小区6幢2单元，原系某市勘测院工程勘察院院长。因涉嫌犯受贿罪于2016年4月10日被刑事拘留，2016年4月14日被取保候审，2016年7月14日被执行逮捕。现羁押于某市看守所。

辩护人王某、胡某，某某律师事务所律师。

某市某区人民法院审理某市某区人民检察院指控被告人奇某犯受贿罪，被告人刘某犯行贿罪一案，于2016年10月12日作出（2016）某刑初602号刑事判决。宣判后，被告人奇某、刘某不服，提出上诉。经过阅卷，讯问被告人，审阅辩护人的意见，认为本案事实清楚，决定不开庭审理。现已审理终结。

原判认定：2011年年初，被告人刘某为使其经营的某钻探劳务队入围某市勘测院工程勘察分院的钻探班组扩编，与时任该工程勘察院院长的被告人奇某事前约定，承诺将钻探劳务队钻探工程款的10%作为回扣给予被告人奇某。之后该钻探劳务队在被告人奇某的关照下顺利入围并分配到一定的钻探工程量。2016年2月4日，被告人刘某向被告人奇某贿送人民币70000元。2016年4月11日，刘某被抓获。2016年4月15日，被告人奇某退出上述赃款。

认定上述事实的证据有：证人黄某的证言及辨认笔录、证人何某的证言；某市勘测院出具的《奇某简历》、《奇某任职情况介绍》、抓获经过、某市勘测院组织机构代码证及营业执照；被告人奇某银行交易明细以及被告人刘某、奇某的供述等。

原判认为，被告人奇某作为国家工作人员，利用职务上的便利，非法收受他人人民币70000元，为他人谋取利益，其行为已构成受贿罪。被告人刘某为牟取不正当利益，给予国家工作人员人民币70000元，其行为已构成行贿罪。奇某犯罪以后自动投案，如实供述自己的罪行，系自首，且已退缴赃款，可以从轻处罚。刘某如实供述自己的罪行，依法可以从轻处罚。据此，依法作出判决：一、被告人奇某犯受贿罪，判处有期徒刑八个月，并处罚金人民币100000元；二、被告人刘某犯行贿罪，判处有期徒刑六个月，并处罚金人民币100000

元；三、扣押在案的被告人奇某所退赃款人民币70000元予以没收，上缴国库，由扣押单位负责执行。

上诉人奇某及其辩护人的诉辩理由：（1）上诉人奇某自动投案，如实供述自己的犯罪事实，具有自首情节；（2）主动退缴赃款、主动缴纳罚金，系初犯，主观恶性不深，人身危险性小，请求二审改判缓刑或减轻处罚。

上诉人刘某的上诉理由：原判量刑过重，请求二审依法改判。

二审期间，上诉人奇某、刘某未提出新的证据。经审理查明：原判认定上诉人奇某受贿，上诉人刘某行贿的事实清楚，有证人证言、被告人供述等相关的证据为证，且以上证据均经原审庭审质证，证据来源合法，证据间能相互印证，本院予以确认。

本院认为，上诉人奇某作为国家工作人员，利用职务上的便利，非法收受他人人民币70000元，为他人谋取利益，其行为已构成受贿罪。上诉人刘某为牟取不正当利益，给予国家工作人员人民币70000元，其行为已构成行贿罪。奇某犯罪以后自动投案，如实供述自己的罪行，系自首，且已退缴赃款，依法予以从轻处罚。刘某如实供述自己的罪行，依法予以从轻处罚。关于上诉人奇某及其辩护人提出奇某具有自首情节，主动退缴赃款、缴纳罚金，系初犯，请求二审改判的诉辩理由，经查，原判对上述情节均已认定，二审不再重复考虑，请求二审改判缓刑或减轻处罚的诉辩理由不予采纳。关于上诉人刘某提出原判量刑过重，请求二审改判的上诉理由，经查，原判根据刘某的犯罪事实、情节、悔罪表现，依法予以从轻处罚。但对上诉人刘某的罚金认定不当，二审予以纠正。据此，依照《中华人民共和国刑法》第三百八十九条、第三百九十条及《中华人民共和国刑事诉讼法》第二百二十五条[①]第一款第二项之规定，判决如下：

一、维持某市某区人民法院（2016）某刑初602号刑事判决第一、三项，即对被告人奇某的定罪量刑以及对扣押赃款予以没收，上缴国库的判决；

二、撤销某市某区人民法院（2016）某刑初602号刑事判决第二项中对上诉人刘某的量刑部分；

三、判决上诉人刘某犯行贿罪，判处有期徒刑六个月，缓刑六个月。（缓刑考验期限从判决确定之日起计算。）

① 对应2018年修正后《刑事诉讼法》第二百三十六条。——编者注

本判决为终审判决。

审判长 周某

审判员 王某

审判员 张某

二〇一六年十一月二十五日

（院印）

本件与原本核对无异

书记员 王某

要点总结

1. 首部

本样式是按公诉案件的被告人提出上诉的模式设计的。如果条件变换，首部各项应作如下改动：

（1）公诉案件

①被告人的辩护人或者近亲属经被告人同意而提出上诉的，上诉人仍为原审被告人，但应将审理经过段中“原审被告人________不服，提出上诉”一句改为“原审被告人________的近亲属（或者辩护人）________经征得原审被告人________同意，提出上诉”。

②检察机关提出抗诉的，第一项“原公诉机关”改为“抗诉机关”；第二项改为“原审被告人”项；第三项为“辩护人”项。如果在同一案件中，既有被告人上诉，又有检察机关抗诉的，第一项改为“抗诉机关”项，第二项、第三项不变。

被害人及其法定代理人请求人民检察院提出抗诉，人民检察院根据《刑事诉讼法》第二百二十九条规定决定抗诉的，应在审理经过段中的“原审被告人不服，提出上诉”一句之后，续写“被害人（或者其法定代理人）_________不服，请求________人民检察院提出抗诉。________人民检察院决定并于××××年××月××日向本院提出抗诉”。

（2）自诉案件

①自诉人提出上诉的，第一项写“上诉人（原审自诉人）”，第二项写

“原审被告人”；被告人提出上诉的，第一项写“上诉人（原审被告人）”，第二项写“原审自诉人”；自诉人和被告人都提出上诉的，第一项写“上诉人（原审自诉人）”，第二项写“上诉人（原审被告人）”。

②如果自诉人有诉讼代理人、被告人有辩护人的，应当分别在各自的项下增写“诉讼代理人”项或者“辩护人”项。

③如果自诉人、被告人系未成年人，其法定代理人或者指定代理人提出上诉的，应当把“上诉人（原审________人的________定代理人）”项增写在被代理人之前，随后续写“原审自诉人”项或者“原审被告人”项。

在共同犯罪案件的数个被告人中，有的上诉，有的不上诉的，前面列写提出上诉的“上诉人（原审被告人）”项，后面续写未提出上诉的“原审被告人”项。

首部的原公诉机关和诉讼参与人项作了改动之后，案件的由来和审判经过段以及其他有关各处，应当注意作相应的改动。

2．正文

对于第二审人民法院未开庭审理的，在本院依法组成合议庭之后，将“公开开庭审理了本案”，改写为：“经过阅卷，讯问被告人、听取其他当事人、辩护人、诉讼代理人的意见，认为事实清楚，决定不开庭审理。”

书写判决书的事实和理由部分时，注意掌握以下几点：

（1）二审改判用的刑事判决书写作的重点，应当针对一审判决中的错误，以及上诉、抗诉的意见和理由，进行叙事和说理。

（2）对各方意见有分歧的要详写，没有异议的可以略写；对上诉、抗诉意见都应当进行分析、论证，充分阐明肯定或者否定的理由。

（3）注意避免文字上不必要的重复。二审判决认定的事实和证据与原判没有变动的，可采取“此繁彼简”的方法，重点叙述原判认定的事实和证据，而对第二审“审理查明”的事实和证据，则进行概括叙述。

（4）判决理由中的“法律依据”，包括程序法和实体法。在具体引用时，应当先引用程序法的有关规定，再引用实体法的有关规定。如适用司法解释的，应在其后一并引用。

判决结果应当根据对原审判决结果的改判情况作相应改动。如果原审判决主文未分项表述，第二审人民法院依法对该主文内容作部分改判的，可表述为：

“一、维持 ×××× 人民法院（××××）× 刑 ××× 号刑事判决中________（写明维持的内容）；

二、撤销 ×××× 人民法院（××××）× 刑 ××× 号刑事判决中_________（写明撤销的内容）；

三、______________________（写明改判的内容）。”

第二审人民法院对原判认定事实清楚、证据充分，只是认定的罪名不当的，在不加重原判刑罚的情况下，可以判决变更罪名。

3. 尾部

本判决书的制作机关如果是高级人民法院，改判的结果中有判处死刑缓期二年执行的被告人，在判决书的尾部写明“本判决为终审判决”即可。

第二审人民法院审理上诉、抗诉案件的判决结果，如果是在法定刑以下判处刑罚，并且依法应当报请最高人民法院核准的，在尾部写明：“本判决报请最高人民法院核准后生效。”

4. 特别提示

（1）关于高级人民法院在二审或者复核程序中撤销限制减刑的判决书，主文部分可表述为：

①维持（核准）×××× 中级人民法院（××××）× 刑初 ×× 号刑事（附带民事）判决的第 × 项，即被告人 ××× 犯 ×× 罪，判处死刑，缓期二年执行（写明附加刑）。

②撤销 ×××× 中级人民法院（××××）× 刑初 ×× 号刑事（附带民事）判决的第 × 项，即对被告人 ××× 限制减刑。

（2）关于抗诉案件中改判限制减刑的判决书，主文部分可表述为：

①维持 ×××× 中级人民法院（××××）× 刑初 ×× 号刑事（附带民事）判决的第 × 项，即被告人 ××× 犯 ×× 罪，判处死刑，缓期二年执行（写明附加刑）。

②对原审被告人 ××× 限制减刑。

（3）关于二审死刑案件改判为死刑缓期执行并限制减刑的判决书，主文部分可表述为：

①撤销 ×××× 中级人民法院（××××）× 刑初 ×× 号刑事判决的第 × 项。即被告人 ××× 犯 ×× 罪，判处死刑（写明附加刑）。

②上诉人（原审被告人）×××犯××罪，判处死刑，缓期二年执行（写明附加刑）。

③对上诉人（原审被告人）×××限制减刑。

此外，根据当前制作裁判文书的要求，人民法院决定对被告人限制减刑的，应当在判决书理由部分说明限制减刑的具体理由；二审法院如撤销一审法院作出的限制减刑判决，也应当相应说明撤销的具体理由。

5. 其他

按本样式制作判决书时，注意参阅第一审公诉案件和自诉案件用的刑事判决书样式及其说明。

刑事附带民事判决书（二审改判用）

适用情形

刑事附带民事判决书（二审改判用），供人民法院在当事人对因犯罪行为而造成的经济损失赔偿结果或者刑事附带民事判决的刑事部分不服，向上级法院提起了上诉，经过审理，认为原审法院的判决存在事实不清、证据不足等情况，并依法进行改判时使用。

基本框架

××××人民法院

刑事附带民事判决书

（××××）×刑终××号

原公诉机关××××人民检察院。

上诉人（原审被告人）________（写明姓名、性别、出生年月日、民族、出生地、文化程度、职业或工作单位和职务、住址等，并写明现羁押处所）。

辩护人__________（写明姓名、工作单位和职务）。

原审附带民事诉讼原告人__________（写明姓名、性别、出生日期、民族、职业或工作单位、住所）。

委托代理人__________（写明姓名、工作单位和职务）。

××××人民法院审理附带民事诉讼原告人×××控诉被告人×××一案，于××××年××月××日作出（××××）×刑初××号刑事附带民事判决。被告人×××对判决的刑事部分和附带民事部分均不服，提出上诉。本院依法组成合议庭，公开（或不公开）开庭审理了本案。上诉人（原审被告人）×××及其辩护人×××、原审附带民事诉讼原告人×××及其委托代理人×××、证人×××等到庭参加诉讼。本案现已审理终结。

______________。

经审理查明，______________（　　　）。

本院认为，______________。依照______________的规定，判决如下：

______________［写明判决结果。分两种情况：

第一，全部改判的，表述为：

“一、撤销××××人民法院（××××）×刑初××号刑事附带民事判决；

二、上诉人（原审被告人）×××____________。（刑期从____________。）”

第二，部分改判的，表述为：

“一、维持××××人民法院（×××）×刑初××号刑事附带民事判决的第×项，即______________；

二、撤销××××人民法院（××××）×刑初××号刑事附带民事判决的第×项，即________________；

三、上诉人（原审被告人）×××________________。”］

本判决为终审判决。

审判长　×××

审判员　×××

审判员　×××

××××年××月××日

（院印）

本件与原本核对无异

书记员　×××

文本演示

案情简介： 2016年2月13日7时许，何某与杨某、王某某因停放摩托车发生争吵及抓扯。何某用拳头打掉王某某两颗牙齿。王某某用砖致何某右手受伤。事后，王某某左上及右上中切牙脱落，何某右手粉碎性骨折，其伤势均被司法鉴定中心鉴定为轻伤。某县人民检察院以故意伤害罪对杨某、王某某提起公诉。一审判决后，二人提起上诉，二审法院查明事实后，依法改判。

某市中级人民法院

刑事附带民事判决书

（2016）某刑终234号

原公诉机关某县人民检察院。

上诉人（附带民事诉讼原告人、原审被告人）王某某，男，1983年6月2日出生，汉族，工人，住某省某市某县某区123号。因涉嫌犯故意伤害罪，于2016年2月3日被某县公安局刑事拘留，2016年2月16日被某县公安局执行逮捕。现羁押于某县看守所。

委托代理人黄某，某某律师事务所律师。

上诉人（附带民事诉讼被告人、原审被告人）何某，男，1978年8月5日出生，汉族，农民，住某省某市某县某村三组322号。因涉嫌犯故意伤害罪，于2016年2月5日被某县公安局刑事拘留，2016年2月16日被某县公安局执行逮捕。现羁押于某县看守所。

委托代理人张某，某某律师事务所律师。

原审被告人王某某诉何某犯故意伤害罪并提起附带民事诉讼，某县人民法院于2016年4月8日作出（2016）某刑自初211号刑事附带民事判决。原审被告人王某某、原审被告人王某某均对判决不服，提起上诉。本院受理后，依法组成合议庭，于2016年5月11日公开开庭审理了本案。上诉人王某某及其委托人黄某、上诉人何某及其委托人张某到庭参加诉讼。本案现已审理终结。

某县人民法院审理查明：2016年2月13日7时许，何某与杨某、王某某因停放摩托车发生争吵及抓扯。何某用拳头打掉王某某两颗牙齿。王某某用砖致何某右手受伤。事后，王某某左上及右上中切牙脱落，在某县人民医院治疗花费561.5元，其伤经某县公安局物证鉴定室鉴定为轻伤。何某右手第五掌骨基底部粉碎性骨折，在某县人民医院门诊治疗花费496.90元，其伤司法鉴定中心鉴定为轻伤。王某某对何某轻伤鉴定不服，申请重新鉴定。经某司法鉴定中心鉴定，何某右手是否为轻伤目前不能确定。王某某支付重新鉴定费1200元，检查费393元。王某某系某公司职工，在2015年10月13日至2016年2月4日，照常在单位领取了工资。

原判根据查明的事实及证据认为，王某某与何某相互故意伤害对方身体并构成轻伤，均构成故意伤害罪。何某受伤当日即在某县医院经检查诊断为“右手粉碎性骨折”，某司法鉴定中心鉴定为轻伤，其结论真实可信，虽经某司法鉴定中心鉴定为何某右手是否为轻伤目前不能确定，但结合结论的分析说明部分，该鉴定并未从根本上否定之前司法鉴定中心所作的鉴定结论，故何某所受轻伤属实。王某某、何某系纠纷中互殴致伤对方，犯罪情节较轻，均可酌情从轻处罚并适用缓刑。王某某、何某的犯罪行为使对方遭受经济损失，双方应相互赔偿。王某某的损失费用共计8561.50元，何某的损失费用共计8342.90元。王某某垫支的重新鉴定费用，因第二次鉴定未改变何某右手受轻伤的鉴定结论，其费用由王某某自行负担。因误工费旨在解决因受伤而减少的误工收入，王某某受伤治疗期间仍在单位领取工资，其主张的误工费不予支持。双方主张的残疾赔偿金因不符合法律规定，不予支持。何某主张的2439元治疗费发票及处方不合情理，不予支持。据此，判决如下：一、被告人何某犯故意伤害罪，判处拘役四个月，缓刑六个月；二、被告人王某某犯故意伤害罪，判处拘役四个月，缓刑六个月；三、由何某向王某某赔偿医疗费、交通费、鉴定费合计8561.50元，限于判决生效后十日内付清；四、由王某某向何某赔偿医疗费、误工费、交通费、鉴定费合计8342.90元，限于判决生效后十日内付清；五、上述三、四项履行完后，由何某向王某某支付218.60元，限于判决生效后十日内付清；六、驳回王某某其他诉讼请求；七、驳回何某其他诉讼请求。

上诉人王某某提出上诉认为，本案现有证据不能证明自己用砖头致伤何某右手，要求撤销原判决，改判王某某不构成故意伤害罪，驳回何某的诉讼请求，并对民事赔偿部分作出重新判决。其理由如下：1. 何某在接受派出所询问时称王某某用砖砸了自己的背部、左大腿，并未提到王某某用砖砸了其右手。2. 证人马某某的证言称王某某甩砖头何某用手挡造成伤害，而何某本人的陈述中未提到该内容。3. 根据医院放射科影像检查可见，何某右手并无受伤。4. 何某提供的病情证明书、X光片及报告单等不属实，X光片无姓名、医院名称、检查时间，也没有相关票据佐证；病情证明书记载为纠纷后右手背痛肿1小时入院就诊并查出右手骨折，何某庭审中称下午由派出所人员陪同到某医院就诊查出骨折，而何某9时45分离开派出所，时间上不吻合。5. 何某没有提供证据证明治疗手伤的完整治疗过程。6. 何某在某司法鉴定中心作鉴定未经公安机关委托，不应认可。

上诉人何某提出上诉认为，王某某的轻伤、十级伤残不成立，要求撤销原判决，改判何某不构成故意伤害罪并驳回王某某的诉讼请求，并对民事赔偿部分作出重新判决。其理由如下：1. 王某某自称其伤是谢某造成的，与何某并无直接关系，而何某的伤却是王某某造成；2. 一审判决对何某的误工费计算明显偏低，对王某某的后续费用明显偏高，请求对赔偿费用严格审查。

经审理查明，2016年2月13日7时许，何某与杨某因停放摩托车一事在某县某街争吵及抓扯。杨某之夫王某某来到现场后，何某与王某某发生打架纠纷。纠纷中，王某某牙齿被何某打掉两颗，何某右手骨折，头颈部被抓伤。当日，王某某在某县第二人民医院门诊治疗，被诊断为左上及右上中切牙脱落，支付医疗费561.50元。王某某之伤经某县公安局物证鉴定室鉴定为轻伤。某司法鉴定所鉴定结论为：1. 王某某伤残等级十级。2. 误工损失日为45个工作日。3. 后续治疗费用为5600元。王某某支付鉴定费1900元。事发当日何某因右手基底骨粉碎性骨折，在某县第二人民医院门诊治疗，支付医疗费496.90元。其伤经某司法鉴定中心鉴定，结论为：1. 何某之损伤为轻伤；2. 伤残等级为十级；3. 伤后误工时间为70天。何某支付鉴定费1900元。

某县人民检察院向人民法院提起公诉，要求追究王某某、何某犯故意伤害罪的刑事责任，被告人王某某向一审法院提起刑事附带民事诉讼，并要求何某赔偿损失60317元。被告人何某在附带民事诉讼中提起反诉，要求追究王某某犯故意伤害罪的刑事责任，并要求王某某赔偿损失59512.90元。

一审中，王某某对何某轻伤鉴定不服，申请重新鉴定。某司法鉴定中心鉴定意见为：何某的右手已达轻伤鉴定标准，是否为轻伤目前不能确定。王某某为该鉴定支付鉴定费 1200 元，检查费 393 元。二审中，王某某申请对何某右手第五掌骨基底部粉碎性骨折进行致伤物和致伤方式推断鉴定。王某某、何某共同摇号决定由某鉴定机构鉴定。该司法鉴定所鉴定意见为：何某右手第五掌骨骨折，握拳触击硬物冲击所致的可能性极大。王某某为该鉴定支付鉴定费 2000 元。另查明，王某某系某公司职工，2015 年 10 月 13 日至 2016 年 2 月 4 日，照常在单位领取了工资。

本院认为，上诉人何某因琐事故意伤害他人身体，致人轻伤，构成故意伤害罪。上诉人何某系纠纷中互殴致伤对方，犯罪情节较轻，可酌情从轻处罚并适用缓刑。关于何某在纠纷中右手骨折的事实，有其事发当日在某县医院治疗病历资料及该院出具的病情证明证实，该事实足以认定，本院予以确认。关于何某右手骨折的形成原因，虽然证人马某某、张某某的证言中均提及“王某某用砖砸何某，何某用手挡了一下，砖砸在何某手上”，但何某本人于事发当天在公安机关的询问中未提到自己右手被砸伤，仅提到“手也被扭伤了”；某司法鉴定所分析认为，何某伤后照片可见右手背无表皮擦挫，手背无肿胀，据解剖学、法医临床实践、受伤机理及损伤演变过程分析，推断何某右手第五掌骨基底部粉碎性骨折系握拳触击硬物冲击所致可能性极大。现有证据不能充分证明何某右手骨折系王某某行为所致，原审对王某某构成故意伤害罪的证据不足，本院不予支持。上诉人王某某预付的对何某之伤所作两次鉴定的鉴定费 3200 元、检查费 393 元应由上诉人何某承担。上诉人何某应当赔偿因其犯罪行为对被害人造成的物质损失。

一审判决认定王某某物质损失包括：医疗费 561.50 元、后续治疗费 5600 元、交通费 500 元、鉴定费 1900 元，合计 8561.50 元。上诉人何某对后续治疗费提出异议，认为费用过高，根据某司法鉴定所鉴定意见，该后续费用为牙齿安装费用，终身需安装两次，每颗牙齿安装费用为 1400 元，故后续医疗费用为 5600 元，该项费用合理有据，故上诉人该上诉理由不能成立，本院不予支持。据此，依照《中华人民共和国刑法》第二百三十四条第一款、第四十二条、第七十二条、第七十三条、第三十六条第一款，《最高人民法院关于适用〈中华人民共和国刑事诉讼法〉的解释》第一百五十五条[1]，《中华人民共和国刑事诉

① 对应2021年修正后《最高人民法院关于适用〈中华人民共和国刑事诉讼法〉的解释》第一百九十二条。——编者注

讼法》第一百九十五条[①]第三项、第二百二十五条[②]第三项之规定，判决如下：

一、维持某县人民法院（2016）某刑自初211号刑事附带民事判决第一项，即“被告人何某犯故意伤害罪，判处拘役四个月，缓刑六个月（缓刑考验期限从判决确定之日起计算）”。

二、维持某县人民法院（2016）某刑自初211号刑事附带民事判决第六项，即“驳回王某某其他诉讼请求”。

三、维持某县人民法院（2016）某刑自初211号刑事附带民事判决第七项，即“驳回何某其他诉讼请求”。

四、撤销某县人民法院（2016）某刑自初211号刑事附带民事判决第二项，即“被告人王某某犯故意伤害罪，判处拘役四个月，缓刑六个月（缓刑考验期限从判决确定之日起计算）”。

五、撤销某县人民法院（2016）某刑自初211号刑事附带民事判决第三项，即“由何某向王某某赔偿医疗费、交通费、鉴定费合计人民币8561.50元，限于判决生效后十日内付清”。

六、撤销某县人民法院（2016）某刑自初211号刑事附带民事判决第四项，即“由王某某向何某赔偿医疗费、误工费、交通费、鉴定费合计人民币8342.90元，限于判决生效后十日内付清”。

七、撤销某县人民法院（2016）某刑自初211号刑事附带民事判决第五项，即“上述三、四项履行后，由何某向王某某支付人民币218.60元，限于判决生效后十日内付清”。

八、上诉人王某某无罪。

九、上诉人何某向上诉人王某某赔偿医疗费、交通费、鉴定费合计人民币12154.50元，限于判决生效后十日内付清。

本判决为终审判决。

审判长　王　某

审判员　王某某

---

① 对应2018年修正后《刑事诉讼法》第二百条。——编者注

② 对应2018年修正后《刑事诉讼法》第二百三十六条。——编者注

审判员 李 某

二〇一六年五月二十一日

（院印）

本件与原本核对无异

书记员 常 某

要点总结

1. 首部

（1）标题。写明“××××人民法院刑事附带民事判决书”。

（2）案号。写明“（××××）×刑终××号”。

2. 正文

（1）写明原公诉机关。

（2）原审被告人的基本情况。

原审被告人是公民的，写明姓名、性别、年龄、民族、职业或工作单位、住所，还应写明采取何种强制措施及以前受过何种刑事处分等。

原审被告人是法人或其他组织的，写明单位全称、法定代表人、住所、联系方式。

原审被告人有辩护人的，写明辩护人的姓名、工作单位。

原审附带民事诉讼原告人，写明姓名、性别、年龄、民族、职业或工作单位、住所。

（3）写明案件来源、开庭审判的组织、审判方式、各方到庭的人员。

（4）事实部分。

①概述原审判决的基本内容。

②概述上诉人、辩护人的意见。

③法院认定的事实和证据，写明原判决认定的犯罪事实和造成被害人经济损失的情况，哪些是正确的或全部是正确的，有哪些证据足以证明；哪些是错误的或全部是错误的，否定的理由有哪些。如果上诉、辩护对事实、情况提出异议，应予重点分析答复。

（5）理由。

理由部分在“本院认为”之后，根据本院进一步查证属实的事实、情节和当时的法律政策，批驳上诉、辩护等对定罪量刑方面不服的主要意见和理由，论证一审法院再审判决的正确性。

（6）二审改判结果。

（7）说明法律效力，为终审判决。

3. 尾部

（1）审判人员署名。

（2）写明发文日期并加盖人民法院印章。

（3）判决书原本上不写“本件与原本核对无异”。此句文字应制成专用印戳，由书记员将正本与原本核对无异之后，加盖在正本末页的年月日的左下方、书记员署名的左上方。

（4）书记员署名。

刑事附带民事调解书（二审自诉案件用）

适用情形

刑事附带民事调解书（二审自诉案件用），供人民法院对第二审刑事自诉案件，双方当事人自愿达成了刑事和解，并在人民法院的主持下，将双方意志以刑事附带民事调解书的形式进行确认时使用。

基本框架

××××人民法院

刑事附带民事调解书

（××××）×刑终××号

上诉人（原审附带民事诉讼被告人）__________（写明姓名、性别、出生年月日、民族、出生地、文化程度、职业或者工作单位和职务、住址等）。

原审自诉人暨附带民事诉讼原告人__________（写明姓名、性别、出生年月日、民族、出生地、文化程度、职业或者工作单位和职务、住址等）。

××××人民法院审理自诉人暨附带民事诉讼原告人×××诉被告人×××犯__________罪并赔偿经济损失一案，于××××年××月××日作出（××××）×刑初××号刑事附带民事判决。原审被告人×××不服，提出上诉。（或者原审自诉人__________不服，提出上诉。）本院依法组成合议庭，公开（或者不公开）开庭审理了本案。

____________（概述原审判决认定的事实包括给被害人造成经济损失的事实、判处结果、上诉人的上诉理由、对方当事人的辩解等）。

经审理查明，__________（首先写明经二审审理查明的事实，包括原审被告人给被害人造成经济损失的事实；其次写明双方当事人对此没有异议）。

经本院主持调解，__________（写明被告人承认错误，愿意赔偿经济损失的态度和双方当事人互相谅解的简要情况）。双方当事人自愿达成如下协议：

一、原审自诉人×××自愿放弃对被告人×××刑事部分的指控；

二、上诉人（原审被告人或原审自诉人）×××自愿放弃上诉；

三、原审被告人×××赔偿原审自诉人×××（写明赔偿金额、支付方式、给付期限）。

上述协议不违反有关法律规定，本院予以确认。

本调解书经双方当事人签收后，即具有法律效力。原审（××××）×刑初××号刑事附带民事判决自动撤销。

审判长 ×××

审判员 ×××

审判员 ×××

××××年××月××日

（院印）

本件与原本核对无异

书记员 ×××

文本演示

案情简介：2000年，黄某某与前夫离婚另嫁给王某，其与前夫所生之子李某随母亲黄某某与继父王某共同生活，婚后黄某某与王某生下儿子王甲、女儿王乙。2007年王某离世，2013年兄妹三人决定分家，被告人李某拥有祖传房屋一间，担负照料自诉人黄某某的起居生活，王甲、王乙每年给付黄某某赡养费。但李某并未担负起赡养黄某某的义务，不仅经常打骂黄某某，还经常不给饭吃导致其只能沿街讨饭。2017 年 3 月 22 日，黄某某以虐待罪向法院提起自诉。法院判决后，被告人李某不服一审判决并提出上诉，二审法院审理期间，双方在王甲、王乙的劝说下自行和解，二审法院出具了调解书。

某市中级人民法院

刑事附带民事调解书

（2017）某刑终 105 号

上诉人（原审附带民事诉讼被告人）李某，男，汉族，1989 年 6 月 23 日出生，系某省某市某县某某村人，高中文化，个体工商户，住某县某镇某村二组 68 号。

原审自诉人暨附带民事诉讼原告人黄某某，女，1947 年 2 月 23 日出生，系某省某市某县某某村人，初中文化，住某县某镇某村二组 121 号。

原审被告人李某因涉嫌虐待罪于 2017 年 1 月 10 日被某县公安局刑事拘留，同年 2 月 8 日被取保候审。

某县人民法院审理自诉人黄某某指控李某犯虐待罪一案，于 2017 年 4 月 12 日作出（2017）某刑初 362 号刑事判决，认定李某犯虐待罪，被判处有期徒刑六个月。宣判后，原审自诉人黄某某未上诉，原审被告人李某不服，提出上诉。本院依法组成合议庭，经过阅卷，讯问被告人，听取其他当事人、诉讼代理人的意见，认为事实清楚，决定不开庭审理。本案现已审理终结。

原审判决认为，被告人李某为自诉人黄某某与前夫所生之子。2000 年自诉人黄某某与前夫离婚另嫁给王某，李某随母亲黄某某与继父王某共同生活，婚后黄某某与王某生下儿子王甲、女儿王乙，2007 年王某离世。2013 年兄妹三人决定分家，被告人李某拥有祖传房屋一间，担负照料自诉人黄某某的起居生活，王甲、王乙每年给付黄某某赡养费，期间黄某某生病的医疗费用由三人平摊。自 2013 年分家后自诉人黄某某与被告人李某同住，但李某对黄某某照顾不周，霸占王甲、王乙所给付的赡养费，不按时给黄某某置办生活用品，导致黄某某只能沿街讨饭。2016 年 10 月 12 日晚，李某对黄某某进行殴打，导致黄某某卧床不起，李某只管做饭端到黄某某床前边桌子上，不管其吃不吃，能不能吃，致使黄某某无法进食。2016 年 10 月 25 日晚 8 时，黄某某被女儿王乙等人送往县人民医院治疗，经医生诊断：左尺桡骨远端陈旧性骨折；左股骨颈陈旧性骨折。上述案件事实有如下证据证明：1. 邻居崔某的证人证言；2. 病历记载：被人打伤致左腕、左髋部疼痛，活动受限 1 月余；3. 某刑事科学技术鉴定书证，被鉴定人左侧桡骨远端、左侧股骨颈陈旧性骨折，损伤程度为轻伤；4. 现场勘查笔录和照片记载，现场在某镇某村黄某某家；5. 视频资料：DVD 光碟一张在案，证明李某在生活中对黄某某进行辱骂、虐待。事实清楚，证据确实、充分，足以认定。原审法院认为，被告人李某虐待家庭成员，情节恶劣，已构成虐待罪，以虐待罪判处被告人李某有期徒刑六个月。宣判后上诉人李某上诉称原审法院量刑过重。

本院经审理查明，被告人李某与母亲黄某某共同生活期间，对黄某某进行殴打；不能正常给黄某某饭吃，致使黄某某在村内沿街讨饭；黄某某有病时，被告人李某不予及时治疗。被告人李某虐待家庭成员，情节恶劣，已构成虐待罪。原审定罪准确，审判程序合法。

本院审理期间，在王甲、王乙的劝说下，上诉人李某认识到自己的错误并且承认错误，愿意积极赔偿黄某某的精神损失。双方当事人达成了和解。双方当事人自愿达成如下协议：

一、原审自诉人黄某某自愿放弃对被告人李某刑事部分的指控；

二、上诉人（原审被告人）李某自愿放弃上诉；

三、原审被告人李某赔偿原审自诉人黄某某人民币 30000 元，用现金支付，调解书生效后五日内给付。

上述协议不违反有关法律规定，本院予以确认。

本调解书经双方当事人签收后，即具有法律效力。原审（2017）某刑初 362 号刑事附带民事判决自动撤销。

审判长　杨某

审判员　范某

审判员　军某

二〇一七年六月十八日

（院印）

本件与原本核对无异

书记员　张某

要点总结

1. 首部

（1）标题。写明“××××人民法院刑事附带民事调解书”。

（2）案号。写明“（××××）×刑终××号”。

2. 正文

（1）写明上诉人和被上诉人的基本情况。

上诉人×××（×××），此处应根据提起上诉的具体情况写明是自诉人还是被告人提起上诉，然后用括号再注明上诉人在一审中的诉讼地位，之后再另起一行写明对方当事人的诉讼地位。

原审附带民事诉讼被告人，写明姓名、性别、出生年月日、民族、出生地、文化程度、职业或者工作单位和职务、住址等。

原审自诉人暨附带民事诉讼原告人，写明姓名、性别、出生年月日、民族、出生地、文化程度、职业或者工作单位和职务、住址等。

（2）写明案件来源、审判组织形式和方式。

（3）事实。

①概述原审判决认定的事实，包括给被害人造成经济损失的事实、判处结果、上诉人的上诉理由、对方当事人的辩解等。

②写明经二审审理查明的事实，包括原审被告人给被害人造成经济损失的事实。

③写明双方当事人对此没有异议。

（4）理由。

理由部分在“经本院主持调解”之后，写明被告人承认错误，愿意赔偿经济损失的态度和双方当事人互相谅解的简要情况。

（5）协议结果。

①写明原审自诉人自愿放弃对被告人刑事部分的指控。

②写明上诉人（原审被告人或原审自诉人）自愿放弃上诉。

③写明原审被告人赔偿原审自诉人的金额、支付方式、给付期限。

（6）写明上述协议不违反有关法律规定，本院予以确认。

（7）写明本调解书经双方当事人签收后，即具有法律效力。原审刑事附带民事判决自动撤销。

3. 尾部

（1）审判人员署名。

（2）写明发文日期并加盖人民法院印章。

（3）判决书原本上不写“本件与原本核对无异”。此句文字应制成专用印戳，由书记员将正本与原本核对无异之后，加盖在正本末页的年月日的左下方、书记员署名的左上方。

（4）书记员署名。

第三节 再审程序与死刑复核程序

刑事判决书（按一审程序再审改判用）

适用情形

刑事判决书（按一审程序再审改判用），供人民法院按一审程序审理再审案件时，根据再审查明的事实和证据，依法对被告人定罪量刑时使用。

基本框架

××××人民法院

刑事判决书

（××××）×刑再初××号

原公诉机关××××人民检察院。

原审被告人________（写明姓名、性别、出生年月日、民族、出生地、文化程度、职业或工作单位和职务、住址等，并写明现羁押处所）。

辩护人________（写明姓名、工作单位和职务）。

××××人民检察院指控原审被告人×××犯××罪一案，本院于××××年××月××日作出（××××）×刑×××号刑事判决，该判决发生法律效力。________（写明提起再审程序的根据）。本院依法另行组成合议庭，公开（或不公开）开庭审理了本案。××××人民检察院检察员×××出庭履行职务，被害人×××、原审被告人×××及其辩护人×××等到庭参加诉讼。现已审理终结。

________（概述原审判决认定的事实、证据判决的理由和判决结果）。

________（概述再审中原审被告人的辩解和辩护人的辩护意见。对人民检察院在再审中提出的意见，应当一并写明）。

经再审查明，________（写明再审认定的事实和证据，就诉讼双方对原判有异议的事实、证据作出分析、认证）。

本院认为，________（根据再审查明的事实、证据和有关法律规定，对原判和诉讼各方的主要意见作出分析阐明改判理由）。依照________（写明判决的法律依据）的规定，判决如下：

________[写明判决结果。分两种情况：

第一，全部改判的，表述为：

"一、撤销本院（××××）×刑×××号刑事判决；

二、被告人×××（写明改判的内容）。"

第二，部分改判的，表述为：

"一、维持本院（××××）×刑×××号刑事判决的第×项，即（写明维持的具体内容）；

二、撤销本院（××××）×刑×××号刑事判决的第×项，即（写明撤销的具体内容）；

三、被告人×××（写明部分改判的内容）。]

如不服本判决，可在接到判决书的第二日起十日内，通过本院或者直接向××××人民法院提出上诉。书面上诉的，应交上诉状正本一份，副本×份。

审判长　×××

审判员　×××

审判员　×××

××××年××月××日

（院印）

本件与原本核对无异

书记员 ×××

文本演示

案情简介：杨某因涉嫌贩卖毒品罪，被一审法院依法进行判决。判决发生法律效力后，某市人民检察院发现原审被告人杨某遗漏认定累犯，向某市中级人民法院提出抗诉。某市中级人民法院于2016年7月4日作出刑事再审决定，指令某区法院再审。法院依法进行了再审，并作出了判决。

某区人民法院

刑事判决书

（2016）某刑再初243号

原公诉机关某区人民检察院。

原审被告人杨某，男，1977年9月10日出生，汉族，初中文化，农民。2015年6月22日因涉嫌犯贩卖毒品罪被刑事拘留，同年6月25日被逮捕，因犯贩卖毒品罪被判处有期徒刑一年二个月，缓刑二年。现在某区某司法所执行社区矫正。

辩护人陈某，某律师事务所律师。

某区人民检察院原指控原审被告人杨某犯贩卖毒品罪一案，本院于2015年9月8日作出（2015）某刑初字第278号刑事判决。该判决发生法律效力后，某市人民检察院发现原审被告人杨某遗漏认定累犯，错误认定有坦白情节，属认定事实和适用法律错误，于2016年5月25日作出某检二审刑抗（2016）第10号刑事抗诉书，向某市中级人民法院提出抗诉。某市中级人民法院于2016年7月4日作出（2016）某市刑抗11号刑事再审决定，指令本院再审。本院依法组成合议庭于2016年11月21日公开开庭审理了本案，某区人民检察院指派检察员何某出庭履行职务，原审被告人杨某及其辩护人陈某到庭参加诉讼。本案现已审理终结。

原审查明，2015年6月22日24时许，被告人杨某在某市某写字楼2号楼楼下，将1包净重1.11克的甲基苯丙胺毒品，以人民币400元的价格贩卖给薛某，后被公安机关抓获。公安人员在被告人杨某租住的某宾馆1118号房间内又查获5包净重6.78克的甲基苯丙胺毒品。被告人杨某到案后如实供述了上述事实。案发后，涉案毒品已由某市公安局缉毒处收缴。

上述事实，被告人杨某在开庭审理过程中无异议，且有证人张某、王某、薛某的证言及辨认笔录，公安机关的现场勘查笔录及照片、扣押清单、工作情况，某市毒品检验中心的检验报告，某市吸毒人员毒品尿样检测报告单，被告人杨某供述及辩解等证据证实，足以认定。

原审认为，被告人杨某明知是甲基苯丙胺毒品而予以贩卖，贩卖数量1.11克，其行为已构成贩卖毒品罪。公诉机关的指控成立，本院予以确认。被告人杨某能坦白认罪，依法可从轻处罚，其辩护人与此相关的辩护意见，本院予以采纳。据此，依照《中华人民共和国刑法》第三百四十七条第一款及第四款、第六十七条第三款、第七十二条第一款及第三款、第七十三条第二款及第三款、第五十二条之规定，作出判决：一、被告人杨某犯贩卖毒品罪，判处有期徒刑一年二个月，缓刑二年，并处罚金人民币4000元（缓刑考验期限，从判决确定之日起计算。罚金于本判决生效之日起三十日内如数缴纳）。二、扣押在案的毒品、毒资予以没收。原审判决后，被告人杨某未提出上诉，原审刑事判决已经发生法律效力。

再审查明：原审被告人杨某曾于2011年2月24日因非法持有毒品罪被某法院判处有期徒刑六个月，并处罚金人民币1000元，2011年7月30日刑满释放。再审查明杨某犯贩卖毒品罪的事实及经过与原审查明的一致，2015年6月22日24时许，被告人杨某在某市某写字楼2号楼楼下，将1包净重1.11克的甲基苯丙胺毒品，以人民币400元的价格贩卖给薛某，后被公安机关抓获。公安人员在被告人杨某租住的某宾馆1118号房间内又查获5包净重6.78克的甲基苯丙胺毒品。被告人杨某到案后如实供述了上述事实。案发后，涉案毒品已由某市公安局缉毒处收缴。原审认定原审被告人杨某明知是甲基苯丙胺毒品而予以贩卖，贩卖数量1.11克，其行为构成贩卖毒品罪，以及证实上述事实的相关证据无误，再审予以确认。

上述事实由经庭审质证的证人张某、王某、薛某的证言及辨认笔录，公安机关的现场勘查笔录及照片、扣押清单、工作情况，某市毒品检验中心的检验报告，某市吸毒人员毒品尿样检测报告单，被告人杨某供述及辩解，某公安局物证鉴定所出具的痕迹鉴定意见书，某市人民检察院出具的笔迹鉴定书，某区人民法院（2011）某刑初字第189号刑事判决书，某看守所出具的刑满释放证明书等证据予以证明，本院予以确认。

本院认为，原公诉机关某区人民检察院指控原审被告人杨某犯贩卖毒品罪罪名成立，原审认定原审被告人杨某明知是甲基苯丙胺毒品而予以贩卖，贩卖数量 1.11 克，事实清楚，证据确凿。原审认定原审被告人杨某犯贩卖毒品罪定性准确，再审予以确认。但原审被告人杨某曾犯非法持有毒品罪，系累犯，原审法院遗漏该情节，再审依法应予纠正。因原审被告人杨某曾因非法持有毒品罪被判处有期徒刑，刑罚执行完毕后五年以内再犯贩卖毒品罪的事实，导致原审未依照刑法的规定认定原审被告人杨某系累犯并加重处罚，错误对其适用宣告缓刑，属认定事实和适用法律确有错误，再审依法应予纠正。原公诉机关支持抗诉机关关于有新的证据证明原审对原审被告人系累犯，原审认定事实及适用法律错误、量刑不当的抗诉理由成立，本院予以采信。原公诉机关在再审中的相关意见，本院予以采纳。

根据原审被告人杨某的犯罪事实、性质、情节和对社会的危害程度，本院决定对其重新确定刑罚处罚。依照《中华人民共和国刑法》第三百四十七条第一款、第四款，第六十五条第一款，第七十四条，第五十二条，第六十四条；《中华人民共和国刑事诉讼法》第二百四十五条[①]、第二百四十七条[②]之规定，判决如下：

一、撤销本院（2015）某刑初字第 278 号刑事判决。

二、原审被告人杨某犯贩卖毒品罪，判处有期徒刑二年，并处罚金人民币 4000 元。（罚金于本判决生效之日起三十日内如数缴纳。）

如不服本判决，可在接到判决书的第二日起十日内，通过本院或者直接向某市中级人民法院提出上诉。书面上诉的，应交上诉状正本一份，副本三份。

审判长　吴某

审判员　钱某

审判员　李某

二〇一六年十一月二十五日

（院印）

本件与原本核对无异

书记员　华某

① 对应2018年修正后《刑事诉讼法》第二百五十六条。——编者注

② 对应2018年修正后《刑事诉讼法》第二百五十八条。——编者注

要点总结

1. 首部

（1）标题。写明“××××人民法院刑事判决书”。

（2）案号。写明“（××××）×刑再初××号”。

2. 正文

（1）写明公诉机关和诉讼参与人基本情况。

原公诉机关为××××人民检察院。

原审被告人要写明姓名、性别、出生年月日、民族、出生地、文化程度、职业或工作单位和职务、住址等，还要写明现羁押处所。

辩护人要写明姓名、工作单位和职务。

（2）案件由来和审理经过。

该部分首先要阐述案件的由来和审理经过，写明提起再审程序的根据。其次，要交代案件是否公开审理及到庭的当事人的情况等。最后，要写明“现已审理终结”。

（3）事实部分。

概述原审判决认定的事实、证据判决的理由和判决结果。

写明再审认定的事实和证据，还须就诉讼双方对原判有异议的事实、证据作出分析、认证。

概述再审中原审被告人的辩解和辩护人的辩护意见，一并写明人民检察院在再审中提出的意见。

（4）理由部分。

在“本院认为”之后，阐明再审查明的事实、证据和有关法律规定，对原判和诉讼各方的主要意见作出分析阐明改判理由。另外，还应写明判决的法律依据。

判决结果分两种情况：

第一，全部改判的，表述为：

“一、撤销本院（××××）×刑×××号刑事判决；

二、被告人×××（写明改判的内容）。”

第二，部分改判的，表述为：

“一、维持本院（××××）×刑×××号刑事判决的第×项，即（写明维持的具体内容）；

二、撤销本院（××××）×刑×××号刑事判决的第×项，即（写明撤销的具体内容）；

三、被告人×××（写明部分改判的内容）。”

（5）写明法律效力，交代上诉权。

3. 尾部

（1）审判人员署名。

（2）写明发文日期并加盖人民法院印章。

（3）判决书原本上不写“本件与原本核对无异”。此句文字应制成专用印戳，由书记员将正本与原本核对无异之后，加盖在正本末页的年月日的左下方、书记员署名的左上方。

（4）书记员署名。

刑事判决书（按二审程序再审改判用）

适用情形

刑事判决书（按二审程序再审改判用），供中级以上人民法院对下级人民法院和本院已经发生法律效力的裁判，经提起再审程序后，组成合议庭或者另行组成合议庭，就案件的实体问题进行再审，确认原判在认定事实上或者适用法律上确有错误，决定予以改判时使用。

基本框架

××××人民法院

刑事判决书

（××××）×刑再终××号

原公诉机关××××人民检察院。

上诉人（原审被告人）__________（写明姓名、性别、出生年月日、民族、出生地、文化程度、职业或工作单位和职务、住址等，并写明现羁押处所）。

辩护人＿＿＿＿＿（写明姓名、工作单位和职务）。

原审被告人＿＿＿＿＿一案，××××人民法院于××××年××月××日作出（××××）×刑初××号刑事判决，＿＿＿＿，已经发生法律效力。＿＿＿＿。本院依法组成合议庭，公开庭审理了本案××××人民检察院检察员×××出庭执行职务，原审被告人×××及其辩护人×××等到庭参加诉讼。本案现已审理终结。

＿＿＿＿＿＿。

经再审查明，＿＿＿＿＿＿。

本院认为，＿＿＿＿＿＿。依照的规定，判决如下：［写明判决结果。分六种情况：

第一，原系一审结案，提审后全部改判的，表述为：

“一、撤销××××人民法院（××××）×刑初××号刑事判决；

二、被告人×××＿＿＿＿＿＿。”

第二，原系一审结案，提审后部分改判的，表述为：

“一、维持××××人民法院（××××）×刑初××号刑事判决的第×项，即＿＿＿＿＿＿；

二、撤销××××人民法院（××××）×刑初××号刑事判决的第×项，即＿＿＿＿＿＿；

三、被告人×××＿＿＿＿＿＿。”

第三，原系二审维持原判结案，再审后全部改判的，表述为：

“一、撤销××××人民法院（××××）×刑初××号刑事判决和本院（××××）×刑终××号刑事裁定；

二、被告人×××＿＿＿＿＿＿。”

第四，原系二审维持原判结案，再审后部分改判的，表述为：

“一、维持××××人民法院（××××）×刑初××号刑事判决的第×项和本院（××××）×刑终××号刑事裁定的第×项，即＿＿＿＿＿＿；

二、撤销××××人民法院（××××）×刑初××号刑事判决的第×项和本院（××××）×刑终××号刑事裁定的第×项，即＿＿＿＿＿＿；

三、被告人 ××× __________ 。”

第五，原系改判结案，再审后全部改判的，表述为：

“一、撤销本院（××××）× 刑终 ×× 号刑事判决；

二、被告人 ××× __________。”

第六，原系二审改判结案，再审后部分改判的，表述为：

“一、维持本院（××××）× 刑终 ×× 号刑事判决的第 × 项，即________；

二、撤销本院（××××）× 刑终 ×× 号刑事判决的第 × 项，即________；

三、被告人 ××× __________。”]

本判决为终审判决。

审判长 ×××

审判员 ×××

审判员 ×××

×××× 年 ×× 月 ×× 日

（院印）

本件与原本核对无异

书记员 ×××

文本演示

案情简介： 从 2013 年 2 月 7 日至 2015 年 2 月 12 日，被告人张某在某县张村、宋村、王村等地采取用刀割断电缆线的手段，盗得两种型号的通信电缆共计 500 米。后张某因涉嫌盗窃罪，被公安机关逮捕，2015 年 9 月 20 日某县人民法院作出刑事判决。张某不服，提出上诉。后来裁判发生法律效力后，张某不服，向法院申诉。法院依法进行再审，并作出了终审判决。

某市中级人民法院

刑事判决书

（2017）某刑再终 012 号

原公诉机关某县人民检察院。

原审被告人张某，男，1989年12月17日出生，汉族，初中文化，务农，住某市某镇某小区205号。2015年3月20日因涉嫌犯盗窃罪被刑事拘留，同年3月25日被逮捕。因犯盗窃罪被判处有期徒刑六年，并处罚金8000元。现在某省某监狱服刑。

辩护人尹某，某律师事务所律师。

某县人民检察院指控被告人张某犯盗窃罪一案，某县人民法院于2015年9月20日作出（2015）某法刑初字第111号刑事判决。张某不服，提出上诉。本院于2015年11月28日作出（2015）某刑二终字第289号刑事裁定。上述裁判发生法律效力后，张某不服，向本院申诉。本院于2017年3月11日作出（2017）某刑监12号再审决定，由本院进行再审。本院依法另行组成合议庭，于2017年4月29日公开开庭审理了本案。某市人民检察院检察员何某出庭履行职务。张某及其辩护人尹某到庭参加诉讼。本案现已审理终结。

原一审经审理查明，从2013年2月7日至2015年2月12日，被告人张某在某县张村、宋村、王村等地采取用刀割断电缆线的手段，盗得两种型号的通信电缆共计500米。原一审法院认为，被告人张某以非法占有为目的，采取秘密手段窃取公私财物，数额巨大，其行为已构成盗窃罪。被告人张某到案后如实供述其罪行，并且已经退赃，依法可以从轻处罚。据此，依照《中华人民共和国刑法》第二百六十四条、第五十二条、第五十三条、第六十四条、第六十七条之规定，判决如下：被告人张某犯盗窃罪，判处有期徒刑七年六个月，并处罚金9000元。

原二审经审理查明，从2013年2月7日至2015年2月12日，被告人张某在某县张村、宋村、王村等地采取用刀割断电缆线的手段，盗得两种型号的通信电缆共计500米，价值人民币50000元，赃物一直放在张某家中。上述事实，有被害单位报案材料，证人王某证言，价格鉴定结论，被告人张某的现场指认照片，被告人张某供述及户籍证明等证据证明。

二审认为，上诉人张某以非法占有为目的，秘密盗割、窃取通信电缆线，所盗价值数额巨大，其行为已构成盗窃罪。张某上诉及其辩护人提出“归案后能如实供述犯罪事实，依法应当从轻、减轻处罚，量刑过重”的辩护意见本院不予采纳。据此，依照《中华人民共和国刑事诉讼法》第二百二十五条[①]第一项之规定，裁定驳回上诉，维持原判。

原审上诉人张某申诉请求：撤销某县人民法院（2015）某法刑初字第111号刑事判决和本院（2015）某刑二终字第289号刑事裁定；依法改判，从轻判处张某刑罚。理由：对被告人张某量刑过重。张某归案后，如实供述犯罪事实，依法应当从轻、减轻处罚。

某市人民检察院在再审中提出：原判决认定的事实清楚，适用法律正确，但由于有新的证据证明张某系主动投案自首，可能影响对被告人张某的量刑，建议法院在查清事实后改判。

经再审查明，原一、二审认定的事实清楚，证据确实、充分，再审予以认定。另查明，事发后被害单位及时报警，同时，张某主动投案自首，到公安机关如实供述罪行。上述事实，有公安机关出具的张某到案经过予以证实。

本院认为，原审上诉人张某以非法占有为目的，秘密盗割、窃取通信电缆线，所盗价值数额巨大，其行为已构成盗窃罪，应判处三年以上十年以下有期徒刑。同时，张某系主动投案自首，依法应当从轻、减轻处罚。原一、二审判决、裁定对张某的定罪准确，但量刑偏重，再审予以改判。据此，依照《中华人民共和国刑事诉讼法》第二百四十三条[②]之规定，并经本院审判委员会讨论决定，判决如下：

一、撤销某县（2015）某法刑初字第111号刑事判决和本院（2015）某刑二终字第289号刑事裁定。

二、原审上诉人张某犯盗窃罪，判处有期徒刑五年（有期徒刑的刑期从判决执行之日起计算，判决执行以前先行羁押的，羁押1日折抵刑期1日。即自2015年3月25日起至2020年3月24日止），并处罚金9000元。

本判决为终审判决。

审判长　郑某

审判员　潘某

① 对应2018年修正后《刑事诉讼法》第二百三十六条。——编者注

② 对应2018年修正后《刑事诉讼法》第二百五十四条。——编者注

审判员　张某

二〇一七年四月十七日

（院印）

本件与原本核对无异

书记员　王某

要点总结

1. 首部

（1）标题。写明“××××人民法院刑事判决书”。

（2）案号。写明“（××××）×刑再终××号”。

2. 正文

（1）写明原公诉机关。

（2）原审被告人的基本情况。

原审被告人是公民的，写明姓名、性别、年龄、民族、职业或工作单位、住所，还应写明采取何种强制措施及以前受过何种刑事处分等。

原审被告人是法人或其他组织的，写明单位全称、法定代表人、住所、联系方式。

原审被告人有辩护人的，写明辩护人的姓名、工作单位。

（3）写明案件来源，一审法院提起再审程序的经过、开庭审判的组织、审判方式，各方到庭的人员。

（4）事实部分。

①概述原审有效判决的基本内容。

②概述写明提起再审的主要根据和理由。

③概述人民检察院在第二审中提出的新意见。

④法院认定的事实和证据，原判决认定的事实、情节，哪些是正确的或者全部是正确的，有哪些证据足以证明；哪些是错误的或者全部是错误的，否定的理由有哪些。如果对事实、情节方面有异议，应当抓住要点，予以分析答复。

（5）理由。

理由部分在“本院认为”之后，根据再审确认的事实、情节和当时的法律政策，论述被告人是否犯罪，犯什么罪，应否从宽或从严处理。指出原判的定罪量刑，哪些是正确的，哪些是错误的，或者全部是错误的。对于申诉人及有关各方关于定罪量刑方面的主要意见和理由，应当有分析地表示采纳或予以批驳。

（6）改判结果。

（7）说明法律效力，为终审判决。

3. 尾部

（1）审判人员署名。

（2）写明发文日期并加盖人民法院印章。

（3）判决书原本上不写“本件与原本核对无异”。此句文字应制成专用印戳，由书记员将正本与原本核对无异之后，加盖在正本末页的年月日的左下方、书记员署名的左上方。

（4）书记员署名。

刑事判决书（再审后的上诉、抗诉案件二审改判用）

适用情形

刑事判决书（再审后的上诉、抗诉案件二审改判用），供第二审人民法院对不服第一审人民法院再审判决的上诉、抗诉案件，经过审理后，依法进行改判时使用。

基本框架

××××人民法院

刑事判决书

（××××）×刑再终××号

原公诉机关××××人民检察院。

上诉人（原审被告人）________（写明姓名、性别、出生年月日、民族、出生地、文化程度、职业或工作单位和职务、住址等，并写明现羁押处所）。

辩护人________（写明姓名、工作单位和职务）。

××××人民检察院指控被告人×××犯××罪一案，××××人民法院于××××年××月××日作出（××××）×刑再初××号刑事判决（或者裁定）。被告人×××不服，提出上诉。本院依法组成合议庭，公开（或不公开）开庭审理了本案。××××人民检察院检察员×××出庭履行职务，被害人×××、上诉人（原审被告人）×××及其辩护人×××到庭参加诉讼。本案现已审理终结。

________［概述一审法院的再审判决（或者裁定）认定的事实、证据、判决的理由和判决的结果］。

________（概述上诉人、辩护人的主要意见。对人民检察院在二审中提出的意见，应当一并写明）。

经审理查明，________（二审认定的事实和证据，并就诉讼双方对原判有异议的事实、证据作出分析、认证）。

本院认为，________（根据二审查明的事实、证据和有关法律规定，对原判和诉讼各方的主要意见作出分析，阐明改判的理由）。依照_____（写明判决的法律依据）的规定，判决如下：

________［写明判决结果。分四种情况：

第一，一审法院再审裁定维持原判，二审全部改判的，表述为：

"一、撤销××××人民法院（××××）×刑再初××号刑事裁定和××××人民法院（××××）×刑初××号刑事判决；

二、被告人×××________（写明改判的内容）。"

第二，一审法院再审裁定维持原判，二审部分改判的，表述为：

"一、维持××××人民法院（××××）×刑初××号刑事裁定和××××人民法院（××××）×刑初××号刑事判决中________（写明维持的具体内容）；

二、撤销××××人民法院（××××）×刑再初××号刑事裁定和××××人民法院（××××）×刑初××号刑事判决中________（写明撤销的具体内容）；

三、被告人×××________（写明部分改判的内容）。"

第三，一审法院再审撤销原判，二审又全部撤销再审判决的，表述为：

"一、撤销××××人民法院（××××）×刑再初××号刑事判决和××××人民法院（××××）×刑初××号刑事判决；

二、被告人 ××× ________（写明改判内容）。”

第四，一审法院再审撤销原判，二审部分维持部分撤销再审判决的，表述为：

“一、维持 ×××× 人民法院（××××）× 刑再初 ×× 号刑事判决的第 × 项，即________（写明维持的具体内容）；

二、撤销 ×××× 人民法院（××××）× 刑再初 ×× 号刑事判决的第 × 项，即________（写明撤销的具体内容）；

三、被告人 ××× ________（写明部分改判的内容）。”]

本判决为终审判决。

审判长 ×××

审判员 ×××

审判员 ×××

×××× 年 ×× 月 ×× 日

（院印）

本件与原本核对无异

书记员 ×××

文本演示

案情简介：2015 年 6 月，时任某县房管局房产交易所工作人员的邵某，在为某地产项目办理房产证时，在明知此项目部分建设用地没有办理土地出让手续的情况下，擅自给该项目办理了房产证，致使该项目多占地 12 亩。某法院依法对本案进行审理，已经经过一审和再审程序。但是，被告人邵某对结果仍不服，向某法院提出上诉，法院经审理后依法作出终审判决。

某市中级人民法院

刑事判决书

（2017）某刑再终 132 号

原公诉机关某区人民检察院。

上诉人（原审被告人）邵某，女，1970 年 4 月 24 日出生，汉族，大学专科学历，某市某县某某镇人，原系某县房管局房产交易所工作人员，住某市某县花园小区 2-101 室。2015 年 6 月，因滥用职权罪被判处有期徒刑六个月，缓刑一年。现在某市某县某镇司法所执行社区矫正。

辩护人郝某，某律师事务所律师。

某区人民检察院指控被告人邵某犯滥用职权罪一案，某区人民法院于 2016 年 9 月 17 日作出（2016）某刑再初 258 号刑事判决。被告人邵某不服，提出上诉。本院依法组成合议庭，公开开庭审理了本案。某市人民检察院检察员刘某出庭履行职务，上诉人（原审被告人）邵某及其辩护人郝某到庭参加诉讼。本案现已审理终结。

一审法院再审查明：2015 年 6 月，时任某县房管局房产交易所工作人员的邵某在为某地产项目办理房产证时，在明知此项目部分建设用地没有办理土地出让手续的情况下，擅自给该项目办理了房产证，致使该项目多占地 12 亩。

上述事实，有被告人的供述、证人黄某证言、视听资料及相关书证等证据佐证。该证据均由控方提供，经庭审示证、质证，证据来源合法，证明内容客观、真实，各证据之间相互印证，已形成完整的证据链。事实清楚，证据确实、充分，足以认定。

某区人民法院再审认为，被告人邵某身为国家机关工作人员，超越职权，违法办理房产证，造成恶劣的社会影响，其行为已构成滥用职权罪，系情节特别严重。公诉机关指控罪名成立，本院予以支持。被告人邵某主动到侦查机关投案，如实供述其罪行，当庭亦供述了主要犯罪事实，系自首，可以减轻处罚。鉴于被告人邵某系初犯，有悔罪表现，宣告缓刑不至于再危害社会，可以宣告缓刑。依照《中华人民共和国刑法》第三百九十七条第一款、第六十七条第一款、第七十二条、第七十三条之规定，某区法院于 2016 年 9 月 17 日作出（2016）某刑再初 258 号刑事判决：被告人邵某犯滥用职权罪，判处有期徒刑六个月，缓刑一年。（被告人邵某缓刑考验期限，从判决确定之日起计算。）

邵某上诉称，其有新的证据“某县房管局房产交易所说明”一份，证明申诉人系一般职工，其审批事项要经过主任董某（已另案处理）的指示，邵某在案件中起着次要、辅助作用，应当认定为从犯。原判决、裁定适用法律错误，请求依法撤销原再审判决，改判对申诉人邵某免予刑事处罚。其辩护人辩称，邵某在进行审批时，必须经过董某的指示，其个人没有独立审批权。邵某犯罪情节轻微，请求予以免予刑事处罚。

申诉人邵某为支持其申诉理由，向法庭提交有以下新证据：某县房管局房产交易所说明，证人郭某证言一份。

公诉机关对邵某及其辩护人提出的辩护意见不持异议。

经二审法院审理查明的事实及证据同一审、再审一致，且经过一审与再审法院当庭举证质证，本院经过审核予以确认。另查明，2015 年 6 月，邵某在明知某项目部分建设用地没有办理土地出让手续的情况下，擅自给该项目办理了房产证，致使该项目多占土地 12 亩。但邵某在审批之前，需要经过主任董某（已另案处理）的指示，邵某没有独立的审批权。

认定上述事实的证据除原审认定的证据外，另有某县房管局房产交易所说明，证人郭某证言一份，证明邵某必须经过董某指示才可审批。

本院认为，邵某负责办理房产证的审批工作，其对房产证的办理负有对申请人提供的材料是否齐全的审查义务。但对于该事项的审批，邵某需要经过董某的指示，即邵某起着次要作用，但邵某仍未尽到全面审查的义务，给国家利益造成了损失。其辩护人认为邵某犯罪情节轻微，且是一般工作人员，对于本案的作用小，应予免予刑事处罚的辩护意见，检察机关不持异议，应予以采纳。

本院对于邵某的上诉理由及辩护人的辩护意见予以支持，依照《中华人民共和国刑事诉讼法》第二百二十五条[①]第一款第二项之规定，判决如下：

一、撤销本院 2016 年 9 月 17 日作出（2016）某刑再初 258 号刑事判决，即被告人邵某犯滥用职权罪，判处有期徒刑六个月，缓刑一年。

二、被告人邵某犯滥用职权罪，免予刑事处罚。

本判决为终审判决。

审判长　周某某

审判员　黄某某

审判员　姚某某

① 对应2018年修正后《刑事诉讼法》第二百三十六条。——编者注

二〇一七年五月七日

（院印）

本件与原本核对无异

书记员　胡某某

要点总结

1. 首部

（1）标题。写明“××××人民法院刑事判决书”。

（2）案号。写明“（××××）×刑再终××号”。

2. 正文

（1）写明原公诉机关及诉讼参与人基本情况。

原公诉机关为××××人民检察院。

上诉人（原审被告人）要写明姓名、性别、出生年月日、民族、出生地、文化程度、职业或工作单位和职务、住址等，还要写明现羁押处所。

辩护人要写明姓名、工作单位和职务。

（2）案件由来和审理经过。

该部分主要阐述案件的由来和审理经过及被告人不服裁判，提起上诉的事实。另外，要注明案件是否公开审理及出庭情况等。最后还应写“本案现已审理终结”。

（3）事实部分。

概述一审法院的再审判决（或者裁定）认定的事实、证据、判决的理由和判决的结果。

概述上诉人、辩护人的主要意见，并对人民检察院在二审中提出的意见一并写明。

还应写明二审认定的事实和证据，并把诉讼双方对原判有异议的事实、证据作出分析、认证的情况交代清楚。

（4）理由部分。

在“本院认为”之后，根据二审查明的事实、证据和有关法律规定，对原判和诉讼各方的主要意见作出分析，阐明改判的理由，另外，还应写明判决的法律依据。

（5）判决结果。分四种情况：

第一，一审法院再审裁定维持原判，二审全部改判的，要写明改判的内容；

第二，一审法院再审裁定维持原判的，要写明维持的内容，二审部分改判的，还应写明撤销的具体内容及部分改判的内容；

第三，一审法院再审撤销原判，二审又全部撤销再审判决的，写明改判内容；

第四，一审法院再审撤销原判，二审部分维持部分撤销再审判决的，写明维持的具体内容、撤销的具体内容及部分改判的内容。

（6）写明法律效力，为终审判决。

3. 尾部

（1）审判人员署名。

（2）写明发文日期并加盖人民法院印章。

（3）判决书原本上不写“本件与原本核对无异”。此句文字应制成专用印戳，由书记员将正本与原本核对无异之后，加盖在正本末页的年月日的左下方、书记员署名的左上方。

（4）书记员署名。

刑事判决书（复核死刑缓期执行改判用）

适用情形

刑事判决书（复核死刑缓期执行改判用），供高级人民法院在依法复核死刑缓期二年执行的案件过程中，认为原判在适用法律上有错误或者量刑不当时，依法予以改判时使用。

基本框架

××××人民法院

刑事判决书

（××××）×刑复××号

被告人__________（写明姓名、性别、出生年月日、民族、出生地、文化程度、职业或者工作单位和职务、住址和因本案所受强制措施情况等，还要写明现羁押处所）。

××××中级人民法院审理××××人民检察院指控被告人×××犯××罪一案，于××××年××月××日以（××××）×刑初××号刑事判决，认定被告人×××犯××罪，判处死刑，缓期二年执行，剥夺政治权利终身。本案在法定期限内没有上诉、抗诉。××××中级人民法院依法报送本院核准。本院依法组成合议庭进行了复核。现已复核终结。

________（概要写明原判事实的基本内容）。

经复核查明，________（肯定原判认定的事实没有错误，证据确实、充分。如果某些事实、证据有出入的，应当写明复核查证的情况。对于事实方面的其他异议，必要时也应当予以分析、认证）。

本院认为，________（根据复核确认的事实、证据和有关法律规定，针对原判在定罪量刑上的错误，参考原审辩解、辩护的合理意见，阐明不应当判处死刑缓期二年执行而应当予以改判的理由）。依照________（写明判决的法律依据）的规定，判决如下：

________［写明判决结果。分两种情况：

第一，全部改判的，表述为：

"一、撤销××××中级人民法院（××××）×刑初××号刑事判决；

二、被告人×××________（写明改判的具体内容）。"

第二，部分改判的，表述为：

"一、核准××××中级人民法院（××××）×刑初××号刑事判决的第×项，即________（写明核准的具体内容）；

二、撤销××××中级人民法院（××××）×刑初××号刑事判决的第×项，即________（写明撤销的具体内容）；

三、被告人×××________（写明部分改判的内容）。"］

本判决送达后即发生法律效力。

审判长　×××

审判员　×××

审判员　×××

××××年××月××日
（院印）

本件与原本核对无异

书记员 ×××

文本演示

案情简介：2015年11月28日，王某在某超市购物结账时，因随意加塞，与韩某发生争执，王某遂在超市拿了一把水果刀刺向韩某，致使韩某失血过多死亡。后王某一审被判处死刑缓期二年执行并限制减刑。由于被告人王某和检察机关在法定期限内没有上诉、抗诉，该案被依法报送高级人民法院核准，最高人民法院认为被告人王某不必限制减刑，复核时依法予以改判。

某省高级人民法院
刑事判决书

（2017）某刑复278号

被告人王某，男，56岁，1961年11月1日出生，汉族，小学文化，暂住某省某市某村12号。因涉嫌犯故意杀人罪于2015年12月31日被羁押，2016年2月6日被逮捕。现羁押于某市某看守所。

某市人民检察院指控被告人王某犯故意杀人罪一案，某市中级人民法院于2016年10月11日以（2016）某刑初202号刑事判决，认定被告人王某犯故意杀人罪，判处死刑，缓期二年执行，剥夺政治权利终身，并限制减刑。原审被告人王某在法定期限内未提出上诉，检察机关未抗诉。本院依法组成合议庭进行了复核。现已复核终结。

原判认定，2015年11月28日，被告人王某在去往某超市购物结账时，因随意加塞，与被害人韩某发生争执。韩某不让王某加塞，王某遂在超市拿了一把水果刀，刺向韩某的头部，韩某失血性休克，送医院医治无效后死亡。原审事实有某公安局刑事犯罪侦查大队出警登记表、受案登记表、证人郭某证言、被告人王某陈述、现场勘验笔录、提取痕迹、物证登记表、某公安局法医学尸体检验鉴定意见书、超市录像、某公安局刑警大队抓获经过等证据予以证实。

经复核查明，原判认定事实没有错误，证据确实、充分。

本院认为，王某持单刃匕首捅刺被害人韩某要害部位致其死亡，其行为已构成故意杀人罪。王某因在超市购物加塞被人制止而将被害人杀死，犯罪情节恶劣，罪行严重，应依法惩处。原判事实清楚，证据确实、充分，定罪准确，审判程序合法。根据王某犯罪的事实、情节、对社会的危害程度以及已取得被害人亲属谅解的事实，对其判处死刑缓期二年执行但不必限制减刑。依照《中华人民共和国刑事诉讼法》第二百三十七条[①]和《最高人民法院关于适用〈中华人民共和国刑事诉讼法〉的解释》第三百四十九条[②]第一款第一项、第三项之规定，判决如下：

一、核准某市中级法院（2016）某刑初202号刑事判决的定罪量刑部分，即以被告人王某犯故意杀人罪，判处死刑，缓期二年执行，剥夺政治权利终身。

二、撤销某市中级法院（2016）某刑初202号刑事判决中对被告人王某限制减刑的判决。

本判决送达后即发生法律效力。

审判长　杨某

审判员　范某

审判员　军某

二〇一七年十月十八日

（院印）

本件与原本核对无异

书记员　张某

要点总结

1. 首部

（1）标题。写明“××××人民法院刑事判决书”。

---

① 对应2018年修正后《刑事诉讼法》第二百四十八条。——编者注

② 对应2021年修正后《最高人民法院关于适用〈中华人民共和国刑事诉讼法〉的解释》第四百二十八条。——编者注

（2）案号。写明“（××××）×刑复××号”。

2. 正文

（1）写明被告人的基本情况。

被告人基本情况，包括被告人的姓名、性别、出生年月日、民族、出生地、文化程度、职业或者工作单位和职务、住址和因本案所受强制措施情况等，现羁押处所。

（2）写明案件来源、一审处理结果、法定期限内没有上诉、抗诉，高级人民法院进行复核的审判组织形式，最后写明“现已复核终结”。

（3）事实部分。

①概要写明原判事实的基本内容。

②肯定原判认定的事实没有错误，证据确实、充分。如果某些事实、证据有出入的，应当写明复核查证的情况。对于事实方面的其他异议，必要时也应当予以分析、认证。

（4）理由部分。

理由部分在“本院认为”之后，写明根据复核确认的事实、证据和有关法律规定，针对原判在定罪量刑上的错误，参考原审辩解、辩护的合理意见，阐明不应当判处死刑缓期二年执行而应当予以改判的理由。

（5）判决结果。

判决结果是对案件实体问题的处理决定。判决结果分两种情况：全部改判和部分改判。判决结果要明确、具体、完整。

（6）写明法律效力，送达后即发生法律效力。

3. 尾部

（1）审判人员署名。

（2）写明发文日期并加盖人民法院印章。

（3）判决书原本上不写“本件与原本核对无异”。此句文字应制成专用印戳，由书记员将正本与原本核对无异之后，加盖在正本末页的年月日的左下方、书记员署名的左上方。

（4）书记员署名。

刑事判决书（最高人民法院复核死刑改判用）

适用情形

刑事判决书（最高人民法院复核死刑改判用），供最高人民法院在依法复核死刑案件过程中，发现原判决在适用法律上有错误或者量刑不当时，依法予以改判时使用。

基本框架

最高人民法院

刑事判决书

（××××）×刑复××号

被告人________（写明姓名、性别、出生年月日、民族、出生地、文化程度、职业或者工作单位和职务、住址和因本案所受强制措施情况等，还要写明现羁押处所）。

××××人民法院审理××××人民检察院指控被告人×××犯××罪一案，于××××年××月××日以（××××）×刑初××号刑事判决，认定被告人×××犯××罪，判处死刑，剥夺政治权利终身。本案在法定期限内没有上诉、抗诉。（若上诉、抗诉，写明上诉抗诉结果）××××高级人民法院依法报送本院核准。本院依法组成合议庭，对本案进行了复核。现已复核终结。

________（概要写明原判事实的基本内容；对于高级人民法院裁定或者判决中认定的事实与原判不一致的，也应概要写明）。

经复核查明，__________（肯定原判认定的事实没有错误，证据确实、充分。如果某些事实、证据有出入的，应当写明复核查证的情况。对于事实方面的其他异议，必要时也应当予以分析、认证）。

本院认为，________［根据复核确认的事实、证据和有关法律规定，针对原判（原一审、二审）在适用法律和定罪量刑上的错误，参考原审辩解、辩护的合理意见，阐明不应当判处死刑而应当予以改判的理由］。依照_______（写明判决的法律依据）的规定，判决如下：

________［写明判决结果。分两种情况：

第一，全部改判的，表述为：

“一、撤销××××人民法院（××××）×刑初××号刑事判决和××××高级人民法院（××××）×刑终××号刑事裁定（或者判决）；

二、被告人×××________（写明改判的具体内容）。”

第二，部分改判的，表述为：

“一、核准××××人民法院（××××）×刑初××号刑事判决和××××高级人民法院（××××）×刑终××号刑事裁定（或判决）的第×项，即________（写明核准的具体内容）；

二、撤销××××人民法院（××××）×刑初××号刑事判决和××××高级人民法院（××××）×刑终××号刑事裁定（或者判决）的第×项，即________（写明撤销的具体内容）；

三、被告人×××________（写明部分改判的内容）。”］

本判决送达后即发生法律效力。

审判长　×××

审判员　×××

审判员　×××

××××年××月××日

（院印）

本件与原本核对无异

书记员　×××

文本演示

案情简介：2015年12月7日，郭某在某村闲逛时，抢劫何某身上的财物并将其杀害。后某一审法院认定被告人郭某犯故意杀人罪，依法作出判决，宣判后，郭某提出上诉。某高级人民法院开庭审理，判决郭某死刑，并依法报请最高人民法院核准。最高人民法院在死刑复核时依法对该案进行了改判。

最高人民法院
刑事判决书

（2017）某刑复78号

被告人郭某，男，35岁，1982年1月21日出生，某市某县某村人，汉族，小学文化，无业，住所地某市某县某村。因故意杀人罪、抢劫罪于2016年1月24日被羁押，同年3月1日被逮捕。现羁押于某市某看守所。

某市人民检察院指控被告人郭某犯故意杀人罪、抢劫罪一案，某市中级人民法院于2016年9月15日以（2016）某刑初189号刑事附带民事判决，认定被告人郭某犯故意杀人罪，判处死刑，剥夺政治权利终身；犯抢劫罪，判处有期徒刑十三年，剥夺政治权利五年，并处罚金人民币20000元，决定执行死刑，剥夺政治权利终身，并处罚金人民币20000元。宣判后，郭某提出上诉。某高级人民法院经依法开庭审理，于2016年11月16日以（2016）某刑终109号刑事判决，撤销一审判决对郭某的定罪量刑，以抢劫罪判处郭某死刑，剥夺政治权利终身，并处没收个人全部财产，并依法报请本院核准。某高级人民法院依法报送本院核准，本院依法组成合议庭，对本案进行了复核。现已复核终结。

原判认定，2015年12月7日，被告人郭某在某村闲逛时，看到刚结婚的何某回娘家，何某身上戴着金耳环、金项链、金手镯以及两枚钻戒。郭某产生抢劫杀害何某之念。后郭某上前跟何某搭讪，带何某到自己家谈事，后郭某逼何某交出身上所有值钱的东西，共计人民币30000元。又先后采用掐颈、折叠刀划割颈部等手段，致何某创伤性休克死亡。上述事实，有一审、二审开庭审理中经质证确认的从现场提取的作案工具折叠刀等物证，证人刘某、韩某的证言，尸体鉴定意见、被害人血迹DNA鉴定意见，勘验、检查、辨认笔录等证据证实。

经复核查明，原判认定的事实没有错误，证据确实、充分。上述事实，有尸检报告、现场勘查笔录、证人证言、同案被告人供述证实，被告人郭某亦供认，足以认定。

本院认为，被告人郭某采用暴力手段劫取他人财物，其行为已构成抢劫罪，且具有抢劫致人死亡的情节。犯罪性质恶劣，手段极其残忍，情节、后果特别严重，社会危害极大，应依法惩处。原一、二审判决认定的事实清楚，证据确实、充分，审判程序合法。郭某为劫取财物而预谋故意杀人，应以抢劫罪定罪处罚，二审判决定罪准确。一、二审判决根据郭某犯罪的事实、性质、情节和对于社会的危害程度，依法判处其死刑适当，但二审判决将原判附加并处罚金人民币 20000 元改判为并处没收个人全部财产，加重了对郭某的刑罚，属适用法律不当，本院予以纠正。依照《中华人民共和国刑事诉讼法》第二百二十六条[①]第一款、第二百三十五条[②]、第二百三十九条[③]和《中华人民共和国刑法》第二百六十三条、第五十七条第一款的规定，判决如下：

一、撤销某高级人民法院（2016）某刑终 109 号刑事判决中对被告人郭某并处没收个人全部财产的部分。

二、被告人郭某犯抢劫罪，并处罚金人民币 20000 元。

三、核准某高级人民法院（2016）某刑终 109 号对被告人郭某以抢劫罪判处死刑，剥夺政治权利终身的刑事判决。

本判决送达后即发生法律效力。

审判长 杨某

审判员 范某

审判员 军某

二〇一七年四月十八日

（院印）

本件与原本核对无异

书记员 张某

要点总结

1. 首部

（1）标题。写明“最高人民法院刑事判决书”。

（2）案号。写明“（××××）×刑复××号”。

2. 正文

（1）写明被告人的基本情况。

---

① 对应2018年修正后《刑事诉讼法》第二百三十七条。——编者注

② 对应2018年修正后《刑事诉讼法》第二百四十六条。——编者注

③ 对应2018年修正后《刑事诉讼法》第二百五十条。——编者注

被告人基本情况，包括被告人的写明姓名、性别、出生年月日、民族、出生地、文化程度、职业或者工作单位和职务、住址和因本案所受强制措施情况等，现羁押处所。

（2）写明案件来源、一审处理结果、法定期限内没有上诉、抗诉，最高人民法院的审判组织形式，最后写明“现已复核终结”。

（3）事实部分。

①概要写明原判事实的基本内容；

②概要写明对于高级人民法院裁定或者判决中认定的事实与原判不一致的内容；

③肯定原判认定的事实没有错误，证据确实、充分。如果某些事实、证据有出入的，应当写明复核查证的情况。对于事实方面的其他异议，必要时也应当予以分析、认证。

（4）理由部分。

理由部分在“本院认为”之后，应根据复核确认的事实、证据和有关法律规定，针对原判在适用法律和定罪量刑上的错误，参考原审辩解、辩护的合理意见，阐明不应当判处死刑而应当予以改判的理由。

（5）判决结果。

判决结果是对案件实体问题的处理决定。判决结果分两种情况：全部改判和部分改判。判决结果要明确、具体、完整。

（6）写明法律效力，送达后即发生法律效力。

3. 尾部

（1）审判人员署名。

（2）写明发文日期并加盖人民法院印章。

（3）判决书原本上不写“本件与原本核对无异”。此句文字应制成专用印戳，由书记员将正本与原本核对无异之后，加盖在正本末页的年月日的左下方、书记员署名的左上方。

（4）书记员署名。

第二章 裁 定 书

第一节 一审、二审程序

刑事裁定书（准许撤诉或者按撤诉处理用）

适用情形

刑事裁定书（准许撤诉或者按撤诉处理用），供人民法院在审理刑事案件的过程中，在判决宣告前，因自诉人或者人民检察院要求撤诉以及出现撤诉的情形时，依法作出撤诉或者是按撤诉处理的裁定时使用。

基本框架

××××人民法院

刑事裁定书

（××××）×刑初××号

公诉机关××××人民检察院。或者，自诉人_______（写明姓名、性别、出生年月日、民族、出生地、文化程度、职业或者工作单位和职务、住址等）。

被告人_________（写明姓名、性别、出生年月日、民族、出生地、文化程度、职业或者工作单位和职务、住址等）。

××××人民检察院以被告人×××涉嫌×××罪，或者自诉人×××以被告人×××犯××罪，于××××年××月××日向本院提起公诉（或控诉）。本院受理后，在诉讼过程中_______（简述人民检察院要求撤回起诉、自诉人申请撤诉或者法院按撤诉处理的事由）。

本院认为，_________（简写是否准许撤诉或者按撤诉处理的理由）。依照_______（写明裁定的法律依据）的规定，裁定如下：

_______［写明裁定内容。分三种情况：

第一，准许人民检察院要求撤回起诉的，表述为：

“准许 ××× 人民检察院撤诉。”

第二，准许自诉人申请撤诉的，表述为：

“准许自诉人 ××× 撤诉。”

第三，按撤诉处理的，表述为：

“对自诉人的控诉按撤诉处理。”]

如不服本裁定，可在接到裁定书的第二日起五日内，通过本院或者直接向 ×××× 人民法院提出上诉。书面上诉的，应当提交上诉状正本一份，副本 × 份。

审判员　×××

×××× 年 ×× 月 ×× 日

（院印）

本件与原本核对无异

书记员　×××

文本演示

案情简介：2017 年 3 月，何某因涉嫌故意杀害其邻居朱某而被公安机关逮捕。在经过侦查后，2017 年 5 月，公安机关将案件移送到某市人民检察院。检察院在经过审查之后，认为何某故意杀人的证据充足，于是，向某市中级人民法院提起公诉。然而，在 2017 年 6 月，因为检察院发现了新的证据，证明何某并不是真正的犯罪嫌疑人，故检察院向某市中级人民法院申请撤回对何某的起诉。人民法院在经过审查之后，裁定准许某市检察院撤诉。

某市中级人民法院

刑事裁定书

（2017）某刑初 781 号

公诉机关某市人民检察院。

被告人何某，男，1991 年 6 月 22 日出生于河南省南阳市某区，汉族，初中文化，某建筑公司工人，住河北省石家庄市某区某小区某单元楼某层某号。

某市人民检察院以被告人何某涉嫌故意杀人罪，于2017年5月12日向本院提起公诉。本院受理后，在诉讼过程中某市检察院发现新的证据，证明被害人朱某并不是犯罪嫌疑人何某所杀，故要求撤回起诉。

本院认为，某市检察院以犯罪事实并非犯罪嫌疑人所为，提出撤回起诉的理由符合法律规定，故准许其撤诉。依照《最高人民法院关于适用〈中华人民共和国刑事诉讼法〉的解释》第二百四十二条①的规定，裁定如下：

准许某市人民检察院撤诉。

如不服本裁定，可在接到裁定书的第二日起五日内，通过本院或者直接向某市高级人民法院提出上诉。书面上诉的，应当提交上诉状正本一份，副本两份。

审判员　杨某

二〇一七年六月十八日

（院印）

本件与原本核对无异

书记员　冀某

要点总结

1. 首部

（1）标题。写明“××××人民法院刑事裁定书准许撤诉或者按撤诉处理用”。

（2）案号。写明“（××××）×刑初××号”。

2. 正文

（1）写明公诉机关或自诉人的基本情况。

公诉机关，写明××××人民检察院。

自诉人是公民的，写明姓名、性别、年龄、民族、职业或工作单位、住所。

自诉人是法人的，写明法定代表人的姓名和职务。

法定代理人的基本情况，包括姓名、性别、年龄、民族、职业或工作单

① 对应2021年修正后《最高人民法院关于适用〈中华人民共和国刑事诉讼法〉的解释》第二百九十六条。——编者注

位、住所。

自诉人有委托代理人的，写明代理人的姓名、工作单位。

（2）被告的基本情况内容同自诉人一样，有第三人的，写明第三人的基本情况。

（3）简述人民检察院要求撤诉、自诉人申请撤诉或者法院按撤诉处理的事由。

（4）理由部分。

理由部分在“本院认为”之后，简写是否准许撤诉或者按撤诉处理的理由，写明裁定的法律依据。

（5）裁定结果。

裁定结果是对案件程序问题的处理决定，分三种情况：准许人民检察院撤回起诉的，表述为准许××××人民检察院撤诉；准许自诉人申请撤诉的，表述为准许自诉人×××撤诉；按撤诉处理的，表述为对自诉人的控诉按撤诉处理。

（6）说明法律效力，交代上诉权、上诉期限以及书面上诉时的注意事项。

3. 尾部

（1）审判人员署名。

（2）写明发文日期并加盖人民法院印章。

（3）判决书原本上不写“本件与原本核对无异”。此句文字应制成专用印戳，由书记员将正本与原本核对无异之后，加盖在正本末页的年月日的左下方、书记员署名的左上方。

（4）书记员署名。

刑事裁定书（驳回自诉用）

适用情形

刑事裁定书（驳回自诉用），供人民法院在受理自诉人提出的自诉案件后，经过审查，发现自诉人不能提供充分的证据，从而作出驳回自诉人的裁定时使用。

基本框架

×××× 人民法院

刑事裁定书

（××××）× 刑初 ×× 号

自诉人______（写明姓名、性别、出生年月日、民族、籍贯、职业或工作单位和职务、住址等）。

被告人______（写明姓名、性别、出生年月日、民族、籍贯、职业或工作单位和职务、住址等）。

自诉人 ××× 于 ×××× 年 ×× 月 ×× 日以被告人 ××× 犯 ××× 罪，向本院提起控诉。

本院审查认为，______（简写驳回自诉的理由）。依照______（写明裁定所依据的法律条款项）的规定，裁定如下：

驳回自诉人 ××× 对被告人 ××× 的控诉。

如不服本裁定，可在接到裁定书的次日起五日内，通过本院或者直接向人民法院提出上诉。书面上诉的，应交上诉状正本一份，副本______份。

审判员　×××

×××× 年 ×× 月 ×× 日

（院印）

本件与原本核对无异

书记员　×××

文本演示

案情简介：2017 年 8 月，初某以其丈夫余某经常虐待她为由，向某区人民法院提起自诉，请求人民法院判决余某承担刑事责任。但是，某区人民法院在收到初某的自诉，经过审查之后，认为初某只是在诉状上写了丈夫如何虐待她，却并未提供任何证据，故裁定驳回初某的起诉。

某区人民法院

刑事裁定书

（2017）某刑初651号

自诉人初某，女，1983年12月21日出生，汉族，山东省济南人，某食品有限公司职工，住山东省青岛市某区某小区某楼某号。

被告人余某，男，1978年2月21日出生，汉族，江西省九江人，某机械制造有限公司工人，住山东省青岛市某区某大街某号。

自诉人初某于2017年8月21日以被告人余某犯虐待罪，向本院提起控诉。

本院审查认为，自诉人并不能提供证据证明被告人余某对其进行虐待，故对自诉人的诉讼请求本院不予支持。依照《最高人民法院关于适用〈中华人民共和国刑事诉讼法〉的解释》第二百六十四条①的规定，裁定如下：

驳回自诉人初某对被告人余某的控诉。

如不服本裁定，可在接到裁定书的次日起五日内，通过本院或者直接向青岛市中级人民法院提出上诉。书面上诉的，应交上诉状正本一份，副本两份。

审判员　徐某

二〇一七年八月二十四日

（院印）

本件与原本核对无异

书记员　祝某

要点总结

1. 首部

（1）标题。写明“××××人民法院刑事裁定书”。

（2）案号。写明“（××××）×刑初××号”。

2. 正文

列明自诉人的基本信息，包括姓名、性别、出生年月日、民族、籍贯、职业或工作单位和职务、住址等；另起一行列明被告人的基本信息，写明姓名、

① 对应2021年修正后《最高人民法院关于适用〈中华人民共和国刑事诉讼法〉的解释》第三百二十一条。——编者注

性别、出生年月日、民族、籍贯、职业或工作单位和职务、住址等；第三行写明自诉人指控被告人所犯之罪；第四行列明驳回自诉人的控诉；最后写明不服裁定的救济途径。

需要注意的是，如果自诉案件附带民事诉讼，则应当作如下改动：将文书名称中的“刑事裁定书”，改为“刑事附带民事裁定书”； 在当事人称谓、控辩主张和驳回自诉的理由中，增加有关附带民事诉讼的内容。

3. 尾部

（1）审判人员署名。

（2）写明发文日期并加盖人民法院印章。

（3）判决书原本上不写“本件与原本核对无异”。此句文字应制成专用印戳，由书记员将正本与原本核对无异之后，加盖在正本末页的年月日的左下方、书记员署名的左上方。

（4）书记员署名。

刑事裁定书（终止审理用）

适用情形

刑事裁定书（终止审理用），供人民法院在刑事诉讼中，针对刑事案件中的被告人，出现法律规定的情形导致审判不应当或者不需要继续进行时，作出终止案件审理的决定时使用。

基本框架

××××人民法院

刑事裁定书

（××××）×刑×××号

公诉机关××××人民检察院。

被告人基本情况。

××××人民检察院于××××年××月××日以×检×诉[××××]××号起诉书，指控被告人×××犯____罪，向本院提起公诉。在审理过程中，

被告人 ××× 于 ×××× 年 ×× 月 ×× 日死亡。依照________（写明裁定的法律依据）的规定，裁定如下：

本案终止审理。

本裁定送达后即发生法律效力。

审判长　×××

审判员　×××

审判员　×××

×××× 年 ×× 月 ×× 日

（院印）

本件与原本核对无异

书记员　×××

文本演示

案情简介：杜某整天无所事事，游手好闲，惹是生非。2017 年 6 月的一天晚上，杜某在打完麻将后回家的路上，将同小区的小玲强奸，之后逃跑。小玲报警后，警方将杜某抓获。2017 年 7 月 11 日，公安机关在经过侦查之后，将案件移送到了某区人民检察院。2017 年 7 月 20 日，某区人民检察院以涉嫌强奸罪向某区人民法院提起公诉。但是，在案件审理的过程中，杜某因为在看守所中与他人打架，而被他人失手打死。因此，某区人民法院决定终止案件的审理。

某区人民法院

刑事裁定书

（2017）某刑初 233 号

公诉机关某区人民检察院。

被告人杜某，1987 年 11 月 12 日出生，汉族，小学文化，住陕西省西安市某区某路某号，无业。

某区人民检察院于 2017 年 7 月 20 日以某检某诉［2017］23 号起诉书，指控被告人杜某犯强奸罪，向本院提起公诉。在审理过程中，被告人杜某于2017年8月3日死亡。依照《中华人民共和国刑事诉讼法》第十五条[①]的规定，裁定如下：

本案终止审理。

本裁定送达后即发生法律效力。

审判长　陈某某

审判员　赵某某

审判员　李某某

二〇一七年八月四日

（院印）

本件与原本核对无异

书记员　舒某某

要点总结

1. 首部

（1）标题。写明“××××人民法院刑事裁定书”。

（2）案号。写明“（××××）×刑×××号”。

2. 正文

（1）被告人的基本情况。

写明姓名、性别、出生年月日、民族、出生地、文化程度、职业或者工作单位和职务等基本情况。

（2）案件基本情况介绍。

写明所涉及的案件受理时间、案号及被告人犯罪情况。

（3）裁定依据及结果。

该部分主要阐明本案终止审理的原因及依据，案件终止审理应具备法律规定中规定的应当终止的具体情形，如犯罪嫌疑人、被告人死亡的；犯罪已过追诉时效期限的；经特赦令免除刑罚的或者其他法律规定免予追究刑事责任的情形。最后注明裁定结果：本案终止审理。

---

① 对应2018年修正后《刑事诉讼法》第十六条。——编者注

（4）写明法律效力，即送达后即发生法律效力。

3. 尾部

（1）审判人员署名。

（2）写明发文日期并加盖人民法院印章。

（3）判决书原本上不写“本件与原本核对无异”。此句文字应制成专用印戳，由书记员将正本与原本核对无异之后，加盖在正本末页的年月日的左下方、书记员署名的左上方。

（4）书记员署名。

刑事裁定书（中止审理用）

适用情形

刑事裁定书（中止审理用），供人民法院在刑事诉讼中，因当事人出现不能抗拒的原因而导致案件无法继续审理的情形时，依法作出暂时停止案件审理的决定时使用。

基本框架

××××人民法院

刑事裁定书

（××××）×刑×××号

公诉机关××××人民检察院。

被告人基本情况。

××××人民检察院于××××年××月××日以×检×诉［××××］××号起诉书，指控被告人×××犯_____罪，向本院提起公诉。

本院在审理过程中，因__________。依照__________（写明裁定的法律依据）的规定，裁定如下：

本案中止审理。

审判长　×××

审判员 ×××

审判员 ×××

××××年××月××日

（院印）

本件与原本核对无异

书记员 ×××

文本演示

案情简介：薛某是某市的居民，在她一个朋友的诱导下染上了毒品。从此之后，为了有足够的钱吸毒，薛某便开始贩卖毒品。2017年8月，薛某在贩卖毒品时，被公安机关抓获。公安机关在经过侦查之后，于2017年8月23日将案件移送到了某区检察院。2017年9月15日，某区检察院在经过审查后，以薛某涉嫌贩卖毒品罪向某区人民法院提起公诉。但是，在法院审理的过程中，薛某因被查出患有肺癌晚期而无法出庭。于是，法院作出中止审理的裁定。

某区人民法院
刑事裁定书

（2017）某刑初356号

公诉机关某区人民检察院。

被告人薛某，女，1986年10月12日出生，汉族，初中文化，某服装制造厂职工，住山东省某市某区某路某号，因涉嫌贩卖毒品罪，现被羁押在山东省某市某区看守所。

某区人民检察院于2017年9月15日以某检刑诉［2017］56号起诉书，指控被告人薛某犯贩卖毒品罪，向本院提起公诉。

本院在审理过程中，因被告人薛某患有严重疾病而无法出庭。依照《中华人民共和国刑事诉讼法》第二百条[①]的规定，裁定如下：

① 对应2018年修正后《刑事诉讼法》第二百零六条。——编者注

本案中止审理。

审判长　石某某
审判员　白某某
审判员　冯某某
二〇一七年九月二十日
（院印）

本件与原本核对无异

书记员　王某某

要点总结

1. 首部

（1）标题。写明“××××人民法院刑事裁定书”。

（2）案号。写明“（××××）×刑×××号”。

2. 正文

（1）被告人的基本情况。

写明姓名、性别、出生年月日、民族、出生地、文化程度、职业或者工作单位和职务、住址以及因本案所受强制措施情况等，现羁押处所。

（2）案件基本情况介绍。

写明所涉及的案件受理时间、案号及被告人犯罪情况。

（3）裁定依据及结果。

该部分主要阐明本案中止审理的原因及依据，案件中止审理应具备法律规定中规定的应当中止的具体情形，如被告人患有严重疾病，无法出庭的；被告人脱逃的；自诉人患有严重疾病，无法出庭，未委托诉讼代理人出庭的；由于不能抗拒的原因。最后注明裁定结果：本案中止审理。

3. 尾部

（1）审判人员署名。

（2）写明发文日期并加盖人民法院印章。

（3）判决书原本上不写“本件与原本核对无异”。此句文字应制成专用印戳，由书记员将正本与原本核对无异之后，加盖在正本末页的年月日的左下

方、书记员署名的左上方。

（4）书记员署名。

刑事裁定书（恢复审理用）

适用情形

刑事裁定书（恢复审理用），供人民法院在审理刑事案件的过程中，针对中止审理的案件，在中止诉讼的原因消失后，依法作出重新恢复案件审理的决定时使用。

基本框架

××××人民法院

刑事裁定书

（××××）×刑×××号

公诉机关××××人民检察院。

被告人基本情况。

本院于××××年××月××日以（××××）×刑×××号刑事裁定，对××××人民检察院起诉的被告人×××________一案中止审理。

经查__________。依照________（写明裁定的法律依据），裁定如下：

本案恢复审理。

审判长　×××

审判员　×××

审判员　×××

××××年××月××日

（院印）

本件与原本核对无异

书记员　×××

文本演示

案情简介：2016年12月，李某将其同事傅某打伤。之后，李某因涉嫌故意伤害罪被某区人民检察院提起公诉。在法院审理的过程中，李某因突发脑溢血而昏迷不醒，因此，某区人民法院于2017年3月作出（2017）某刑初91号裁定中止审理案件。2017年9月12日，李某苏醒，并且病情也开始好转。于是，某区人民法院决定恢复对此案的审理，并作出了裁定书。

某区人民法院

刑事裁定书

（2017）某刑初321号

公诉机关某区人民检察院。

被告人李某，男，1982年1月6日出生，汉族，初中文化，住山西省某区某路某号，某百货公司员工。因涉嫌故意伤害罪，现被羁押在某区看守所。

本院于2017年3月23日以（2017）某刑初91号刑事裁定，对某区人民检察院起诉的被告人李某故意伤害傅某一案中止审理。

经查被告人李某的病情已经好转，可以出庭。依照《中华人民共和国刑事诉讼法》第二百条[①]的规定，裁定如下：

本案恢复审理。

审判长　谢某某

审判员　叶某某

审判员　冀某某

二〇一七年九月十五日

（院印）

本件与原本核对无异

书记员　吴某某

① 对应2018年修正后《刑事诉讼法》第二百零六条。——编者注

要点总结

1. 首部

（1）标题。写明“×××× 人民法院刑事裁定书”。

（2）案号：写明“（××××）× 刑 ××× 号”。

2. 正文

（1）被告人的基本情况。

写明姓名、性别、出生年月日、民族、出生地、文化程度、职业或者工作单位和职务、住址以及因本案所受强制措施情况等，现羁押处所。

（2）案件基本情况介绍。

写明所涉及的案件裁定中止审理的时间、案号及被告人犯罪情况。

（3）裁定依据及结果

该部分主要阐明本案中止审理后重新恢复审理的原因及依据，案件恢复审理应具备法律规定中规定的应当恢复的具体情形，即案件中止审理的原因消失后。如：被告人患有严重疾病后治愈或委托诉讼代理人出庭的；被告人脱逃后被缉拿归案的；其他不能抗拒的原因消失的。该部分最后应注明裁定结果：本案恢复审理。

3. 尾部

（1）审判人员署名。

（2）写明发文日期并加盖人民法院印章。

（3）判决书原本上不写“本件与原本核对无异”。此句文字应制成专用印戳，由书记员将正本与原本核对无异之后，加盖在正本末页的年月日的左下方、书记员署名的左上方。

（4）书记员署名。

刑事裁定书（准许撤回上诉、抗诉用）

适用情形

刑事裁定书（准许撤回上诉、抗诉用），供中级以上的人民法院在受理上诉、抗诉案件后，针对上诉人提出的申请撤回上诉或者是人民检察院要求撤回抗诉时，经过审查，裁定准许撤回上诉或者抗诉时使用。

基本框架

××××人民法院

刑事裁定书

（××××）×刑终××号

原公诉机关××××人民检察院。

上诉人（原审被告人）_______（写明姓名、性别、出生年月日、民族、出生地、文化程度、职业或者工作单位和职务、住址和因本案所受强制措施情况等，还要写明现羁押处所）。

××××人民法院审理××××人民检察院指控原审被告人_________犯罪一案，于××××年××月××日作出（××××）_____刑初××号刑事判决，判处_______（写明判处结果）。自诉人或被告人_______不服，提出上诉。（或者人民检察院认为_______，提出抗诉。）本院审理过程中，上诉人_______申请撤回上诉。（或者人民检察院要求撤回抗诉。）

本院认为，_______（写明准许撤回上诉、抗诉的理由）。依照_______（写明裁定的法律依据）的规定，裁定如下（分两种情况）：

上诉人上诉的案件，写："准许上诉人_______撤回上诉。"

抗诉机关抗诉的案件，写："准许××××人民检察院撤回抗诉。"

××××人民法院（××××）×刑初××号刑事判决自本裁定送达之日起发生法律效力。

本裁定为终审裁定。

审判长 ×××

审判员 ×××

审判员 ×××

××××年××月××日

（院印）

本件与原本核对无异

书记员 ×××

文本演示

案情简介：2017年7月7日，覃某以信用卡诈骗罪被某区人民法院依法判处有期徒刑七年，并处罚金人民币10万元。但是，覃某对于法院的判决不服，认为量刑过重。2017年7月11日，覃某向某市中级人民法院提起上诉。覃某的父母经咨询律师得知某区人民法院的判决是合法的，覃某在二审中改判的可能性极小。因此，覃某便申请撤回上诉。某市中级人民法院在经过审查之后，裁定准许其撤回上诉。

某市中级人民法院

刑事裁定书

（2017）某刑终235号

原公诉机关某区人民检察院。

上诉人（原审被告人）覃某，男，1992年9月30日出生，汉族，江西省某市某县人，小学文化，某运输公司职工，现住河北省某市某区某大街某号，因涉嫌信用卡诈骗罪现被羁押于河北省某市某区看守所。

某区人民法院审理某区人民检察院指控原审被告人覃某犯信用卡诈骗罪一案，于2017年7月7日作出（2017）某刑初651号刑事判决，判处覃某有期徒刑七年，并处罚金十万元。被告人覃某不服，提出上诉。本院审理过程中，上诉人覃某申请撤回上诉。

本院认为，上诉人撤回上诉的申请是出于其自愿的行为，符合法律的规定。依照《最高人民法院关于适用〈中华人民共和国刑事诉讼法〉的解释》第三百零四条[①]的规定，裁定如下：

准许上诉人章某撤回上诉。

某区人民法院（2017）某刑初651号刑事判决自本裁定送达之日起发生法律效力。

本裁定为终审裁定。

审判长　吴某

审判员　徐某

审判员　史某

二〇一七年七月十五日

（院印）

本件与原本核对无异

书记员　董某

要点总结

1. 首部

（1）标题。写明"××××人民法院刑事裁定书"。

（2）案号。写明"（××××）×刑终××号"。

2. 正文

写明原公诉机关××××人民检察院，如果是检察院提出的抗诉，则写明抗诉机关××××人民检察院；如果是自诉案件，则写明自诉人×××，并列明自诉人的基本信息，包括姓名、性别、出生年月日、民族、籍贯、职业或工作单位和职务、住址等。

另起一段列明被告人的基本信息，写明被告人的姓名、性别、出生年月日、民族、籍贯、职业或工作单位和职务、住址等。这里需要强调的是，如果是自诉人或者被告人提出上诉的，应在相应的当事人称呼前加"上诉人"，后附注括号为原审×××，即上诉人（原审自诉人）或上诉人（原审被告人）。

第三段写明原审人民法院对×××一案于何年何月何日作出（××××）

---

① 对应2021年修正后《最高人民法院关于适用〈中华人民共和国刑事诉讼法〉的解释》第三百八十三条。——编者注

某刑初 ×× 号判决，并写明判决结果；然后写明上诉人的上诉理由或者抗诉机关的抗诉依据；最后写明上诉人或抗诉机关要求撤回上诉、抗诉。

第四段写明本院经审查作出的裁定结果以及法律依据。另起一行注明“×××× 人民法院（××××）× 刑初 ×× 号刑事判决自本裁定送达之日起发生法律效力”。

第五段写明法律效力，为终审裁定。

3. 尾部

（1）审判人员署名。

（2）写明发文日期并加盖人民法院印章。

（3）判决书原本上不写“本件与原本核对无异”。此句文字应制成专用印戳，由书记员将正本与原本核对无异之后，加盖在正本末页的年月日的左下方、书记员署名的左上方。

（4）书记员署名。

刑事裁定书（一审程序再审维持原判用）

适用情形

刑事裁定书（一审程序再审维持原判用），供人民法院在刑事诉讼中，针对本院已经发生法律效力的一审判决，经提起再审程序，另行组成合议庭再审之后，依法作出维持一审判决的裁定时使用。

基本框架

×××× 人民法院

刑事裁定书

（××××）× 刑再初 ×× 号

原公诉机关 ×××× 人民检察院。

原审被告人______________（写明被告人的基本情况）。

辩护人______________（写明辩护人的姓名，工作单位和职务）。

原审被告人_________一案，本院于 ×××× 年 ×× 月 ×× 日作出

（××××）×刑×××号刑事判决，已经发生法律效力。____________。本院依法另行组成合议庭，公开（或不公开）开庭审理了本案。××××人民检察院指派检察员×××出庭执行职务，原审被告人×××及其辩护人×××等到庭参加诉讼。本案现已审理终结。

____________。

经再审查明，____________。

本院认为，____________。

依照____________（写明判决的法律依据）的规定，裁定如下：

维持本院（××××）×刑×××号刑事判决。

如不服本裁定，可在接到裁定书的第二日起×日内，通过本院或者直接向××××人民法院提出上诉。书面上诉的，应交上诉状正本一份，副本×份。

审判长　×××

审判员　×××

审判员　×××

××××年××月××日

（院印）

本件与原本核对无异

书记员　×××

文本演示

案情简介：2016年1月，王某在吃饭时，因为不小心碰到了同事杜某，两人为此发生争执。在争吵的过程中，王某用筷子刺中了杜某的喉咙，导致杜某死亡。之后，王某因故意杀人罪被某市中级人民法院判处有期徒刑15年。但是，王某认为自己并不是故意要杀害杜某的，是过失导致杜某死亡。在判决生效之后，王某提出申诉，请求法院撤销原判，对其进行改判。某市中级人民法院在受理王某的再审申请之后，决定再审。经过再审后，法院依法作出维持原判的裁定。

某市中级人民法院
刑事裁定书

（2017）某刑再初 570 号

原公诉机关某市人民检察院。

原审被告人王某，男，1971 年 8 月 11 日出生，汉族，某家具制造厂工人，初中文化，住浙江省某市某区某县某村某号。因涉嫌故意杀人罪于 2016 年 1 月 6 日被刑事拘留，同年 1 月 10 日被逮捕。因犯故意杀人罪，于 2016 年 11 月 1 日被某市中级人民法院判处有期徒刑十五年。现在某市某监狱服刑。

辩护人杨某，某律师事务所律师。

原审被告人王某故意杀害杜某一案，本院于 2016 年 6 月 4 日作出（2016）某刑初 121 号刑事判决，已经发生法律效力。王某不服，向本院提出申诉。本院依法另行组成合议庭，公开开庭审理了本案。某市人民检察院指派检察员朱某出庭执行职务，原审被告人王某及其辩护人杨某等到庭参加诉讼。本案现已审理终结。

2016 年 1 月 6 日中午，被告人王某与杜某在某家具制造厂食堂吃饭时，因王某不小心碰到了杜某，导致杜某将自己端着的汤洒在了自己的身上。王某在道歉之后，杜某并不接受。为此，两人发生争吵。之后，杜某便大打出手。两人在争执的过程中，王某一气之下，拿起餐桌上的筷子朝着杜某的喉咙刺过去，导致杜某当场死亡。

原审法院认定上述事实的证据有被告人王某的供述、证人赵某的证言、证人孙某的证言、现场勘验图、王某杀害杜某的犯罪工具、法医出具的鉴定书、讯问被告人王某的视听资料、被告人王某的身份证明等在案佐证。

一审法院认为，被告人王某故意杀害杜某一案，犯罪事实清楚，证据确实充分，其行为构成故意杀人罪。公诉机关指控的被告人故意杀人的罪名成立，因被告人是在被被害人激怒的情况下才实施杀人行为，可酌情从轻处罚。故对某市人民检察院的量刑建议，本院予以采纳。但是，被告人王某拒不认罪，认为自己是过失杀人，并非故意。据此，依据《中华人民共和国刑法》第二百三十二条之规定，判决如下：被告人王某犯故意杀人罪，判处有期徒刑十五年。

判决生效后，王某不服，提出了申诉，称其并不是故意杀害杜某，是过失导致其死亡的。因此，请求法院改判。

经再审查明，再审认定的证据和事实与一审一致。

本院认为，被告人王某故意杀害杜某一案，其行为已经构成故意杀人罪。原审判决认定事实和适用法律正确、量刑适当，审判程序合法。申诉人王某提出的申诉理由，本院不予采纳。

依照《最高人民法院关于适用〈中华人民共和国刑事诉讼法〉的解释》第三百八十九条[①]的规定，裁定如下：

维持本院（2016）某刑初121号刑事判决。

如不服本裁定，可在接到裁定书的第二日起五日内，通过本院或者直接向某市高级人民法院提出上诉。书面上诉的，应交上诉状正本一份，副本两份。

审判长　张某

审判员　费某

审判员　秦某

二〇一七年二月十九日

（院印）

本件与原本核对无异

书记员　付某

要点总结

1. 首部

（1）标题。写明“××××人民法院刑事裁定书”。

（2）案号。写明“（××××）×刑再初××号”。

2. 正文

（1）写明原公诉机关。

（2）原审被告人的基本情况。

原审被告人是公民的，写明姓名、性别、年龄、民族、职业或工作单位、住所，还应写明采取何种强制措施及以前受过何种刑事处分等。

原审被告人是法人或其他组织的，写明单位全称、法定代表人、住所、联系方式。

① 对应2021年修正后《最高人民法院关于适用〈中华人民共和国刑事诉讼法〉的解释》第四百七十二条。——编者注

原审被告人有辩护人的，写明辩护人的姓名、工作单位和职务。

（3）写明案件来源，开庭审判的组织、审判方式，各方到庭的人员。

（4）事实部分。

①概述原判决的基本内容，即原判决认定的事实、证据、理由和判决结果。

②概述上诉人、辩护人的意见。

③概述人民检察院在再审中提出的新意见。

④法院认定的事实和证据。

（5）理由。

理由部分在“本院认为”之后，应针对申请再审的主要理由进行分析论证原审法院判决在认定事实和适用法律方面是正确的。对诉讼各方提出的异议，应予回答，说明不予采纳的理由。为了增强说服力，驳回的理由应当具体、充分。

（6）裁定维持原刑事判决。

（7）说明法律效力，交代上诉权。

3. 尾部

（1）审判人员署名。

（2）写明发文日期并加盖人民法院印章。

（3）判决书原本上不写“本件与原本核对无异”。此句文字应制成专用印戳，由书记员将正本与原本核对无异之后，加盖在正本末页的年月日的左下方、书记员署名的左上方。

（4）书记员署名。

刑事裁定书（二审维持原判用）

适用情形

刑事裁定书（二审维持原判用），供二审人民法院在刑事诉讼中，针对提起上诉或者抗诉的案件，经过审理后，认为原审判决认定事实清楚，适用法律正确，量刑适当，诉讼程序合法，依法作出维持原审判决的裁定时使用。

基本框架

××××人民法院

刑事裁定书

（××××）×刑终××号

原公诉机关××××人民检察院。

上诉人（原审被告人）________（写明姓名、性别、出生年月日、民族、出生地、文化程度、职业或者工作单位和职务、住址和因本案所受强制措施情况等，还要写明现羁押处所）。

辩护人________（写明姓名、工作单位和职务）。

××××人民法院审理××××人民检察院指控原审被告人×××犯××罪一案，于××××年××月××日作出（××××）×刑初××号刑事判决。原审被告人×××不服，提出上诉。（或者原公诉机关认为________，提出抗诉。）本院依法组成合议庭，公开（或者不公开）开庭审理了本案。××××人民检察院指派检察员×××出庭履行职务。上诉人（原审被告人）×××及其辩护人×××等到庭参加诉讼。现已审理终结。

________（首先概述原判决认定的事实、证据、理由和判决结果；其次概述上诉、辩护的意见；最后概述人民检察院在二审中提出的新意见）。

经审理查明，________（首先写明经二审审理查明的事实；其次写明二审据以定案的证据；最后针对上诉理由中与原判认定的事实、证据有异议的问题进行分析、认证）。

本院认为，________（根据二审查明的事实、证据和有关法律规定，论证原审法院判决认定事实、证据和适用法律是正确的。对于上诉人、辩护人或者出庭履行职务的检察人员等在适用法律、定性处理方面的意见，应当逐一作出回答，阐明不予采纳的理由）。依照________（写明裁定的法律依据）的规定，裁定如下：

驳回上诉，维持原判。

本裁定为终审裁定。

审判长 ×××
审判员 ×××
审判员 ×××
××××年××月××日
（院印）

本件与原本核对无异

书记员 ×××

文本演示

案情简介：2017 年 7 月，游手好闲的徐某因欠下巨额赌债，在某市大街上抢了方女士的现金和背包。之后，徐某很快被公安机关抓获。2017 年 8 月 3 日，公安机关将案件移送至某区人民检察院。某区人民检察院在经过审查后，于 2017 年 8 月 20 日向某区人民法院提起公诉。某区人民法院在受理此案之后，经过审理，依法判决徐某构成抢劫罪，判处有期徒刑八年，并处罚金 10 万元。徐某不服，认为法院量刑过重，提起上诉。二审法院在经过审理之后，裁定维持原判。

某市中级人民法院
刑事裁定书

（2017）某刑终 789 号

原公诉机关某区人民检察院。

上诉人（原审被告人）徐某，男，1993 年 2 月 11 日出生，汉族，江西省九江人，初中文化，无业，现住广东省某市某区某路某号。因涉嫌抢劫罪于 2017 年 7 月 13 日被逮捕，现羁押在广东省某市某区看守所。

辩护人杜某，某律师事务所律师。

某区人民法院审理某区人民检察院指控原审被告人徐某犯抢劫罪一案，于 2017 年 9 月 5 日作出（2017）某刑初 3871 号刑事判决。原审被告人徐某不服，提出上诉。本院依法组成合议庭，公开开庭审理了本案。某区人民检察院指派检察员童某出庭履行职务。上诉人（原审被告人）徐某及其辩护人杜某等到庭参加诉讼。现已审理终结。

原判认定，2017年7月9日晚上，被告人徐某到某市某大街某小区附近，手持匕首抢走了被害人方女士的背包和金项链，背包里面有现金3000元和手机一部（价值人民币4000元）。在抢了被害人的背包和项链之后，徐某将金项链和手机分别以人民币9000元、2000元的价格出售。2017年7月12日，被告人徐某被公安机关抓获，当天被羁押于某市某区看守所。之后，经过公安机关的讯问，徐某如实供述了自己的犯罪事实。

原判以户籍证明、视频录像、证据保全清单、照片、被害人方某的陈述、证人朱某的证言、证人季某的证言、现场笔录以及被告人徐某的供述等证据在案佐证，并依据《中华人民共和国刑法》第二百六十三条、第二百六十七条之规定，以抢劫罪判处徐某有期徒刑三年，并处罚金20000元。

被告人徐某上诉称原判适用法律错误，其行为构成的不是抢劫罪，应该认定为抢夺罪，请求依法改判。

上诉人的辩护律师杜某称，被告人徐某的行为并未达到强制被害人的程度，其实施的是抢夺行为，并不符合抢劫罪的构成要件，因此，应该认定为抢夺罪，而不是抢劫罪。

某市人民检察院称，原审法院认定事实清楚，徐某符合抢劫罪的构成要件。

经审理查明，经二审审理查明的事实和认定的证据与一审相同。原判认定的事实清楚，证据确实、充分。上诉人虽然实施的是直接抢夺被害人财物的行为，但是，其是持有凶器进行抢劫。因此，根据《中华人民共和国刑法》第二百六十七条的规定，此时，上诉人的行为由抢夺转化为了抢劫。

本院认为，上诉人徐某以非法占有为目的，携带凶器抢夺他人财物，其行为已构成抢劫罪。原判认定事实清楚，适用法律正确，审判程序合法。故上诉人徐某的上诉理由以及其辩护人的辩护意见不予采纳。依照《中华人民共和国刑事诉讼法》第二百二十五条[①]第一款第一项之规定，裁定如下：

驳回上诉，维持原判。

本裁定为终审裁定。

---

① 对应2018年修正后《刑事诉讼法》第二百三十六条。——编者注

审判长 吴某

审判员 费某

审判员 顾某

二〇一七年九月十八日

（院印）

本件与原本核对无异

书记员 黄某

要点总结

1. 首部

（1）标题。写明“××××人民法院刑事裁定书”。

（2）案号。写明“（××××）×刑终××号”。

2. 正文

（1）写明原公诉机关。

（2）写明上诉人的基本情况。

上诉人（注明原审被告人）的基本情况，写明姓名、性别、出生年月日、民族、出生地、文化程度、职业或者工作单位和职务、住址和因本案所受强制措施情况等，现羁押处所。

上诉人有辩护人的，写明辩护人的姓名、工作单位和职务。

（3）写明案件来源、一审处理结果、提出上诉或者抗诉的主要理由、审判组织和方式。本部分末句写“本案现已审理终结”。

（4）事实部分。

①概述原判决认定的事实、证据、理由和判决结果。

②概述上诉、辩护的意见。

③概述人民检察院在二审中提出的新意见。

④写明经二审审理查明的事实。

⑤写明二审据以定案的证据。

⑥针对上诉理由中与原判认定的事实、证据有异议的问题进行分析、认证。

（5）理由部分。

理由部分在“本院认为”之后，写明根据二审查明的事实、证据和有关法律规定，论证原审法院判决认定事实、证据和适用法律是正确的。对于上诉人、辩护人或者出庭履行职务的检察人员等在适用法律、定性处理方面的意见，应当逐一作出回答，阐明不予采纳的理由，写明裁定的法律依据。

（6）裁定结果。

裁定结果应写：驳回上诉，维持原判。

（7）写明法律效力，为终审裁定。若高级人民法院在制作本裁定书且裁定维持的结果中有判处死刑、死刑缓期二年执行的内容时，关于本裁定书的效力应当分别不同情况予以表述：

①裁定维持死刑判决的，应当将“本裁定为终审裁定”改写为“本裁定依法报请最高人民法院核准”。

②裁定维持死刑缓期二年执行判决的，在“本裁定为终审裁定”之后，续写：“根据《中华人民共和国刑事诉讼法》第二百四十八条的规定，本裁定即为核准以××罪判处被告人×××死刑，缓期二年执行，剥夺政治权利终身的刑事裁定。”

3. 尾部

（1）审判人员署名。

（2）写明发文日期并加盖人民法院印章。

（3）判决书原本上不写“本件与原本核对无异”。此句文字应制成专用印戳，由书记员将正本与原本核对无异之后，加盖在正本末页的年月日的左下方、书记员署名的左上方。

（4）书记员署名。

刑事附带民事裁定书（二审维持原判用）

适用情形

刑事附带民事裁定书（二审维持原判用），供二审人民法院针对当事人不服一审人民法院作出的刑事附带民事判决提出上诉或者是人民检察院依法对一审判决提出抗诉，经过审理，认为原审判决事实清楚、证据确实、充分，适用法律正确，量刑和责令赔偿的经济损失适当，裁定驳回上诉，维持原判时使用。

基本框架

××××人民法院
刑事附带民事裁定书

（××××）×刑终××号

原公诉机关××××人民检察院。

上诉人（原审被告人）________（写明姓名、性别、出生年月日、民族、出生地、文化程度、职业或者工作单位和职务、住址和因本案所受强制措施情况等，还要写明现羁押处所）。

辩护人________（写明姓名、工作单位和职务）。

原审附带民事诉讼原告人__________（写明姓名、性别、出生年月日、民族、出生地、文化程度、职业或者工作单位和职务、住址等）。

诉讼代理人________（写明姓名、工作单位和职务）。

××××人民法院审理××××人民检察院指控原审被告人×××犯__________罪、原审附带民事诉讼原告人××××提起附带民事诉讼一案，于××××年××月××日作出（××××）×刑初××号刑事附带民事判决。原审被告人×××不服，提出上诉（或者，原审附带民事诉讼原告人不服一审判决，提出上诉；或者原公诉机关认为一审判决__________，提出抗诉）。本院依法组成合议庭，公开（或者不公开）开庭审理了本案。××××人民检察院指派检察员×××出庭履行职务。上诉人（原审被告人）×××及其辩护人×××、附带民事诉讼原告人×××及其诉讼代理人×××等到庭参加诉讼。本案现已审理终结。

_________（首先概述原判决认定的事实、证据、理由和判处结果；其次概述上诉、辩护的意见；最后概述人民检察院和原审附带民事诉讼原告人在二审中提出的新意见）。

经审理查明，_________（首先写明经二审审理查明的事实；其次写明二审据以定案的证据；最后针对上诉理由中与原判认定的事实、证据有异议的问题进行分析、认证）。

本院认为，__________（根据二审查明的事实、证据和有关法律规定，论证原审法院认定事实、证据和适用法律包括判处被告人赔偿经济损失是正确的。对于上诉人、辩护人或者出庭履行职务的检察人员等在适用法律、定性处理方面的意见，应当逐一进行回答，说明不予采纳的理由）。依照 ____________（写明裁定的法律依据）的规定，裁定如下：

驳回上诉，维持原判。

本裁定为终审裁定。

审判长　×××

审判员　×××

审判员　×××

××××年××月××日

（院印）

本件与原本核对无异

书记员　×××

文本演示

案情简介：齐某与周某是邻居，2017 年 1 月 16 日，因为周某经常在楼道里堆放垃圾，两人发生争吵。两人在争执的过程中，齐某拿起楼道里放置的一根铁棍，将周某打伤。经过鉴定，周某为重伤。之后，齐某被公安机关逮捕。2017 年 4 月 1 日，某区人民检察院以故意伤害罪向某区人民法院提起公诉。某区人民法院在经过审理之后，于 2017 年 4 月 15 日，判处齐某有期徒刑两年，同时赔偿周某人民币 24 万元。齐某不服，向某市中级人民法院上诉。上诉法院经过审查后，作出了刑事附带民事裁定书。

某市中级人民法院

刑事附带民事裁定书

（2017）某刑终 321 号

原公诉机关某区人民检察院。

上诉人（原审被告人）齐某，男，1974 年 6 月 12 日出生，汉族，四川省某市人，高中文化，某保险公司部门经理，现住四川省某市某区某小区某楼某号。因涉嫌故意伤害罪，于2017年2月20日被某区公安分局依法逮捕，现羁押于某市某区看守所。

辩护人贺某，某律师事务所律师。

原审附带民事诉讼原告人周某，男，1969年12月27日出生，汉族，四川省某市人，初中文化，某百货公司职工，现住四川省成都市某区某小区某楼某号。

诉讼代理人吴某，某律师事务所律师。

某区人民法院审理某区人民检察院指控原审被告人齐某犯故意伤害罪、原审附带民事诉讼原告人周某提起附带民事诉讼一案，于2017年4月1日作出（2017）某刑初352号刑事附带民事判决。原审被告人齐某不服，提出上诉。本院依法组成合议庭，公开开庭审理了本案。某市人民检察院指派检察员段某某出庭履行职务。上诉人（原审被告人）齐某及其辩护人贺某、附带民事诉讼原告人周某及其诉讼代理人吴某等到庭参加诉讼。本案现已审理终结。

原判认定，2017年1月16日晚20时许，被告人齐某与附带民事诉讼原告人周某因为琐事发生纠纷，两人在争执的过程中，被告人齐某用放在楼道里的铁棍将附带民事诉讼原告人周某打伤，经鉴定，周某所受伤害为重伤二级。

另查明，附带民事诉讼原告人周某治疗两个月，支付医疗费56768.2元、医药费5672.8元、误工费4500元、护理费2000元、住院伙食补助费3000元、营养费3000元、交通费5000元，共计人民币74941元。

支持上述事实的证据有：接受刑事案件登记表、户籍证明等书证、证人谢某某的证言、被害人周某的陈述、辨认笔录、视听资料、伤情鉴定报告等鉴定意见、被告人齐某的供述以及附带民事诉讼原告人提交的医疗费单据10张、医药费单据20张、交通费单据43张、某市人民医院患者住院费用分类清单一份等。

原判认为，被告人齐某故意伤害周某，并致其重伤的行为构成故意伤害罪，公诉机关指控被告人齐某的罪名成立。但是，由于被告人认罪态度比较好，并当庭向周某道歉，可酌情从轻处罚。被告人齐某的故意伤害行为给附带民事诉讼原告人周某造成物质损失，应当赔偿医疗费56768.2元、医药费

5672.8 元、误工费 4500 元、护理费 2000 元、住院伙食补助费 3000 元、营养费 3000 元、交通费 5000 元，共计人民币 74941 元。附带民事诉讼原告人提出的精神损害赔偿金、残疾赔偿金因被害人不能提供证据予以证明，故本院不予支持。据此，根据被告人齐某犯罪的事实、犯罪的性质、情节和对社会的危害程度以及综合考虑本案全部事实情节，依照《中华人民共和国刑法》第二百三十四条第二款，《中华人民共和国民法总则》第一百一十条[①]、第一百二十条[②]，《最高人民法院关于审理人身损害赔偿案件适用法律若干问题的解释》第十七条、第十九条、第二十条、第二十一条、第二十二条、第二十三条、第二十四条的规定，判决如下：一、被告人齐某犯故意伤害罪，判处有期徒刑三年五个月。二、被告人齐某赔偿附带民事诉讼原告人周某各项经济损失共计人民币 74941 元。

在判决后，原审被告人齐某不服，提出上诉，认为原判量刑过重，请求减少刑期。

辩护人贺某提出，原判认定事实有误，系被害人有错在先，并先大打出手，挑起事端，被害人是存在过错的。同时，上诉人自愿认罪，并愿意承担附带民事诉讼原告人的经济损失，因此，上诉人认为原判量刑过重。

某市中级人民检察院认为，原审认定事实清楚，适用法律正确，是在综合考虑本案的全部事实情节的情况下作出的判决，故应维持原判。

原审附带民事诉讼原告人周某提出，原审判决认定事实正确，量刑适当。

经审理查明，二审认定的事实、证据与原审法院一致。针对上诉人提出的原审法院认定事实错误，原审法院在作出判决时，已经考虑了被告人自愿认罪以及被害人的过错等情节，酌定予以了从轻处罚，故并不存在认定事实错误的情形。

本院认为，二审查明的事实、证据与原审一致，原审对于被告人的刑事判决认定事实清楚，适用法律正确，量刑适当。对于上诉人的上诉理由，本院不予采纳。依照《中华人民共和国刑事诉讼法》第二百二十五条[③]第一款第一项、《中华人民共和国民事诉讼法》第一百七十条第一款第一项之规定，裁定如下：

① 对应《民法典》第一百一十条。——编者注
② 对应《民法典》第一百二十条。——编者注
③ 对应2018年修正后《刑事诉讼法》第二百三十六条。——编者注

驳回上诉，维持原判。

本裁定为终审裁定。

审判长 张某

审判员 乐某

审判员 谭某

二〇一七年五月十八日

（院印）

本件与原本核对无异

书记员 付某

要点总结

1. 首部

（1）标题。写明“××××人民法院刑事附带民事裁定书”。

（2）案号。写明“（××××）×刑终××号”。

2. 正文

（1）写明原公诉机关、上诉人、辩护人和原审附带民事诉讼原告人的基本情况。

原公诉机关：直接写×××人民检察院。

上诉人基本情况：注明是原审被告人，写明姓名、性别、出生年月日、民族、出生地、文化程度、职业或者工作单位和职务、住址和因本案所受强制措施情况等，现羁押处所。

辩护人基本情况：写明姓名、工作单位和职务。

原审附带民事诉讼原告人基本情况：写明姓名、性别、出生年月日、民族、出生地、文化程度、职业或者工作单位和职务、住址等。

诉讼代理人基本情况：写明姓名、工作单位和职务。

（2）写明案件来源、审判组织形式和方式、检察员及其他诉讼参与人出庭情况。

（3）事实部分。

①概述原判决认定的事实、证据、理由和判处结果；其次概述上诉、辩

护的意见；最后概述人民检察院和原审附带民事诉讼原告人在二审中提出的新意见。

②写明经二审审理查明的事实，据以定案的证据以及针对上诉理由中与原判认定的事实、证据有异议的问题进行分析、认证。

（4）理由部分。

理由部分在“本院认为”之后，应根据二审查明的事实、证据和有关法律规定，论证原审法院认定事实、证据和适用法律包括判处被告人赔偿经济损失是正确的。对于上诉人、辩护人或者出庭履行职务的检察人员等在适用法律、定性处理方面的意见，应当逐一进行回答，说明不予采纳的理由。

写明裁定的法律依据。

（5）裁定结果。

直接写明：驳回上诉，维持原判。

（6）写明法律效力，为终审裁定。

3. 尾部

（1）审判人员署名。

（2）写明发文日期并加盖人民法院印章。

（3）判决书原本上不写“本件与原本核对无异”。此句文字应制成专用印戳，由书记员将正本与原本核对无异之后，加盖在正本末页的年月日的左下方、书记员署名的左上方。

（4）书记员署名。

刑事裁定书（二审发回重审用）

适用情形

刑事裁定书（二审发回重审用），供人民法院针对刑事诉讼中，受理的当事人不服一审判决或者人民检察院提出抗诉的刑事案件，经过审理后，认为原审判决事实不清、证据不足，或者违反法律规定的诉讼程序，依法作出撤销原判，发回重审的裁定时使用。

基本框架

××××人民法院

刑事裁定书

（××××）×刑终××号

原公诉机关××××人民检察院。

上诉人（原审被告人）________（写明姓名、性别、出生年月日、民族、籍贯、职业或工作单位和职务、住址和因本案所受强制措施情况，还要写明现羁押处所。）

辩护人________（写明姓名、性别、工作单位和职务）。

××××人民法院审理被告人×××（写明姓名和案由）一案，于××××年××月××日作出（________）×刑初××号刑事判决，认定被告人×××犯________罪，判处________（简写判处结果）。写明“被告人×××不服一审判决，以________（简写上诉的主要理由）为由，提出上诉”，或者写“××××人民检察院认为________（提起抗诉的理由），依法提出抗诉”，本院依法组成合议庭公开（或不公开）审理了本案，________（经过开庭审理的，应写明庭审形式和到庭参加诉讼的人员）。本案现已审理终结。

本院认为，________（简述原判事实不清，证据不足，或者严重违反法律程序的情况）。依照________（写明裁定所依据的法律条款项）的规定，裁定如下：

一、撤销××××人民法院（××××）×刑初××号刑事判决；

二、发回××××人民法院重新重判。

本裁定为终审裁定。

审判长 ×××

审判员 ×××

审判员 ×××

××××年××月××日

（院印）

本件与原本核对无异

书记员 ×××

文本演示

案情简介： 2017年3月19日晚，罗某骑摩托车回家，由于车速过快，导致自己撞在了电线杆上不治而亡。此时，吴某在开车送货的路上，因为晚上视线不清，导致其撞到了已经躺在马路旁边的罗某。在发生交通事故后，吴某下车察看，发现罗某已经死亡。吴某内心十分恐惧，开车逃跑。之后，在家人的劝说下，吴某到某区公安分局自首。某区人民法院于2017年6月5日审理了此案，判决吴某构成交通肇事罪，判处有期徒刑五年。在判决作出后，吴某提起上诉，认为某区人民法院认定事实不清，证据不足，请求二审法院撤销原判，发回重审。二审法院在经过审理之后，裁定撤销原判，发回重审。

某市中级人民法院

刑事裁定书

（2017）某刑终456号

原公诉机关某区人民检察院。

上诉人（原审被告人）吴某，男，1985年10月26日出生，汉族，山东省济南人，广东省某市运输有限公司员工，现住广东省某市某区某大街某号。因涉嫌交通肇事罪，于2017年3月21日被某区公安分局刑事拘留，于同年3月28日被逮捕，现羁押在某市某区看守所。

辩护人孙某，某律师事务所律师。

某区人民法院审理被告人吴某交通肇事罪一案，于2017年6月30日作出（2017）某刑初2654号刑事判决，认定被告人吴某犯交通肇事罪，判处有期徒刑五年。被告人不服一审判决，以原判认定事实不清，证据不足为由，提出上诉。本院依法组成合议庭公开审理了本案，某市人民检察院派检察员徐某出庭履行职务。上诉人吴某及其辩护人孙某到庭参加了诉讼。本案现已审理终结。

本院认为，原判认定事实不清，证据不足，因为死者罗某在被被告人吴某撞到之前，还发生过一次交通事故，根据某交警队出具的事故鉴定报告，罗某很可能在此时已经死亡。但是，交警队却认为罗某是由吴某的过失导致死亡的。因此，交警队的事故鉴定报告中结论是明显错误的，故该证据所得出的结论并不具有可采性。同时，根据公诉机关提交的证据，并不能充分证明罗某的死亡事实是吴某所导致的，因此，罗某的死亡与吴某之间并不存在因果关系。依照《中华人民共和国刑事诉讼法》第二百二十五条[①]第一款第三项之规定，裁定如下：

一、撤销某区人民法院（2017）某刑初 2654 号刑事判决；

二、发回某区人民法院重新审判。

本裁定为终审裁定。

审判长 陈某

审判员 董某

审判员 白某

二〇一七年七月二十日

（院印）

本件与原本核对无异

书记员 朱某

要点总结

1. 首部

（1）标题。写明“××××人民法院刑事裁定书”。

（2）案号。写明“（××××）×刑终××号”。

2. 正文

（1）具体写明原公诉机关。

（2）写明上诉人（原审被告人）的基本情况，具体应写明姓名、性别、出生年月日、民族、籍贯、职业或工作单位和职务、住址和因本案所受强制措施情况等，现在何处。

（3）写明辩护人的姓名、工作单位和职务。

（4）写明人民法院审理的案件，于何时作出的第几号刑事判决及判处结果，被告人不服，提出上诉（简写上诉理由），法院依法组成合议庭审理了本

① 对应2018年修正后《刑事诉讼法》第二百三十六条。——编者注

案（经过开庭审理的，还应写明庭审形式和到庭参加诉讼的人员）。

（5）阐述法院发回重审的理由及裁定结果。

（6）写明法律效力，为终审裁定。

3. 尾部

（1）审判人员署名。

（2）写明发文日期并加盖人民法院印章。

（3）判决书原本上不写“本件与原本核对无异”。此句文字应制成专用印戳，由书记员将正本与原本核对无异之后，加盖在正本末页的年月日的左下方、书记员署名的左上方。

（4）书记员署名。

刑事裁定书（二审维持、撤销、变更一审裁定用）

适用情形

刑事裁定书（二审维持、撤销、变更一审裁定用），供二审人民法院在刑事自诉案件中，对于当事人提出上诉或者人民检察院提起抗诉的一审刑事裁定，经过审理之后，依法作出维持、撤销或者是变更一审裁定时使用。

基本框架

××××人民法院

刑事裁定书

（××××）×刑终××号

上诉人（原审自诉人）＿＿＿＿＿＿＿＿。

原审被告人＿＿＿＿＿＿＿＿。

××××人民法院审理自诉人×××控诉被告人×××一案，于××××年××月××日作出（××××）×刑初××号刑事裁定，驳回自诉人×××的控诉。自诉人×××不服，提出上诉。本院依法组成合议庭审理了本案，现已审理终结。

__________。

经审理查明，__________。

本院认为，__________。依照__________（写明作出裁定的法律依据）的规定，裁定如下：__________［裁定结果，分三种情况。

第一，驳回上诉，维持原裁定的，表述为：

“驳回上诉，维持原裁定。”

第二，撤销原裁定，发回重审的，表述为：

“一、撤销××人民法院（××××）××刑初××号刑事裁定；

二、发回××人民法院重新审判。”

第三，变更原裁定的，表述为：

“一、撤销××人民法院（××××）××刑初××号刑事裁定；

二、__________。”］

本裁定为终审裁定。

审判长　×××

审判员　×××

审判员　×××

××××年××月××日

（院印）

本件与原本核对无异

书记员　×××

文本演示

案情简介：2017年9月12日，王某向人民法院提起自诉，称她的儿子何某某和儿媳陈某经常虐待她，不仅经常不给她饭吃，还殴打她，有病也不给她治疗。但是，一审法院在经过调查之后，认为王某的证据不足，裁定驳回自诉人王某对被告人何某某和陈某的控诉。王某不服，向二审人民法院提起上诉，二审法院经过调查之后，认为原审法院作出的刑事裁定是合法的。于是，二审法院裁定维持原审法院的刑事裁定。

某市中级人民法院
刑事裁定书

（2017）某刑终278号

上诉人（原审自诉人）王某，女，1954年12月1日出生，汉族，某国有企业退休职工，住辽宁省某市某区某小区某栋某单元某号。

原审被告人何某某，男，1982年6月30日出生，汉族，某电子科技有限公司经理，住辽宁省某市某区某路某大街某号，与自诉人王某系母子关系。

原审被告人陈某，女，1984年11月9日出生，汉族，某服装公司设计师，住辽宁省某市某区某路某大街某号，与自诉人王某系婆媳关系。

某区人民法院审理自诉人王某控诉被告人何某某、陈某一案，于2017年9月20日作出（2017）某刑初2356号刑事裁定，驳回自诉人王某的控诉。自诉人王某不服，提出上诉。本院依法组成合议庭审理了本案，现已审理终结。

一审法院认定，自诉人王某与被告人何某某、被告人陈某分别系母子关系、婆媳关系。自诉人王某陈述，她与被告人何某某、陈某是分开居住的，被告人何某某、陈某在日常生活中经常虐待她，不仅不给自己饭吃，还经常对她进行打骂，有病也不给她治疗。但是，王某并不能提供任何被告人何某某、陈某虐待她的证据。经过本院实地调查，王某住所地的邻居与被告人何某某、陈某住所地的邻居都反映，被告人何某某、陈某非常孝顺，平时经常来看望王某。被告人不仅没有虐待王某，而且都对她非常好，是自诉人王某经常提出一些无理的要求。故本案证据不足，依照《中华人民共和国刑事诉讼法》第二百零五条[①]之规定，裁定如下，驳回自诉人王某对被告人何某某、陈某的控诉。

在刑事裁定书作出之后，上诉人王某不服，提出上诉，称原审被告人确实经常虐待自己，他们对自己的孝顺都是装出来的。因此，一审法院认定事实不清，请求法院依法撤销一审法院的裁定，发回重审或者依法改判。

经审理查明，本院认定的事实与原审法院是一致的，原审被告人何某某、陈某并未对上诉人进行过虐待。同时，本院还走访了被告人何某某、陈某的工作单位，两人工作单位的领导和同事都认为两被告是非常孝顺的，并且还称有一次因为上诉人王某生病，被告人何某某、陈某为了给她做手术，借了很多钱。

---

① 对应2018年修正后《刑事诉讼法》第二百一十一条。——编者注

本院认为，原审判决认定事实清楚，适用法律正确，审判程序合法。依照《中华人民共和国刑事诉讼法》第二百二十五条[①]的规定，裁定如下：

驳回上诉，维持原裁定。

本裁定为终审裁定。

审判长 张某

审判员 武某

审判员 黎某

二〇一七年十月十日

（院印）

本件与原本核对无异

书记员 史某

要点总结

1. 首部

（1）标题。写明“××××人民法院刑事裁定书”。

（2）案号。写明“（××××）×刑终××号”。

2. 正文

（1）写明上诉人即原审自诉人的基本信息，包括姓名、性别、年龄、民族、职业或工作单位、住所。

（2）原审被告人的基本情况。

原审被告人是公民的，写明姓名、性别、年龄、民族、职业或工作单位、住所，还应写明采取何种强制措施及以前受过何种刑事处分等。

原审被告人是法人或其他组织的，写明单位全称、法定代表人、住所、联系方式。

（3）写明案件来源。

（4）事实部分。

①概述原裁定的基本内容，即原判决认定的事实、理由和裁决结果。

① 对应2018年修正后《刑事诉讼法》第二百三十六条。——编者注

②概述上诉人的上诉理由意见。

③概述二审法院认定的事实和证据。

（5）理由部分。

理由部分在“本院认为”之后，应针对上诉人的主要理由进行分析论证，写明二审裁定维持、变更或者撤销一审法院裁定的理由。

（6）写明裁定结果。

（7）写明法律效力，为终审裁定。

3. 尾部

（1）审判人员署名。

（2）写明发文日期并加盖人民法院印章。

（3）判决书原本上不写“本件与原本核对无异”。此句文字应制成专用印戳，由书记员将正本与原本核对无异之后，加盖在正本末页的年月日的左下方、书记员署名的左上方。

（4）书记员署名。

刑事裁定书（按二审程序再审维持原判用）

适用情形

刑事裁定书（按二审程序再审维持原判用），供二审人民法院在刑事诉讼中，对再审的刑事案件，依据二审程序再审后，认为原判在认定事实和适用法律方面都是正确的，从而作出维持原判的裁定时使用。

基本框架

××××人民法院

刑事裁定书

（××××）×刑再终××号

原公诉机关××××人民检察院。

原审上诉人（原审被告人）________（写明姓名、性别、出生年月日、民族等基本情况）。

辩护人__________。

××××人民检察院指控被告人×××犯××罪一案，××××人民法院于××××年××月××日作出（××××）×刑初××号刑事判决，本院于××××年××月××日作出×刑终××号刑事判决（或裁定）。上述裁判发生法律效力后，__________（人民法院进行再审的事实和理由）。本院依法另行组成合议庭，公开（或者不公开）开庭审理了本案。××××人民检察院检察员×××出庭履行职务。被害人×××、原审被告人×××及其辩护人×××等到庭参加诉讼。本案现已审理终结。

____________。

____________。

经再审查明，____________。

本院认为，____________。依照____________（写明裁定的法律依据）的规定，裁定如下：

维持原判。

本裁定为终审裁定。

审判长 ×××

审判员 ×××

审判员 ×××

××××年××月××日

（院印）

本件与原本核对无异

书记员 ×××

文本演示

案情简介：齐某与方某是邻居。方某喜欢带朋友来家里玩，经常吵闹到凌晨，影响了齐某的正常休息，对此齐某十分不满。2017年3月的一天，齐某在晚上准备睡觉时，又听到方某家在吵吵闹闹，导致自己根本无法入睡。无奈之下，齐某走到方某家，让方某小点儿声，不要打扰别人休息。但是，方某态度非常恶劣。为此，双方发生争执。两人在拉扯的过程中，齐某将方某推下楼梯，导致方某重伤。之后，某区检察院提起公诉，某区人民法院在经过审理后，认为齐某的行为构成故意伤害罪，判处其有期徒刑一年。对此，齐某不服，提起上诉，二审法院经过审理，裁定驳回上诉，维持原判。在判决生效后，齐某又申请再审，某市中级人民法院按照二审程序审理后，依法作出维持原判的裁定。

某市中级人民法院

刑事裁定书

（2017）某刑再终 24 号

原公诉机关某市人民检察院。

原审上诉人（原审被告人）齐某，女，1989 年 1 月 22 日出生，汉族，浙江省某市人。

辩护人段某，某律师事务所律师。

某区人民检察院指控被告人齐某故意伤害罪一案，某区人民法院于 2017 年 5 月 12 日作出（2017）某刑初 3467 号刑事判决，本院于 2017 年 7 月 25 日作出（2017）某刑终 1231 号刑事判决。上述裁判发生法律效力后，本院以原审上诉人提出的原审认定事实不清，证据不足为由，进行再审。本院依法另行组成合议庭，公开开庭审理了本案。某市人民检察院检察员傅某出庭履行职务。被害人方某、原审被告人齐某及其辩护人段某等到庭参加诉讼。本案现已审理终结。

原判认定，2017 年 3 月的一天，被告人齐某在晚上准备睡觉时，听到方某家在吵吵闹闹，导致齐某根本无法入睡。于是，齐某走到方某家，让方某小点儿声，不要打扰别人休息。但是，方某态度非常恶劣。为此，双方发生争执。两人在拉扯的过程中，齐某将方某推下楼梯，导致方某右腿骨折，并有轻微脑震荡，经过鉴定，构成重伤。

原审认定上述事实的证据有被害人方某的陈述、证人付某、蔡某、季某的证人证言、司法鉴定书、某医院出具的证明、视频监控录像以及被告人齐某的供述和辩解等证据证明。

根据上述事实和证据，某区人民法院认为，被告人齐某的行为构成故意伤害罪，依据《中华人民共和国刑法》第二百三十四条之规定，依法判决被告人齐某构成故意伤害罪，判处有期徒刑一年。

二审法院对于一审认定的事实和证据予以确认。

二审法院认为，本案争议的焦点在于被害人方某推下楼梯是被告人齐某故意还是过失所为。根据付某、蔡某、季某等人的证人证言以及视频监控录像，可以证明，齐某是故意将方某推下楼梯的，其明知方某已经处于楼梯的边缘，仍然在拉扯的过程中推了方某一下，导致其摔下楼梯。同时，根据证人证言的描述，齐某在与方某进行拉扯的过程中还不断地说要摔死方某。故可以推定，齐某的行为是主观故意，而非过失。因此，对于上诉人提出的请求，本院不予采纳。本院认为，原判认定事实清楚，适用法律正确，量刑适当，根据《中华人民共和国刑事诉讼法》第二百二十五条①第一款第一项之规定，裁定：驳回上诉，维持原判。

经再审查明，原审上诉人是故意将方某推下楼梯的，故齐某的行为构成故意伤害罪。因此，本院再审对二审查明的事实予以确认，认为原审上诉人齐某的行为构成故意伤害而非过失。

本院认为，原裁定认定事实清楚，适用法律正确，量刑适当，审判程序合法。依照《中华人民共和国刑事诉讼法》第二百四十五条②，《最高人民法院关于适用〈中华人民共和国刑事诉讼法〉的解释》第三百八十四条③、第三百八十九条④的规定，裁定如下：

维持原判。

本裁定为终审裁定。

审判长　吴某

审判员　伍某

审判员　潘某

二〇一七年八月二十日

（院印）

---

① 对应2018年修正后《刑事诉讼法》第二百三十六条。——编者注

② 对应2018年修正后《刑事诉讼法》第二百五十六条。——编者注

③ 对应2021年修正后《最高人民法院关于适用〈中华人民共和国刑事诉讼法〉的解释》第四百六十六条。——编者注

④ 对应2021年修正后《最高人民法院关于适用〈中华人民共和国刑事诉讼法〉的解释》第四百七十二条。——编者注

本件与原本核对无异

书记员　杨某

要点总结

1. 首部

（1）标题。写明“××××人民法院刑事裁定书”。

（2）案号。写明“（××××）×刑再终××号”。

2. 正文

（1）诉讼参与人的基本情况。

原公诉机关的名称。

原审上诉人（原审被告人），要写明其姓名、性别、出生年月日、民族、文化程度、职业或工作单位和职务、住址以及现羁押处所。

辩护人要写明姓名、工作单位和职务。

（2）案件的由来和审理经过。

该部分主要阐述案件的由来和审理经过，要写明提起再审的根据。注意写清审判组织形式（独任制还是合议庭），标明是否公开审理，不公开的要说明理由。然后，要列出参加诉讼的人员，包括检察人员、被害人、原审被告人及其辩护人等。最后，写明“本案现已审理终结”。

（3）原判认定的事实和采信的证据。

这部分首先要概述原判认定的事实及其所采信的证据。其中，叙述犯罪事实应以犯罪构成要件为重点，兼顾影响量刑的各种情形。表述证据一般先客观后主观；先被害人陈述再证人证言，最后被告人供述和辩解。

（4）再审查明的事实、理由和证据。

首先，要概述再审查明的事实、理由和证据。其中，再审中原审被告人的辩解和辩护人的辩护意见，人民检察院在再审中提出的意见，都应当一并写明。其次，要写明再审认定的事实和证据，并就诉讼双方对原判有异议的事实、证据作出分析、认证。最后，根据有关法律规定，通过分析论证，具体写明原判定罪准确，量刑适当，应予维持，被告人的辩解和辩护人的辩护意见不予采纳的理由。

（5）再审结果。

写明裁定的法律依据及裁定结果，分三种情况：

第一，原系一审的，表述为："维持 ×××× 人民法院（××××）× 刑初 ×× 号刑事判决"；

第二，原系二审维持原判的，表述为："维持本院（××××）× 刑终 ×× 号刑事裁定和 ×××× 人民法院（××××）× 刑初 ×× 号刑事判决"；

第三，原系二审改判的，表述为："维持本院（××××）× 刑终 ×× 号刑事判决"。

（6）写明法律效力，为终审裁定。

3. 尾部

（1）审判人员署名。

（2）写明发文日期并加盖人民法院印章。

（3）判决书原本上不写"本件与原本核对无异"。此句文字应制成专用印戳，由书记员将正本与原本核对无异之后，加盖在正本末页的年月日的左下方、书记员署名的左上方。

（4）书记员署名。

第二节 其 他 程 序

刑事裁定书（核准死刑缓期二年执行用）

适用情形

刑事裁定书（核准死刑缓期二年执行用），供高级人民法院在刑事诉讼中，针对需要其复核死刑缓期二年执行的案件，在经过审理后，认为原判认定事实清楚，适用法律正确，量刑适当，从而作出予以核准死刑缓期二年执行的裁定时使用。

基本框架

××××高级人民法院

刑事裁定书

（××××）×刑核××号

被告人________（写明姓名、性别、出生年月日、民族、出生地、文化程度、职业或工作单位和职务、住址和因本案所受强制措施情况等，还要写明现羁押处所）。

××××中级人民法院审理××××人民检察院指控被告人×××犯××罪一案，于××××年××月××日以（××××）×刑初××号刑事判决，认定被告人××犯××罪，判处死刑，缓期二年执行，剥夺政治权利终身。本案在法定期限内没有上诉、抗诉。××××中级人民法院依法报送本院核准。本院依法组成合议庭进行了复核，现已复核终结。

经复核审查__________（肯定原判认定的犯罪事实、情节及其证据的具体内容）。

本院认为__________（阐明本院核准判处死刑缓期二年执行的理由）。依照_________（写明裁定的法律依据）的规定，裁定如下：

核准××××中级人民法院（××××）×刑初××号以××罪判处被告人×××死刑，缓期二年执行，剥夺政治权利终身的刑事判决。

本裁定送达后即发生法律效力。

审判长　×××

审判员　×××

审判员　×××

××××年××月××日

（院印）

本件与原本核对无异

书记员　×××

文本演示

案情简介：2016 年 10 月，任某因与同事季某在工作中发生纠纷，任某怀恨在心。一天，任某趁季某出门时，找到季某家，用水果刀将季某的妻子捅伤。经过鉴定，季某的妻子构成重伤三级，因任某在季某的妻子身上划了很多刀，导致季某的妻子终身残疾，并且以后很可能会变成植物人。2017 年 5 月，某市中级人民法院以故意伤害罪判处任某死刑缓期二年执行，剥夺政治权利终身。在判决生效后，某市中级人民法院报请某省高级人民法院核准。某省高级人民法院经过审理后，裁定予以核准。

某省高级人民法院

刑事裁定书

（2017）某刑核 65 号

被告人任某，男，1986 年 7 月 23 日出生，汉族，河北省某县人，小学文化，建筑工人，住河北省某市某县某村某号。因涉嫌故意伤害罪，于 2017 年 5 月被公安机关予以逮捕，现羁押在某市某看守所。

某市中级人民法院审理某市人民检察院指控被告人任某犯故意伤害罪一案，于 2017 年 5 月 29 日以（2017）某刑初 351 号刑事判决，认定被告人任某犯故意伤害罪，判处死刑，缓期二年执行，剥夺政治权利终身。本案在法定期限内没有上诉、抗诉。某市中级人民法院依法报送本院核准。本院依法组成合议庭进行了复核，现已复核终结。

经复核审查任某因与同事季某在工作中发生纠纷，任某怀恨在心。2016 年 10 月的一天，任某趁季某出门时，闯入季某家里，将季某的妻子用水果刀划伤，经过鉴定为重伤三级。被告人任某的手段残忍，导致季某的妻子终身残疾，并可能会成为植物人。

上述事实有任某使用的犯罪工具水果刀，季某家的视频监控录像，证人季某、张某的证人证言，公安机关的现场勘验笔录，某医院出具的证明，指纹鉴定以及被告人任某的供述和辩解等证据予以证明。

本院认为被告人任某以残忍手段伤害被害人的行为已经构成故意伤害罪，

其故意伤害行为造成被害人终身残疾，而且很可能会成为植物人。同时，被告人任某的故意伤害行为有充分的证据予以证明。依照《中华人民共和国刑事诉讼法》第二百三十七条[①]的规定，裁定如下：

核准某市中级人民法院（2017）某刑初351号以故意伤害罪判处被告人任某死刑，缓期二年执行，剥夺政治权利终身的刑事判决。

本裁定送达后即发生法律效力。

审判长　程某

审判员　石某

审判员　肖某

二〇一七年六月二十日

（院印）

本件与原本核对无异

书记员　利某

要点总结

1. 首部

（1）标题。写明“××××高级人民法院刑事裁定书”。

（2）案号。写明“（××××）×刑核××号”。

2. 正文

（1）当事人基本情况。

写明被告人姓名、性别、出生年月日、民族、出生地、文化程度、职业或工作单位和职务、住址和因本案所受强制措施情况等，现羁押处所。

有辩护人的写明姓名、工作单位和职务。

（2）案件由来和审理经过。

该部分主要阐述案件的由来和审理经过，注明在法定期限内没有上诉、抗诉，某中级人民法院依法报送某高级人民法院核准。最后，写明某高级人民法院依法组成合议庭进行了复核，现已复核终结。

① 对应2018年修正后《刑事诉讼法》第二百四十八条。——编者注

（3）事实部分。要肯定原判认定的犯罪事实、情节及其证据的具体内容。

（4）理由部分。在“本院认为”之后，阐明核准判处死刑缓期二年执行的理由及作出裁定的法律依据。

（5）判决结果。核准某中级人民法院（××××）×刑初××号以××罪判处被告人×××死刑，缓期二年执行，剥夺政治权利终身的刑事判决。

（6）写明法律效力，送达后即发生法律效力。

3. 尾部

（1）审判人员署名。

（2）写明发文日期并加盖人民法院印章。

（3）判决书原本上不写“本件与原本核对无异”。此句文字应制成专用印戳，由书记员将正本与原本核对无异之后，加盖在正本末页的年月日的左下方、书记员署名的左上方。

（4）书记员署名。

刑事裁定书（核准或者不核准法定刑以下判处刑罚用）

适用情形

刑事裁定书（核准或者不核准法定刑以下判处刑罚用），供高级人民法院、中级人民法院在刑事诉讼中，针对下级人民法院在法定刑以下判处被告人刑罚并向其上报复核的案件，经过复核后，作出核准或者是不核准在法定刑以下判处刑罚的裁定时使用。

基本框架

××××人民法院

刑事裁定书

（××××）×刑核××号

原公诉机关××××人民检察院。

原审被告人________。

××××人民法院审理××××人民检察院指控被告人×××犯××罪

一案，于××××年××月××日作出（××××）×刑初××号刑事判决，以被告人××××犯××罪，依法在法定刑以下判处＿＿＿＿＿＿。控辩双方在法定期限内没有上诉、抗诉。××××人民法院依法逐级报送本院复核。本院依法组成合议庭进行审理。现已审理终结。

＿＿＿＿＿＿。

经复核查明，＿＿＿＿＿＿。

本院认为，＿＿＿＿＿＿。依照＿＿＿＿＿＿（写明裁定的法律依据）的规定，裁定如下：＿＿＿＿＿＿。[裁定结果，分两种情况：

第一，核准在法定刑以下判处刑罚的，表述为：

"核准××××人民法院（××××）×刑初××号以被告人××犯××罪，在法定刑以下判处＿＿＿＿＿的刑事判决。"

第二，不予核准的，表述为：

"一、撤销××××人民法院（××××）×刑初××号以被告人×××犯××罪，在法定刑以下判处＿＿＿＿＿的刑事判决。

二、发回××××人民法院重新审判（或者指定其他下级人民法院重新审判）。"]

本裁定送达后即发生法律效力。

审判长　×××

审判员　×××

审判员　×××

××××年××月××日

（院印）

本件与原本核对无异

书记员　×××

文本演示

案情简介：郑某是某大学一年级的学生。2017年5月，郑某因母亲生病着急筹钱，便在晚上携带凶器实施抢夺行为。在被公安机关抓获后，某区人民检察院以郑某涉嫌抢劫罪为由向某区人民法院提起公诉。鉴于郑某案发时还未满 18 周岁，因此，某区人民法院经过审理准备在法定刑以下判处郑某有期徒刑两年，并处罚金人民币 5000 元。在判决生效后，某区人民法院便报请某市中级人民法院核准。某市中级人民法院在经过审查后，裁定核准。

某市中级人民法院

刑事裁定书

（2017）某刑核 21 号

原公诉机关某区人民检察院。

原审被告人郑某，男，2001 年 12 月 2 日出生，汉族，某大学在读学生，住陕西省某市某区某路某号。

某区人民法院审理某区人民检察院指控被告人郑某犯抢劫罪一案，于 2017 年 6 月 21 日作出（2017）某刑初 3467 号刑事判决，认定被告人郑某犯抢劫罪，依法在法定刑以下判处有期徒刑两年，并处罚金人民币 5000 元。控辩双方在法定期限内没有上诉、抗诉。某区人民法院依法逐级报送本院复核。本院依法组成合议庭进行审理，现已审理终结。

原判认定，被告人郑某于 2017 年 5 月 9 日，在某大街上携带凶器对王女士实施抢夺行为，抢了王女士的背包，里面有价值人民币 6000 元的手机一部，现金 2000 元。依照法律规定，郑某的行为构成抢劫罪，应当判处三年以上有期徒刑，并处罚金。但是，鉴于郑某案发时还未满 18 周岁，并且在案发后认罪态度好，积极退还赃物，因此，可以在法定刑以下判处刑罚。依据《中华人民共和国刑法》第六十三条、第二百六十三条、第二百六十七条之规定，判处被告人郑某有期徒刑两年，并处罚金 5000 元。

经复核查明，被告人郑某于 2017 年 5 月 9 日，在某大街上携带凶器对王女士实施抢夺行为，抢了王女士的背包，里面有价值人民币 6000 元的手机一部，现金 2000 元。

上述事实有被害人王女士的陈述、视频监控录像、郑某抢夺时携带的水果刀、辨认笔录、王女士的背包、手机以及被告人郑某的供述予以证明。

本院认为，被告人郑某实施抢夺行为虽然是为了给母亲治病，但是，其行为严重危害了社会秩序，违反了法律的规定，并且其携带凶器抢夺的行为已经构成抢劫罪。但是，鉴于其是未满十八周岁的未成年人，并且认罪态度好，积极退还赃物，故可以在法定刑以下判处刑罚。依照《中华人民共和国刑法》第六十三条的规定，裁定如下：

核准某区人民法院（2017）某刑初3467号以被告人郑某犯抢劫罪，在法定刑以下判处有期徒刑一年，并处罚金5000元的刑事判决。

本裁定送达后即发生法律效力。

审判长　叶某

审判员　简某

审判员　童某

二〇一七年七月一日

（院印）

本件与原本核对无异

书记员　林某

要点总结

1. 首部

（1）标题。写明“××××人民法院刑事裁定书”。

（2）案号。写明“（××××）×刑核××号”。

2. 正文

（1）写明原公诉机关。

（2）原审被告人的基本情况。

原审被告人是公民的，写明姓名、性别、年龄、民族、职业或工作单位、住所，还应写明采取何种强制措施及以前受过何种刑事处分等。

原审被告人是法人或其他组织的，写明单位全称、法定代表人、住所、联系方式。

（3）写明案件来源。

（4）事实部分。

①概述原判决认定的事实、证据和在法定刑以下判处刑罚的理由。

②写明经复核查明的事实、证据和有无在法定刑以下处罚的特殊情况。

（5）理由部分。

理由部分在“本院认为”之后，阐明本院核准或者不核准对被告人在法定刑以下判处刑罚的理由。

（6）写明裁定结果。

（7）写明法律效力，送达后即发生法律效力。

3. 尾部

（1）审判人员署名。

（2）写明发文日期并加盖人民法院印章。

（3）判决书原本上不写“本件与原本核对无异”。此句文字应制成专用印戳，由书记员将正本与原本核对无异之后，加盖在正本末页的年月日的左下方、书记员署名的左上方。

（4）书记员署名。

刑事裁定书（减刑用）

适用情形

刑事裁定书（减刑用），供人民法院在刑事诉讼中，根据执行机关提出的对罪犯予以减刑的建议，经过审理后，依法作出对罪犯实施减刑的裁定时使用。

基本框架

××××人民法院

刑事裁定书

（××××）×刑执××号

罪犯__________（写明姓名、性别、出生年月日、民族、出生地、文化程度和现服刑监所）。

××××人民法院于××××年××月××日作出了（××××）×刑初××号刑事判决，以被告人×××犯××罪，判处__________（写明主刑的刑种、刑期和附加剥夺政治权利及其刑期）。

__________（写明上诉、抗诉后二审法院的裁判结果和执行中的刑种、刑期变更情况）。执行机关__________（写明机关名称）于××××年××月××日提出减刑建议书，报送本院审理。本院依法组成合议庭进行了审理。现已审理终结。

执行机关__________（简述执行机关所提出罪犯有悔改或者立功、重大立功表现的事实和证据）。

经审理查明，__________（写明确认罪犯在服刑期间确有悔改表现或者立功、重大立功表现的具体事实和证据）。

本院认为，__________（写明应予减刑的理由）。依照__________（写明裁定的法律依据）的规定，裁定如下：

__________（写明罪犯姓名和对其减刑的具体内容）。

本裁定送达后即发生法律效力。

审判长　×××

审判员　×××

审判员　×××

××××年××月××日

（院印）

本件与原本核对无异

书记员　×××

文本演示

案情简介：罪犯唐某因拐卖妇女罪被判处有期徒刑八年，并处罚金人民币20万元。然而，唐某在服刑期间，认真遵守监规，积极进行改造，并有立功的表现。于是，在其执行刑罚四年后，2017年6月18日，某市监狱向某市中级人民法院提出对唐某进行减刑的建议书。法院在经过审查后，依法作出了予以减刑的裁定。

某市中级人民法院
刑事裁定书

（2017）某刑执121号

罪犯唐某，男，1978年12月12日出生，汉族，广东省某市人，高中文化，现在广东省某市监狱服刑。

某区中级人民法院于2013年4月5日作出了（2013）某刑初字第678号刑事判决，以被告人唐某犯拐卖妇女罪，判处有期徒刑八年，并处罚金人民币20万元。

在一审判决后，唐某不服，向本院提起上诉。本院经过依法审理，裁定驳回唐某的上诉，维持原判。执行机关某市某监狱于2017年6月23日提出减刑建议书，报送本院审理。本院依法组成合议庭进行了审理。现已审理终结。

执行机关称罪犯唐某在刑罚执行期间，认真遵守监规，积极接受改造，在狱中考核成绩优异。同时，其在2017年3月为公安机关提供了重要线索，使公安机关侦破一起重大的拐卖妇女案件。故请求法院对罪犯唐某予以减刑。

上述事实有监狱的考核表、公安机关出具的证明等予以证明。

经审理查明，罪犯唐某在服刑期间认真遵守监规，积极接受改造，表现良好。同时，在2017年3月，帮助公安机关侦破了一起重大拐卖妇女案件。执行机关所述事实清楚，证据确实充分。

本院认为，罪犯唐某服刑期间表现良好，而且确有立功表现。依照《中华人民共和国刑法》第七十八条、第七十九条，《中华人民共和国监狱法》第二十九条、第三十条的规定，裁定如下：

对罪犯唐某的执行刑罚减去有期徒刑两年。

本裁定送达后即发生法律效力。

审判长　和某

审判员　萧某

审判员　祝某

二〇一七年七月一日

（院印）

本件与原本核对无异

书记员　封某

要点总结

1. 首部

（1）标题。写明"××××人民法院刑事裁定书"。

（2）案号。写明"（××××）×刑执××号"。

2. 正文

（1）罪犯的基本情况。

写明罪犯的基本情况，包括姓名、性别、出生年月日、民族、出生地、文化程度、现服监狱所和原住址。

（2）法院判裁定情况及执行机构提出减刑的请求。

（3）减刑的事实和依据。

该部分主要阐明减刑的事实根据，罪犯在服刑期间确有悔改的变现或者立功、重大立功表现的事实和证据。最后可基于所述事实和《中华人民共和国刑法》的有关规定，作出予以罪犯减刑的决定。

写明法律效力，以送达后即发生法律效力。

3. 尾部

（1）审判人员署名。

（2）写明发文日期并加盖人民法院印章。

（3）判决书原本上不写"本件与原本核对无异"。此句文字应制成专用印戳，由书记员将正本与原本核对无异之后，加盖在正本末页的年月日的左下方、书记员署名的左上方。

（4）书记员署名。

刑事裁定书（死刑缓期两年执行减刑用）

适用情形

刑事裁定书（死刑缓期两年执行减刑用），供高级人民法院在刑事诉讼中，针对被判处死刑缓期两年执行的犯罪分子，在死刑缓期两年执行期间没有故意犯罪，经过审理，依法裁定减为无期徒刑时使用。

基本框架

××××人民法院

刑事裁定书

（××××）×刑执××号

罪犯＿＿＿＿（写明姓名、性别、民族、出生年月日、住址等基本情况）。

××××年××月××日××××中级人民法院作出（××××）××刑初××号刑事判决，认定被告人×××犯＿＿＿＿罪，判处死刑，缓期二年执行，剥夺政治权利终身。被告人不服，提出上诉（或者××××人民检察院提出抗诉）。××××高级人民法院二审审理，于××××年××月××日以（××××）×刑终××号刑事裁定，驳回上诉（或者抗诉），维持原判。宣判后即交付执行。××××监狱于××××年××月××日提出减刑建议书。经××××监狱管理局审核，报送本院审理。本院依法组成合议庭进行了审理。现已审理终结。

执行机关××××监狱＿＿＿＿＿。

经审理查明，罪犯×××因犯＿＿＿罪，被判处死刑，缓期二年执行，剥夺政治权利终身。××××高级人民法院依法核准后，于××××年××月××日交付执行。现死刑缓期执行期满。执行期间，罪犯×××确无故意犯罪。

本院认为，罪犯××在死刑缓期二年执行期间，没有故意犯罪（或者确有重大立功表现），应予减刑。依照《中华人民共和国刑事诉讼法》第二百六十一条第二款，《中华人民共和国刑法》第五十条、第五十七条第二款的规定，裁定如下：

将罪犯×××死刑缓期二年执行，剥夺政治权利终身的刑罚，减为无期徒刑，剥夺政治权利终身不变。

本裁定送达后即发生法律效力。

审判长　×××

审判员　×××

审判员　×××

××××年××月××日

（院印）

本件与原本核对无异

书记员　×××

文本演示

案情简介：2015年2月，浙江省某村村民夏某某因故意杀人罪被判处死刑缓期两年执行，剥夺政治权利终身。在一审判决后，夏某某不服，提出上诉，某市高级人民法院在审理后，裁定维持原判。在判决生效后，交付某市监狱执行。夏某某在死刑缓期执行的两年期间内，表现良好，并没有故意犯罪的行为。故某市监狱提出建议，对夏某某实行减刑。

某市高级人民法院

刑事裁定书

（2017）某刑执35号

罪犯夏某某，男，汉族，1974年6月24日出生，户籍地浙江省某市某县某村，现在某市监狱服刑。

2015年2月1日某市中级人民法院作出（2015）某刑初字第21号刑事判决，认定被告人夏某某犯故意杀人罪，判处死刑，缓期二年执行，剥夺政治权利终身。被告人不服，提出上诉。某市高级人民法院二审审理，于2017年3月20日以（2017）某刑终12号刑事裁定，驳回上诉，维持原判。宣判后即交付执行。某市监狱于2017年4月26日提出减刑建议书。经某市监狱管理局审核，报送本院审理。本院依法组成合议庭进行了审理。现已审理终结。

执行机关某市监狱称罪犯夏某某在死刑缓期两年执行期间，表现良好，认真遵守监规，积极进行改造，没有任何故意犯罪的情况，故提出减刑建议，请求法院对罪犯夏某某减为无期徒刑。

经审理查明，罪犯夏某某因犯故意杀人罪，被判处死刑，缓期二年执行，剥夺政治权利终身。某市高级人民法院依法核准后，于2017年4月16日交付执行。现死刑缓期执行期满。执行期间，罪犯夏某某无故意犯罪。

本院认为，罪犯夏某某在死刑缓期二年执行期间，没有故意犯罪，应予减刑。依照《中华人民共和国刑事诉讼法》第二百五十条[①]第二款，《中华人民共和国刑法》第五十条、第五十七条第二款的规定，裁定如下：

将罪犯夏某某死刑缓期二年执行，剥夺政治权利终身的刑罚，减为无期徒刑，剥夺政治权利终身不变。

本裁定送达后即发生法律效力。

审判长 薛某

审判员 姜某

审判员 冉某

二〇一七年五月十日

（院印）

本件与原本核对无异

书记员 董某

要点总结

1. 首部

（1）标题。写明“×××× 人民法院刑事裁定书”。

（2）案号。写明“（××××）× 刑执 ×× 号”。

2. 正文

（1）写明罪犯的基本情况。

包括姓名、性别、出生年月日、民族、出生地、文化程度、现服刑监所和原住址等。

（2）写明罪犯的具体刑种、刑期，上诉、抗诉的写明二审裁判结果。

（3）事实部分。

①简述执行机关提出罪犯在死缓执行期间，没有故意犯罪或者有重大立功表现的事实。

②如果确有重大立功表现的，应写明查实的具体事实。

（4）理由部分。

理由部分在“本院认为”之后，阐明罪犯在死刑缓期二年执行期间，没有

① 对应2018年修正后《刑事诉讼法》第二百六十一条。——编者注

故意犯罪（或者确有重大立功表现），应予减刑及相关的法律依据。

（5）写明裁定结果。

将罪犯死刑缓期二年执行，剥夺政治权利终身的刑罚，减为无期徒刑，剥夺政治权利终身不变。

（6）写明法律效力，送达后即发生法律效力。

3. 尾部

（1）审判人员署名。

（2）写明发文日期并加盖人民法院印章。

（3）判决书原本上不写“本件与原本核对无异”。此句文字应制成专用印戳，由书记员将正本与原本核对无异之后，加盖在正本末页的年月日的左下方、书记员署名的左上方。

（4）书记员署名。

刑事裁定书（假释用）

适用情形

刑事裁定书（假释用），供人民法院在执行机关提出假释建议后，经过审查，认为罪犯具有悔改表现，假释后不会对社会造成危害，符合假释的法定条件，从而作出予以假释的裁定时使用。

基本框架

××××人民法院

刑事裁定书

（××××）×刑执××号

罪犯________（姓名、性别、出生年月日、民族、出生地、文化程度、现服刑监所和原住地）。

××××人民法院于××××年××月××日作出了（××××）×刑初××号判决书，以被告人×××犯××罪，判处________（写明具体刑种、刑期）。________（上诉、抗诉的写明二审裁判结果。未经二审的写明“判决发生法律效力后”）交付执行。________（续写执行中的刑种、刑期变更情况）。执行机关________（写明机关名称）于 ×××× 年 ×× 月 ×× 日提出假释建议书，报送本院审理。本院依法组成合议庭进行了审理。现已审理终结。

执行机关________（简述执行机关所提罪犯确有悔改表现、假释后不致再危害社会或者具有的特殊情况）。

经审理查明，________（写明确认罪犯在服刑期间确有悔改表现，假释后不致再危害社会或者有特殊情况的具体事实和证据）。

本院认为，________（写明应予假释的理由）。依照________（写明裁定的法律依据）的规定，裁定如下：

对罪犯 ××× 予以假释，剥夺政治权利 × 年不变。（假释考验期限，从假释之日起计算，即自 ×××× 年 ×× 月 ×× 日起，至 ×××× 年 ×× 月 ×× 日止。）

本裁定送达后即发生法律效力。

审判长　××

审判员　××

审判员　××

×××× 年 ×× 月 ×× 日

（院印）

本件与原本核对无异

书记员　××

文本演示

案情简介：2012 年 7 月 19 日，杜某因走私文物罪被某区人民法院判处有期徒刑八年，并处罚金人民币 10 万元，剥夺政治权利五年。在判决生效之后，杜某到某市监狱执行刑罚。在执行刑罚期间，杜某认真遵守监规，积极进行改造，在多次考核中成绩都非常好。2017 年 9 月 12 日，某市监狱向某市中级人民法院提出对罪犯杜某予以假释的建议。某市中级人民法院在经过审查之后，裁定对杜某予以假释。

某市中级人民法院
刑事裁定书

（2017）某刑执 311 号

罪犯杜某，男，1987 年 11 月 11 日出生，汉族，江苏省南京人，高中文化，现在某市监狱服刑，原住江苏省某市某区某路某号。

某区人民法院于 2012 年 7 月 19 日作出了（2012）某刑初字第 3567 号判决书，以被告人杜某犯走私文物罪，判处有期徒刑八年，并处罚金人民币 10 万元。判决发生法律效力后交付执行。在刑罚执行的过程中，因杜某在狱中认真遵守监规，积极进行改造，多次被评为“积极改造分子”，于 2016 年 8 月 9 日，根据某市监狱提出的减刑建议，本院作出（2016）某刑执 412 号刑事裁定，裁定对罪犯杜某减刑两年。执行机关某市监狱于 2017 年 9 月 12 日提出假释建议书，报送本院审理。本院依法组成合议庭进行了审理。现已审理终结。

执行机关称罪犯杜某在执行刑罚期间认真遵守监规，积极进行改造，积极接受政治、技术学习，参加劳动，经常帮助有困难的狱友。在 2013 年至 2014 年连续三年被评为“积极改造分子”，并且其在狱中学习了很多技术，确有悔改表现，在假释后可以凭借自己的劳动维持生活，不致再危害社会。

经审理查明，罪犯杜某在执行刑罚期间认真遵守监规，积极参加政治学习，乐于助人，考核成绩优异，多次被评为“积极改造分子”，根据其上述表现，表明罪犯杜某确实认识到了自己的错误。同时，杜某在狱中掌握了生存技能，在假释后可以自食其力，不致再危害社会。

本院认为，罪犯杜某已经执行原判刑罚五年两个月，符合法律规定的执行刑期的限制。同时，其在狱中认真遵守监规，接受教育改造，确有悔改表现，没有再犯罪的危险，可以假释。依照《中华人民共和国刑法》第八十一条第一款的规定，裁定如下：

对罪犯杜某予以假释，剥夺政治权利五年不变。（假释考验期限，从假释之日起计算，即自 2017 年 9 月 20 日起，至 2018 年 7 月 19 日止。）

本裁定送达后即发生法律效力。

审判长 周某某

审判员 单某某

审判员 冯某某

二〇一七年九月十八日

（院印）

本件与原本核对无异

书记员 任某某

要点总结

1. 首部

（1）标题。写明“××××人民法院刑事裁定书”。

（2）案号。写明“（××××）×刑执××号”。

2. 正文

（1）写明罪犯的基本情况。

包括姓名、性别、出生年月日、民族、出生地、文化程度、现服监狱所和原住址。

（2）写明法院判裁定情况及执行机构提出假释的请求。

（3）写明假释的事实和依据。

该部分主要阐明假释的事实根据，罪犯在服刑期间确有悔改的变现，并且假释后不会对社会产生危害的事实和证据。最后可基于所述事实和《中华人民共和国刑法》的有关规定，作出予以罪犯假释的决定。

（4）写明法律效力，送达后即发生法律效力。

3. 尾部

（1）审判人员署名。

（2）写明发文日期并加盖人民法院印章。

（3）判决书原本上不写“本件与原本核对无异”。此句文字应制成专用印戳，由书记员将正本与原本核对无异之后，加盖在正本末页的年月日的左下方、书记员署名的左上方。

（4）书记员署名。

刑事裁定书（核准或者不核准有特殊情况的假释用）

适用情形

刑事裁定书（核准或者不核准有特殊情况的假释用），供最高人民法院对罪犯在服刑期间具有特殊情况依法核准或不核准假释用。对于因犯罪分子具有特殊情况，不受执行刑期限制的假释案件，中级人民法院依法作出假释裁定后，报请高级人民法院复核。高级人民法院同意假释的，应当制作报请核准假释的报告，报请最高人民法院核准；高级人民法院不同意假释的，应当裁定撤销中级人民法院的假释裁定，作出的核准或不核准假释的裁定。

基本框架

××××人民法院

刑事裁定书

（××××）×刑执核××号

罪犯________（写明姓名、性别、出生年月日、民族、出生地等基本情况）。

××××人民法院于××××年××月××日作出（××××）×刑初××号刑事判决，以被告人××犯××罪，判处________。执行机关××于××××年××月××日以该犯具有特殊情况，不受执行刑期限制为由，向××××中级（或者高级）人民法院提出假释建议书。经××××中级（或者高级）人民法院审理后，依法报请本院核准。本院依法组成合议庭进行了审理。现已审理终结。

经审理查明，________。

________。

本院认为，________。依照________（写明裁定的法律依据）的规定，裁定如下：

________。[裁决结果，分两种情况：

第一，核准假释的，表述为：

“一、核准 ×××× 人民法院（××××）× 刑执 ×× 号对罪犯 ××× 假释的刑事裁定。

二、对犯罪 ××× 予以假释。

第二，不核准假释的，表述为：

“一、撤销 ×××× 人民法院（××××）× 刑执 ×× 号对罪犯 ××× 假释的刑事裁定；

二、对罪犯 ××× 不准假释。”］

本裁定送达后即发生法律效力。

审判长　×××

审判员　×××

审判员　×××

×××× 年 ×× 月 ×× 日

（院印）

本件与原本核对无异

书记员　×××

文本演示

案情简介：2016 年 3 月，罪犯童某因贩卖毒品罪被判处有期徒刑七年。2017 年 4 月 20 日，在刑罚执行的过程中，某市监狱以罪犯童某具有特殊情况，不受执行期限限制为由，向某中级人民法院提出假释建议书，某市中级人民法院在作出裁定后，报请某省高级人民法院复核，某省高级人民法院同意后报请最高人民法院核准。最高人民法院经过审查后，依法作出了裁定。

最高人民法院

刑事裁定书

（2017）某刑执核 21 号

罪犯童某，男，汉族，1987 年 12 月 8 日出生，某餐饮公司员工，户籍地河北省某市某县人，现在某市监狱服刑。

某区人民法院于2016年3月25日作出（2016）某刑初143号刑事判决，以被告人童某犯贩卖毒品罪，判处有期徒刑七年。执行机关某监狱于2017年4月29日以该犯具有特殊情况，不受执行刑期限制为由，向某市中级人民法院提出假释建议书。某市中级人民法院在作出裁定后，报请某省高级人民法院复核。某省高级人民法院同意后，依法报请本院核准。本院依法组成合议庭进行了审理。现已审理终结。

经审理查明，罪犯童某在刑罚执行期间，认真遵守监规，积极进行教育改造，参加政治、文化、技术学习，确有悔改的表现。同时，也由于童某的身体状况等特殊原因，故执行机关向某市中级人民法院申请假释。

上述事实有执行机关某监狱提供的罪犯评审鉴定表、医院出具的童某的身体状况的证明等予以证明。

本院认为，罪犯童某在执行刑罚期间认真遵守监规，积极接受教育改造，并且其身体状况较为特殊，符合假释的法定条件，不受执行刑期的限制，依法可以假释。对于某市高级人民法院的假释建议，本院予以采纳。依照《中华人民共和国刑法》第八十一条第一款、第八十二条、第八十三条的规定，裁定如下：

一、核准某市中级人民法院（2017）某刑执32号对罪犯童某假释的刑事裁定。

二、对犯罪童某予以假释。

本裁定送达后即发生法律效力。

审判长　江某

审判员　但某

审判员　陈某

二〇一七年六月二十一日

（院印）

本件与原本核对无异

书记员　朱某

要点总结

1. 首部

（1）标题。写明“×××× 人民法院刑事裁定书”。

（2）案号。写明“（××××）× 刑执核 ×× 号”。

2. 正文

（1）写明罪犯的基本情况。

包括姓名、性别、出生年月日、民族、出生地、文化程度、现服刑监所和原住址等。

（2）写明罪犯的具体刑种、刑期，上诉、抗诉的写明二审裁判结果。未经二审的写明“判决发生法律效力后交付执行”，同时写明执行中的刑种、刑期变更情况。

（3）事实部分。

①简述原审人民法院认定罪犯有特殊情况的事实和证据。

②写明有特殊情况的具体事实或者不属于特殊情况的事实。

（4）理由部分。

理由部分在“本院认为”之后，阐明应予假释或者不准假释的理由及依据。

（5）写明裁定结果。

（6）写明法律效力，送达后即发生法律效力。

3. 尾部

（1）审判人员署名。

（2）写明发文日期并加盖人民法院印章。

（3）判决书原本上不写“本件与原本核对无异”。此句文字应制成专用印戳，由书记员将正本与原本核对无异之后，加盖在正本末页的年月日的左下方、书记员署名的左上方。

（4）书记员署名。

刑事裁定书（维持或者撤销减刑、假释用）

适用情形

刑事裁定书（维持或者撤销减刑、假释用），供中级人民法院和高级人民法院在刑事诉讼中，对于其作出的减刑、假释裁定，人民检察院提出书面纠正意见后，经过重新审理，依法作出最终裁定时使用。

基本框架

××××人民法院

刑事裁定书

（××××）×刑执××号

罪犯＿＿＿＿＿（写明姓名、性别、民族、出生年月日、户籍地，还要写明现羁押处所）。

××××年××月××日，本院作出了（××××）×刑执××号刑事裁定，将（对）罪犯×××＿＿＿＿＿。××××人民检察院认为对罪犯××××减刑（或者假释）的裁定不当，在法定期间向本院提出书面纠正意见。本院依法重新组成合议庭进行了审理。现已审理终结。

××××人民检察院认为＿＿＿＿＿。

经审理查明，＿＿＿＿＿。

本院认为，＿＿＿＿＿。依照＿＿＿＿＿（写明裁定的法律依据）的规定，裁定如下：

＿＿＿＿＿［写明裁定结果，分两种情况：

第一，裁定维持减刑或者假释的，分别表述为：

（一）裁定维持减刑的，表述为：

维持本院××××年××月××日（××××）×刑执××号对罪犯×××减刑的刑事裁定。

（二）裁定维持假释的，表述为：

维持本院××××年××月××日（×× ××）×刑执××号对罪犯×××予以假释的刑事裁定。

第二，裁定撤销减刑或者假释的，分别表述为：

（一）裁定撤销减刑的，表述为：

撤销本院××××年××月××日（××××）×刑执××号对罪犯×××减刑的刑事裁定。

（二）裁定撤销假释的，表述为：

“一、撤销本院××××年××月××日（××××）×刑执××号对罪犯×××予以假释的刑事裁定；

二、对罪犯×××收监执行未执行完毕的刑罚（即自××××年××月××日起，至××××年××月××日止）。”］

本裁定为最终裁定。

审判长 ×××

审判员 ×××

审判员 ×××

××××年××月××日

（院印）

本件与原本核对无异

书记员 ×××

文本演示

案情简介：2015年4月，郝某因触犯拐卖儿童罪被某区人民法院判处有期徒刑七年。在刑罚执行了两年后，因郝某在狱中表现良好，有重大立功表现，2017年6月3日，某市中级人民法院作出（2017）某刑执378号刑事裁定，对罪犯郝某减刑一年零六个月。但是，在作出裁定书之后，某市人民检察院认为对郝某的减刑裁定不当，提出书面纠正意见。某区人民法院在重新审理后，依法作出了刑事裁定书。

某市中级人民法院
刑事裁定书

（2017）某刑执381号

罪犯郝某，男，汉族，1984年7月30日出生，农民，户籍地河南省某市某县某村，现在某市某监狱服刑。

2017年9月3日，本院作出了（2017）某刑执378号刑事裁定，将罪犯郝某减刑一年六个月。某区人民检察院认为对罪犯郝某减刑的裁定不当，在法定期间向本院提出书面纠正意见。本院依法重新组成合议庭进行了审理。现已审理终结。

某区人民检察院认为，罪犯郝某于2016年4月、2017年4月分别被评为“改造积极分子”的行为属实。但是，因某市监狱在进行考核时计分错误，罪犯郝某并不符合被评为“改造积极分子”的条件。

经审理查明，罪犯郝某于2015年4月6日，因拐卖儿童罪被判处有期徒刑七年。并于同年4月21日交付某监狱执行刑罚。在执行刑罚期间，罪犯郝某因在狱中表现良好，故分别于2016年4月、2017年4月，连续两年被评为“改造积极分子”。2017年5月25日，某区监狱向本院提出对罪犯郝某减刑一年六个月的减刑建议，本院经过审理后，作出（2017）某刑执378号刑事裁定，裁定对郝某减刑一年六个月。但是，某监狱在两次考核中出现计分错误，郝某不应该被评为“改造积极分子”。之后，某市监狱自行纠正。

上述事实有《罪犯考评奖罚纠错审批表》等证据证明。

本院认为，对罪犯郝某的减刑幅度应与其改造表现程度相适应。由于执行机关也认为罪犯郝某在2015年4月至2017年4月考评周期内获得的“改造积极分子”并不符合条件，并已经纠正，故不应对罪犯郝某予以减刑。依照《中华人民共和国刑事诉讼法》第二百六十三条[①]之规定，裁定如下：

撤销本院2017年6月3日（2017）某刑执378号对罪犯郝某减刑的刑事裁定。

本裁定为最终裁定。

审判长　任某某

① 对应2018年修正后《刑事诉讼法》第二百七十四条。——编者注

审判员 于某某

审判员 章某某

二〇一七年五月十五日

（院印）

本件与原本核对无异

书记员 朱某某

要点总结

1. 首部

（1）标题。写明“××××人民法院刑事裁定书”。

（2）案号。写明“（××××）×刑执××号”。

2. 正文

（1）写明罪犯的基本情况。

包括姓名、性别、出生年月日、民族、出生地、文化程度、现服刑监所和原住址等。

（2）写明减刑的具体刑期或者宣告假释。

（3）事实部分。

①写明检察院认为减刑或者假释裁定不当的事实和理由。

②写明本级法院对人民检察院纠正意见中所列事实、证据查证的结果。

（4）理由部分。

理由部分在“本院认为”之后，写明维持或者撤销减刑或假释裁定的理由以及相关的法律依据。

（5）写明裁定结果。

（6）写明法律效力，为终审裁定。

3. 尾部

（1）审判人员署名。

（2）写明发文日期并加盖人民法院印章。

（3）判决书原本上不写“本件与原本核对无异”。此句文字应制成专用印戳，由书记员将正本与原本核对无异之后，加盖在正本末页的年月日的左下方、书记员署名的左上方。

（4）书记员署名。

刑事裁定书（撤销缓刑用）

适用情形

刑事裁定书（撤销缓刑用），供人民法院在刑事诉讼中，根据程序问题和部分实体问题，认为罪犯不具备适用缓刑的条件，依法作出撤销缓刑，执行原判决的裁定时使用。

基本框架

××××人民法院

刑事裁定书

（××××）×刑执××号

罪犯__________（姓名、性别、年龄、民族、出生地、文化程度、现住址）。××××年××月××日，本院作出了（××××）×刑×××号刑事判决（或者裁定），以××罪，判处被告人×××__________（具体刑种、刑期）、宣告缓刑__________（刑期）。原判已发生法律效力并交付执行。××××执行机关××××年××月××日书面建议本院撤销对罪犯×××的缓刑。本院依法组成合议庭进行了审理。本案现已审理终结。

执行机关__________（简述公安机关提出罪犯在缓刑考验期限内，违反法律、行政法规或者国务院公安部门有关缓刑的监督管理规定的事实和证据）。

本院认为_________（写明撤销缓刑的具体理由）。依照《中华人民共和国刑法》第七十七条第二款和《最高人民法院关于适用〈中华人民共和国刑事诉讼法〉的解释》第四百五十八条的规定，裁定如下：

一、撤销本院（××××）×刑×××号刑事判决中对罪××××宣告缓刑（期限）的执行部分；

二、对罪犯×××收监执行原判__________（刑种、刑期）。（刑期自××××年××月××日起至××××年××月××日止）。

本裁定送达后即发生法律效力。

审判长　×××
审判员　×××
审判员　×××
××××年××月××日
（院印）

本件与原本核对无异

书记员　××

文本演示

案情简介： 2017 年 3 月，某区人民法院以非法拘禁罪判处梁某有期徒刑两年，缓刑一年执行。梁某在缓刑考验期间因与他人打架斗殴，其住所地的司法部门请求法院撤销对梁某的缓刑。某区人民法院在经过审查之后，裁定撤销对梁某的缓刑，执行原判刑罚。

某区人民法院
刑事裁定书

（2017）某刑执 45 号

罪犯梁某，男，25 岁，汉族，1992 年 5 月 6 日出生，初中文化，现住四川省成都市某小区某楼某号。2017 年 3 月 19 日，本院作出了（2017）某刑初 123 号刑事判决，以非法拘禁罪，判处被告人梁某有期徒刑两年、宣告缓刑一年。原判已发生法律效力并交付执行。某市司法局 2017 年 10 月 23 日书面建议本院撤销对罪犯梁某的缓刑。本院依法组成合议庭进行了审理。本案现已审理终结。

执行机关某市司法局提出，社区矫正人员梁某自 2017 年 3 月 21 日至 2018 年 3 月 21 日进行社区矫正。在缓刑考验期间，2017 年 6 月 5 日，梁某与同小区的人徐某打架斗殴，将徐某打成轻伤。此外，梁某经常不按时到社区矫正机构进行报到，而且经常处于失联的状态，故请求某区人民法院撤销对梁某的缓刑，执行原判刑罚。

经审理查明，罪犯梁某于 2017 年 6 月 5 日，因琐事与同小区的徐某发生口角，之后，梁某将其打伤。在送往医院之后，经鉴定，徐某构成轻微伤，某区公安分局作出对其拘留五天的行政处罚决定。但是，梁某仍然不思悔改，其从2017年9月起就经常不按时到某社区矫正机构报到，而且其手机经常处于关机状态，司法所已经连续两个月无法与其取得联系。

本院认为，梁某在接受社区矫正期间脱离监管，超过一个月。同时，其违反监督管理规定，在受到治安管理处罚后，仍然不加以改正。依照《中华人民共和国刑法》第七十七条第二款和《最高人民法院关于适用〈中华人民共和国刑事诉讼法〉的解释》第四百五十八条[1]的规定，裁定如下：

一、撤销本院（2017）某刑初123号刑事判决中对罪犯梁某宣告缓刑一年的执行部分；

二、对罪犯梁某收监执行原判有期徒刑两年。（刑期自二〇一七年十月十六日起至二〇一九年十月十六日止）。

本裁定送达后即发生法律效力。

审判长　董某某

审判员　唐某某

审判员　汤某某

二〇一七年十月十三日

（院印）

本件与原本核对无异

书记员　陈某某

要点总结

1. 首部

（1）标题。写明"××××人民法院刑事裁定书"。

（2）案号。写明"（××××）×刑执××号"。

2. 正文

（1）写明罪犯的基本情况。

罪犯的基本情况包括姓名、性别、年龄、民族、出生地、文化程度、现住址。

① 对应2021年修正后《最高人民法院关于适用〈中华人民共和国刑事诉讼法〉的解释》第五百四十三条。——编者注

（2）法院原判裁定情况及撤销缓刑请求。

（3）撤销缓刑的事实和依据。

该部分主要阐明撤销缓刑的事实根据，罪犯具有在考验期内违反法律、行政法规或者国务院公安部门有关缓刑的监督管理规定的事实和证据。最后可基于所述事实和《中华人民共和国刑事诉讼法》《最高人民法院关于适用〈中华人民共和国刑事诉讼法〉的解释》的有关规定，提出请求撤销缓刑的要求。

（4）写明法律效力，送达后即发生法律效力。

3. 尾部

（1）审判人员署名。

（2）写明发文日期并加盖人民法院印章。

（3）判决书原本上不写“本件与原本核对无异”。此句文字应制成专用印戳，由书记员将正本与原本核对无异之后，加盖在正本末页的年月日的左下方、书记员署名的左上方。

（4）书记员署名。

刑事裁定书（再审后上诉、抗诉案件二审维持原判用）

适用情形

刑事裁定书（再审后上诉、抗诉案件二审维持原判用），供第二审人民法院在刑事诉讼中，针对第一审人民法院的再审裁定或判决，当事人不服提出上诉或者是人民检察院提出抗诉，在按照第二审程序审理后，认为原审判决认定事实清楚，适用法律正确，审判程序合法，从而作出维持原判的裁定时使用。

基本框架

××××人民法院

刑事裁定书

（××××）×刑再终××号

原公诉机关××××人民检察院。

上诉人（原审被告人）＿＿＿＿＿＿（写明姓名、性别、民族、出生年月日、工作单位、住所等）。

辩护人＿＿＿＿＿＿（写明姓名、工作单位和职务）。

原审被告人＿＿＿＿一案，××××人民法院于××××年××月××日作出（××××）××刑初××号刑事判决，已发生法律效力。＿＿＿＿。××××人民法院经过再审，于××××年××月××日作出（××××）×刑再初××号刑事裁定（或判决），原审被告人×××提出上诉，本院依法组成合议庭，公开（或不公开）开庭审理了本案。××××人民检察院检察员×××出庭执行职务，上诉人（原审被告人）×××及其辩护人×××到庭参加诉讼。本案现已审理终结。

＿＿＿＿＿＿＿。

经审理查明，＿＿＿＿＿＿。

本院认为，＿＿＿＿＿。依照＿＿＿＿＿（写明作出裁定的法律依据）的规定，裁定如下：

＿＿＿＿＿＿［写明裁定结果，分两种情况：

第一，一审法院再审系裁定维持原判的，表述为：

"驳回上诉，维持××××人民法院（××××）×刑初××号刑事判决和××××人民法院（××××）×刑再初××号刑事裁定。"

第二，一审再审系判决改变原判的，表述为：

"驳回上诉，维持××××人民法院（××××）×刑再初××号刑事判决。"］

本裁定为终审裁定。

审判长　×××

审判员　×××

审判员　×××

××××年××月××日

（院印）

本件与原本核对无异

书记员　×××

文本演示

案情简介：2017年1月6日，被告人涂某以故意伤害罪，被某区人民法院判处有期徒刑五年。在判决书生效之后，涂某提出再审。某区人民法院另行组成合议庭，于2017年4月12日作出（2017）某刑再初67号刑事判决书，裁定维持原判。在作出判决之后，涂某不服，提出上诉。某市中级人民法院在审理后，依法裁定维持原判。

某市中级人民法院

刑事裁定书

（2017）某刑再终41号

原公诉机关某区人民检察院。

上诉人（原审被告人）涂某，男，1987年12月4日出生，汉族，江西省南昌人，某建筑公司工人，现住广东省某市某区某路某号。

辩护人范某，某律师事务所律师。

原审被告人涂某故意伤害一案，某区人民法院于2017年1月6日作出（2017）某刑初03号刑事判决，已发生法律效力。判决生效之后，罪犯涂某以出现新证据、可能影响定罪量刑为由提出再审。某区人民法院经过再审，于2017年6月25日作出（2017）某刑再初67号刑事裁定，原审被告人涂某以适用法律错误为由提出上诉，本院依法组成合议庭，公开开庭审理了本案。某市中级人民检察院检察员郑某出庭执行职务，上诉人（原审被告人）涂某及其辩护人范某到庭参加诉讼。本案现已审理终结。

原判认定，被告人涂某在某工地工作，由于不舒服而坐在地上休息时，该工地上的包工头李某对涂某进行批评，称被告人涂某是在偷懒，并且要扣涂某一天的工资。被告人再三解释之后，李某仍然认为涂某是在找借口。为此，两人发生争执。在争执的过程中，涂某拿起工地上的一块砖砸向了李某，导致李某头部受伤。经过鉴定，李某为重伤二级。

上述事实有医院的鉴定报告，涂某的犯罪工具板砖等物证，证人朱某某、谢某某的证言，被告人的供述和辩解等证据在案佐证。

原审法院根据上述事实，依据《最高人民法院关于适用〈中华人民共和国刑事诉讼法〉的解释》第三百八十九条[①]第一项之规定，裁定驳回涂某的申诉，维持原判。

在收到裁定书后，上诉人涂某不服，向本院提起上诉。上诉人涂某称，他并不是故意要伤害被害人的，是被害人李某先出手打人的，所以，他在一时情急的情况下拿起砖头打向李某，他并没有想到会将李某打成这样。因此，涂某称自己的行为属于过失而非故意，请求法院依法改判。

经审理查明，二审认定的事实与一审认定的事实、证据一致。

本院认为，上诉人涂某将被害人李某打伤，其应该可以预料到自己的行为会导致李某重伤的后果，故上诉人涂某构成故意伤害罪。原审认定事实清楚，适用法律正确。依照《中华人民共和国刑事诉讼法》第二百二十五条[②]第一款第一项的规定，裁定如下：

驳回上诉，维持某区人民法院（2017）某刑初03号刑事判决和某区人民法院（2017）某刑再初67号刑事裁定。

本裁定为终审裁定。

审判长　董某

审判员　迟某

审判员　谢某

二〇一七年八月二十二日

（院印）

本件与原本核对无异

书记员　费某

要点总结

1. 首部

（1）标题。写明“××××人民法院刑事裁定书”。

① 对应2021年修正后《最高人民法院关于适用〈中华人民共和国刑事诉讼法〉的解释》第四百七十二条。——编者注

② 对应2018年修正后《刑事诉讼法》第二百三十六条。——编者注

（2）案号。写明“（××××）×刑再终××号”。

2. 正文

（1）写明原公诉机关。

（2）写明原审被告人的基本情况。

原审被告人是公民的，写明姓名、性别、年龄、民族、职业或工作单位、住所，还应写明采取何种强制措施及以前受过何种刑事处分等。

原审被告人是法人或其他组织的，写明单位全称、法定代表人、住所、联系方式。

原审被告人有辩护人的，写明辩护人的姓名、工作单位。

（3）写明案件来源，一审法院提起再审程序的经过、开庭审判的组织、审判方式，各方到庭的人员。

（4）事实部分。

①概述一审法院的再审裁定或判决的基本内容。

②概述上诉人、辩护人的意见。

③概述人民检察院在第二审中提出的新意见。这些新意见大多数是二审同级检察院提出的。

④法院认定的事实和证据，肯定一审法院的再审裁定或判决认定的事实、情节是正确的，证据确凿、充分。如果上诉、辩护等对事实、情节方面提出异议，应通过对有关证据的分析论证，予以否定。

（5）理由部分。

理由部分在“本院认为”之后，根据本院进一步查证属实的事实、情节和当时的法律政策，批驳上诉、辩护等对定罪量刑方面不服的主要意见和理由，论证一审法院再审判决的正确性。

（6）裁定维持原判。

（7）写明法律效力，为终审裁定。

3. 尾部

（1）审判人员署名。

（2）写明发文日期并加盖人民法院印章。

（3）判决书原本上不写“本件与原本核对无异”。此句文字应制成专用印戳，由书记员将正本与原本核对无异之后，加盖在正本末页的年月日的左下

方、书记员署名的左上方。

（4）书记员署名。

刑事裁定书（减、免罚金用）

适用情形

刑事裁定书（减、免罚金用），供人民法院在刑事诉讼中，针对因遇到不可抗拒的灾祸，缴纳罚金确有困难的刑事罚金缴纳人提出减少或者免除罚金金额的请求后，经过审查，依法裁定作出减少或者免除应该缴纳的罚金金额时使用。

基本框架

××××人民法院

刑事裁定书

（××××）×刑×××号

罪犯_____（写明姓名和案由）一案，本院于××××年××月××日作出（××××）×刑×××号刑事判决（或裁定），其中对罪犯×××判处罚金人民币_____（写明具体数额）。在执行期间，罪犯×××（写明罪犯申请减、免罚金的事由和罚金数额）。本院经查证，罪犯×××（扼要写明查证的事实），缴纳罚金确有困难。依照______（写明对罪犯×××减少罚金的数额和“余额继续追缴”或免除罚金的具体数额）。

本裁定送达后即发生法律效力。

审判长　×××

审判员　×××

审判员　×××

××××年××月××日

（院印）

本件与原本核对无异

书记员　×××

文本演示

案情简介：2017 年 8 月 23 日，被告人时某因盗窃罪被判处有期徒刑一年，罚金 2 万元。但是，在判决生效之后，由于时某家中发生火灾，导致家里财物全部被烧毁，其妻子和两个孩子也被烧伤，在后续的治疗中仍然需要一大笔医疗费。于是，时某便向人民法院申请免除刑事判决中对自己的罚金。人民法院在经过审理后，裁定免除对时某的罚金。

某区人民法院

刑事裁定书

（2017）某刑初 115 号

罪犯时某盗窃罪一案，本院于 2017 年 8 月 23 日作出（2017）某刑初 1098 号刑事判决，其中对罪犯时某判处罚金人民币 20000 元。在执行期间，罪犯时某因家中发生火灾，无力缴纳罚金，提出免除罚金人民币 20000 元的请求。本院经查证，罪犯时某因家中发生火灾，家里财物全部被烧毁，其妻子和两个孩子被重度烧伤，后续治疗仍需要巨额医疗费。依照《中华人民共和国刑事诉讼法》第二百六十条[①]之规定，免除对时某的罚金人民币 20000 元。

本裁定送达后即发生法律效力。

审判长　图　某

审判员　金　某

审判员　周　某

二〇一七年九月二十日

（院印）

本件与原本核对无异

书记员　冀某某

① 对应2018年修正后《刑事诉讼法》第二百七十一条。——编者注

要点总结

1. 首部

（1）标题。写明“××××人民法院刑事裁定书”。

（2）案号。写明“（××××）×刑×××号”。

2. 正文

（1）开始要写明罪犯的姓名和案由。

（2）事实及理由。

①写明法院判处罚金的具体数额。

②写明罪犯申请减、免罚金的事由和罚金数额。

③扼要写明法院查证的事实。

（3）裁定结果。写明对罪犯减少罚金的数额和“余额继续追缴”或免除罚金的具体数额。

（4）写明法律效力，送达后即发生法律效力。

3. 尾部

（1）审判人员署名。

（2）写明发文日期并加盖人民法院印章。

（3）判决书原本上不写“本件与原本核对无异”。此句文字应制成专用印戳，由书记员将正本与原本核对无异之后，加盖在正本末页的年月日的左下方、书记员署名的左上方。

（4）书记员署名。

刑事裁定书
（将冻结的存款、汇款上缴国库或者发还被害人用）

适用情形

刑事裁定书（将冻结的存款、汇款上缴国库或者发还被害人用），供各级人民法院在刑事诉讼中，因犯罪嫌疑人死亡，经过审查后，作出将犯罪嫌疑人的存款、汇款等上缴国库或者是发还给被害人的裁定时使用。

基本框架

×××× 人民法院

刑事裁定书

（××××）× 刑 ××× 号

被告人__________（写明姓名、性别、出生年月日、民族、出生地、文化程度、职业或者工作单位和职务）。

犯罪嫌疑人 ××× 因 ×× 一案，×××× 人民检察院（或者公安机关）（写明对其采取的侦查措施或者处理结果）。其间，因犯罪嫌疑人 ××× 死亡，×××× 人民检察院（或者公安机关）申请本院裁定通知冻结犯罪嫌疑人 ××× 存款、汇款等的金融机构或者邮电部门，将该犯罪嫌疑人的存款、汇款等上缴国库（或者发还被害人 ×××）。经阅卷、审查有关证据材料（写明审查确认的事实）。依照《最高人民法院关于适用〈中华人民共和国刑事诉讼法〉的解释》第三百六十条[①]的规定__________（写明应当上缴国库或者发还被害人的理由）。裁定如下：

犯罪嫌疑人 ××× 的存款（汇款）___________（写明具体存汇地点和数额）上缴国库（或者发还被害人 ×××）。

本裁定送达后即发生法律效力。

审判长　×××

审判员　×××

审判员　×××

×××× 年 ×× 月 ×× 日

（院印）

本件与原本核对无异

书记员　×××

---

① 对应2021年修正后《最高人民法院关于适用〈中华人民共和国刑事诉讼法〉的解释》第四百三十八条。——编者注

文本演示

案情简介： 2017年4月，犯罪嫌疑人马某以网络诈骗的方式，骗取被害人米某、曹某人民币32万元。之后，马某被公安机关抓获。然而，马某被逮捕之后，在看守所因心脏病发作经抢救无效后死亡。在马某死亡之后，某市某区公安机关请求某区人民法院通知某银行冻结马某的存款。某区人民法院根据公安机关的申请，裁定冻结马某的存款，将犯罪嫌疑人马某的存款返还给被害人米某、曹某。

某区人民法院
刑事裁定书

（2017）某刑初124号

被告人马某，男，1991年11月23日出生，汉族，福建省福州人，初中文化，无业。

犯罪嫌疑人马某因诈骗罪一案，某区公安分局于2017年4月23日将其逮捕。其间，因犯罪嫌疑人马某死亡，某区公安分局申请本院裁定通知冻结犯罪嫌疑人马某存款、汇款的金融机构，将该犯罪嫌疑人的存款、汇款发还被害人米某、曹某。经阅卷、审查有关证据材料，马某以谎称帮助米某、曹某赚大钱的方式，先后要求米某、曹某给其转账12万元、20万元，共计32万元。依照《最高人民法院关于适用〈中华人民共和国刑事诉讼法〉的解释》第三百六十条[①]的规定，根据银行记录，犯罪嫌疑人马某的存款都是被害人米某、曹某转账而来，故应将犯罪嫌疑人马某在某银行的存款返还给被害人米某、曹某。裁定如下：

犯罪嫌疑人马某在某区工商银行的存款人民币32万元发还被害人米某、曹某。

本裁定送达后即发生法律效力。

审判长　蒙某

审判员　谢某

---

① 对应2021年修正后《最高人民法院关于适用〈中华人民共和国刑事诉讼法〉的解释》第四百三十八条。——编者注

审判员　于某

二〇一七年四月二十八日

（院印）

本件与原本核对无异

书记员　杜某

要点总结

1. 首部

（1）标题。写明“×××× 人民法院刑事裁定书”。

（2）案号。写明“（××××）× 刑 ××× 号”。

2. 正文

（1）写明被告的基本情况，包括姓名、性别、出生年月日、民族、出生地、文化程度、职业或者工作单位和职务。

（2）事实部分。

①写明犯罪嫌疑人的姓名和案由。

②概述人民检察院（或者公安机关）对犯罪嫌疑人采取的侦查措施或者处理结果。

③写明犯罪嫌疑人死亡的时间、原因，冻结犯罪嫌疑人存款、汇款等的时间、数量和金融机构或者邮电部门的名称。

（3）理由部分。

①理由部分在“经阅卷、审查有关证据材料”之后，写明人民法院审查确认的事实和裁决所依据的法律。

②写明应当上缴国库或者发还被害人的理由。

（4）裁决结果。写明具体存汇地点和数额。

（5）写明法律效力，送达后即发生法律效力。

3. 尾部

（1）审判人员署名。

（2）写明发文日期并加盖人民法院印章。

（3）判决书原本上不写“本件与原本核对无异”。此句文字应制成专用印戳，由书记员将正本与原本核对无异之后，加盖在正本末页的年月日的左下

方、书记员署名的左上方。

（4）书记员署名。

刑事裁定书（补正裁判文书失误用）

适用情形

刑事裁定书（补正裁判文书失误用），供各级人民法院在刑事诉讼中，针对已经作出的裁判文书，出现文字错误或者遗漏，不涉及对案件实体和程序问题的处理，需要予以改正或者补充时，依法作出补正裁判文书失误的裁定时使用。

基本框架

××××人民法院

刑事裁定书

（××××）×刑×××号

被告人__________一案，经本院审理，于××××年××月××日作出（××××）×刑×××号刑事判决书（裁定书或调解书）。现发现其中有错误（遗漏）字句，特此补充裁定如下：

原××书__________；

现更正为__________。

本裁定书与被补正的________书同时发生法律效力。

审判长　×××

审判员　×××

审判员　×××

××××年××月××日

（院印）

本件与原本核对无异

书记员　×××

文本演示

案情简介：2017 年 5 月 13 日，某市中级人民法院作出（2017）某刑初 291 号刑事判决，以抢劫罪判处黄某无期徒刑，并处罚金 20 万元。但是，在被告人黄某收到判决书之后，人民法院发现其所作出的刑事判决中，将黄某的名字写错，于是，该法院便作出补正裁定。

某市中级人民法院

刑事裁定书

（2017）某刑初 291 号

被告人黄某涉嫌抢劫罪一案，经本院审理，于 2017 年 5 月 13 日作出（2017）某刑初 291 号刑事判决书。现发现其中有错误字句，特此补充裁定如下：

原判决书第一行中被告人黄某的名字中的“汉”字出现文字技术性错误；现更正为“汗”。

本裁定书与被补正的判决书同时发生法律效力。

审判长　董某

审判员　伍某

审判员　于某

二〇一七年五月十五日

（院印）

本件与原本核对无异

书记员　甘某

要点总结

1. 首部

（1）标题。写明“××××人民法院刑事裁定书”。

（2）案号。写明“（××××）×刑×××号”，此案号应当与原案

（即存在错误的裁判文书）的案号一致。

2. 正文

（1）写明被告人姓名和案由，人民法院何年何月何日作出的第 ×× 号刑事判决书（裁定书或调解书）。列明其中错误或者遗漏的字句，作出的补充裁定。

（2）写明原判决书（裁定书或者调解书）错误、遗漏的原文句及其所在页次和行数；另起一行写明改正、补充的字句。

（3）写明法律效力，与被补正的判决书同时发生效力。

3. 尾部

（1）审判人员署名。

（2）写明发文日期并加盖人民法院印章。

（3）判决书原本上不写“本件与原本核对无异”。此句文字应制成专用印戳，由书记员将正本与原本核对无异之后，加盖在正本末页的年月日的左下方、书记员署名的左上方。

（4）书记员署名。

第三章　通　知　书

立案通知书（自诉案件用）

适用情形

立案通知书（自诉案件用），供第一审人民法院针对被害人或其法定代理人、近亲属追究被告人刑事责任的自诉案件的起诉，经审查作出予以受理的处理决定，并将处理决定送达自诉人或者代为告诉人时使用。

基本框架

××××人民法院

立案通知书

（××××）×刑×××号

×××：

你诉__________一案的自诉状已收到。经审查，起诉符合法定受理条件，本院决定立案审理。现将有关事项通知如下：

一、在诉讼过程中，当事人必须依法行使诉讼权利，履行诉讼义务，遵守诉讼秩序。自诉人经两次依法传唤，无正当理由拒不到庭的，或者未经法庭许可中途退庭的，按撤诉处理。

二、在诉讼中，自诉人承担举证责任。对于缺乏证据，自诉人提不出补充证据的，自诉人应当撤回自诉，否则本院将裁定驳回起诉。

三、你有权利委托诉讼代理人，并将由被代理人签名或者盖章的授权委托书递交本院。

××××年××月××日

（院印）

文本演示

案情简介：郑某和吴某同为甲公司的职员，二人在工作方面竞争激烈。2017年1月初，吴某恶意地向公司全体成员发送了侮辱郑某的电子邮件，内容涉及“郑某挪用公款，生活作风不良”等。2017年1月30日，郑某再也无法忍受同事们的非议，便以吴某涉嫌侮辱诽谤罪向人民法院交了自诉状。人民法院经审查，认为郑某符合起诉条件，于是向其下发了立案通知书。

某区人民法院

立案通知书

（2017）某刑初110号

郑某：

你诉吴某涉嫌侮辱诽谤罪一案的自诉状已收到。经审查，起诉符合法定受理条件，本院决定立案审理。现将有关事项通知如下：

一、在诉讼过程中，当事人必须依法行使诉讼权利，履行诉讼义务，遵守诉讼秩序。自诉人经两次依法传唤，无正当理由拒不到庭的，或者未经法庭许可中途退庭的，按撤诉处理。

二、在诉讼中，自诉人承担举证责任。对于缺乏证据，自诉人提不出补充证据的，自诉人应当撤回自诉，否则本院将裁定驳回起诉。

三、你有权利委托诉讼代理人，并将由被代理人签名或者盖章的授权委托书递交本院。

二〇一七年二月七日

（院印）

要点总结

1. 首部

（1）标题。写明“××××人民法院立案通知书”。

（2）案号。写明“（××××）×刑×××号”。

2. 正文

（1）写明自诉人的称呼。

（2）概述自诉人自诉案件名称及符合受理立案。

（3）分条概述通知的有关事项：当事人的权利与义务，自诉人承担举证责任，自诉人有委托诉讼代理人的权利等。

3. 尾部

写明发文日期并加盖人民法院印章。

应诉通知书（自诉案件用）

适用情形

应诉通知书（自诉案件用），供第一审人民法院针对被害人或其法定代理人、近亲属追究被告人刑事责任的自诉案件的起诉，予以受理后，将应诉事项通知被告人时使用。

基本框架

××××人民法院

应诉通知书

（××××）×刑×××号

×××：

本院已受理______诉你__________一案，现随文发送自诉状副本一份，并将有关应诉事项通知如下：

一、在诉讼过程中，当事人必须依法行使诉讼权利，履行诉讼义务，遵守诉讼秩序。

二、在收到自诉状副本后_____日内，将申请出庭的证人名单和当庭宣读、出示的证据复印件、照片连同提出的答辩状（正本一份副本_____份），一并递交本院______庭。

三、你可以委托辩护人，并将由委托人签名或盖章的辩护委托书递交本院。

××××年××月××日

（院印）

文本演示

案情简介：2016年12月25日，曹某和姜某打算去民政局登记结婚。姜某的母亲胡某认为曹某的经济条件太差，不同意二人结婚登记，便将姜某锁在自家地下室里。因姜某执意坚持和曹某结婚，直到2017年7月20日，姜某母亲才恢复姜某的人身自由。姜某认为母亲胡某涉嫌暴力干涉婚姻自由罪，便一纸诉状将其诉至法院。现在，人民法院向姜某母亲胡某作出了应诉通知书。

某县人民法院

应诉通知书

（2017）某刑初811号

胡某：

本院已受理姜某诉你暴力干涉婚姻自由一案，现随文发送自诉状副本一份，并将有关应诉事项通知如下：

一、在诉讼过程中，当事人必须依法行使诉讼权利，履行诉讼义务，遵守诉讼秩序。

二、在收到自诉状副本后十五日内，将申请出庭的证人名单和当庭宣读、出示的证据复印件、照片连同提出的答辩状（正本一份副本三份），一并递交本院刑事法庭。

三、你可以委托辩护人，并将由委托人签名或盖章的辩护委托书递交本院。

二〇一七年八月五日

（院印）

要点总结

1. 首部

（1）标题。写明“××××人民法院应诉通知书”。

（2）案号。写明“（××××）×刑×××号”。

2. 正文

（1）写明应诉人的名称。

（2）概述人民法院受理案件的缘由。

（3）分条概述有关应诉注意事项。

3. 尾部

尾部应写明发文日期并加盖人民法院印章。

补充材料通知书（自诉案件用）

适用情形

补充材料通知书（自诉案件用），供人民法院依法受理自诉案件后，针对自诉人一方提供的诉讼材料不清晰、不完善，或者因提供证据不足，影响案件的判决的情形，向自诉人或者代为告诉人作出补充材料的处理决定时使用。

基本框架

××××人民法院

补充材料通知书

（××××）×刑×××号

×××：

你××××年××月××日起诉的被告人__________一案，经审查缺少部分材料，根据《中华人民共和国刑事诉讼法》第二百一十条的规定，请你在收到本通知的次日起五日内，补充以下证据、材料，送交本院______庭。

一、__________

二、__________

三、__________

××××年××月××日

（院印）

文本演示

案情简介：李某曾交给朱某一幅字画，请求朱某代为保管。后来，李某多次向朱某讨要字画，朱某却以各种理由拒绝了李某。2017年5月20日，李某以朱某恶意侵占其字画为由起诉至人民法院。人民法院受理后，发现李某提供的证明朱某存在侵占行为的证据不足，可能影响案件的判决。于是，法院向李某送达了补充材料通知书。

某区人民法院

补充材料通知书

（2017）某刑某965号

李某：

你2017年5月20日起诉的被告人朱某涉嫌侵占罪一案，经审查缺少部分材料，根据《中华人民共和国刑事诉讼法》第二百零四条[①]的规定，请你在收到本通知的次日起五日内，补充以下证据、材料，送交本院刑事二庭：

一、朱某邻居赵某的证言，欠缺证人赵某本人的签字，应当补充签字并重新提交；

二、涉案字画的实物照片不完整，无法认定你方为字画所有人，应进一步提交你方当初购买涉案字画时的相关凭证；

三、你方提交的要求被告人朱某归还涉案字画的录音证据，音质不清晰，且叙述不详，需要重新提交。

二〇一七年六月五日

（院印）

---

① 对应2018年修正后《刑事诉讼法》第二百一十条。——编者注

要点总结

1. 首部

（1）标题。写明“×××× 人民法院补充材料通知书”。

（2）案号。写明“（××××）× 刑 ××× 号”。

2. 正文

（1）写明被通知人姓名或单位名称。

（2）写明案件基本情况及法律依据。

写明所涉及的案件的基本情况，要求补充相关证据材料的法律依据，并规定具体的期限，材料递交相应机关科室等信息。

（3）需要补充的材料。

该部分主要阐明人民法院要求当事人递交的相关证据材料，对所需材料进行一一列举。

3. 尾部

写明该文书的发文日期并加盖人民法院印章。

改变管辖通知书（通知当事人用）

适用情形

改变管辖通知书（通知当事人用），供下级人民法院在审理刑事案件的过程中，针对案情重大、复杂需要由上级人民法院审判因而请求移送上级人民法院审理的情形，自接到上级人民法院同意移送决定书后，将改变管辖的事项通知当事人时使用。

基本框架

××××人民法院
改变管辖通知书

（××××）×刑×××号

×××：

人民检察院××××年××月××日以×检×诉字××号起诉书，向本院提出公诉的被告人×××犯××罪一案，根据××××人民法院（××××）×刑×××号关于《同意移送（改变）管辖决定书》的决定，现该案已改由××××人民法院依法审判。

特此通知。

××××年××月××日
（院印）

文本演示

案情简介：2017年4月20日，钱某因涉嫌诈骗罪被某县人民检察院提起公诉。该县人民法院在审理过程中，发现钱某是某诈骗团伙中的一员，钱某还主动交代了犯罪团伙中的其他成员。该县人民法院认为该案重大、复杂，因而请求移送上级人民法院审判。该县人民法院接到上级人民法院作出的同意移送决定书后，向该案当事人送达了改变管辖通知书。

某县人民法院
改变管辖通知书

（2017）某刑某519号

钱某：

某县人民检察院2017年4月20日以某检某诉字461号起诉书，向本院提出公诉的被告人钱某犯诈骗罪一案，根据某市人民法院（2017）某刑某690号关于《同意改变管辖决定书》的决定，现该案已改由某市中级人民法院依法审判。

特此通知。

二〇一七年五月二十日

（院印）

要点总结

1. 首部

（1）标题。写明“××××人民法院改变管辖通知书”。

（2）案号。写明“（××××）×刑×××号”。

2. 正文

（1）抬头写明要通知的当事人名称。

（2）写明人民检察院提起公诉的时间、案号、人民法院名称以及被告人的犯罪情况。同时注明需要改变管辖的法律依据及下达《改变管辖决定书》的日期。

（3）注明“特此通知”字样。

3. 尾部

写明发文日期并加盖人民法院印章。

4. 本样式系填充式，一式数份；除一份入卷备查外，另根据本案当事人的人数填制并送达。

改变管辖通知书（上级法院用）

适用情形

改变管辖通知书（上级法院用），供上级人民法院在审理刑事案件的过程中，针对同意下级人民法院移送案件的申请或者认为有必要审判下级人民法院管辖的第一审刑事案件的情形，将改变管辖的处理决定书面通知下级人民检察院时使用。

基本框架

××××人民法院

改变管辖通知书

（××××）×××号

××××人民检察院：

××××人民检察院于××××年××月××日以×检刑诉××号起诉书，向××××人民法院提起公诉的被告人×××犯××罪一案，根据《中华人民共和国刑事诉讼法》第二十四条的规定，本院认为有必要改变管辖，由本院审判此案，并于××××年××月××日下达《改变管辖决定书》。

特此通知。

××××年××月××日

（院印）

文本演示

案情简介：2017年4月5日，宋某因涉嫌走私枪支罪被某县人民检察院提起公诉。该县人民法院在审理过程中，发现此案案情重大、复杂需要由上级人民法院审判，因此申请移送上级人民法院审理此案。2017年5月29日，上级人民法院同意该县级人民法院的申请，并将改变管辖通知书送达该县人民检察院。

某市人民法院

改变管辖通知书

（2017）某刑某616号

某县人民检察院：

某县人民检察院于2017年4月5日以某检刑诉（500）号起诉书，向某县人民法院提起公诉的被告人宋某犯走私枪支罪一案，根据《中华人民共和国刑事诉讼法》第二十三条[①]的规定，本院认为有必要改变管辖，由本院审判此案，并于2017年5月29日下达《改变管辖决定书》。

特此通知。

二〇一七年五月二十九日

（院印）

要点总结

1. 首部

（1）标题。写明“××××人民法院改变管辖通知书”。

（2）案号。写明“（××××）×××号”。

2. 正文

（1）抬头写明要通知的人民检察院的名称。

（2）写明人民检察院提起公诉的时间、案号、人民法院名称以及被告人的犯罪情况。同时注明需要改变管辖的法律依据及下达《改变管辖决定书》的日期。

（3）注明“特此通知”字样。

3. 尾部

写明发文日期并加盖人民法院印章。

4. 本样式系填充式，一式两份。一份入卷备查，另一份连同《改变管辖决定书》送达同级人民检察院。

改变管辖通知书（下级法院用）

适用情形

改变管辖通知书（下级法院用），供下级人民法院在接到上级人民法院《同意移送（改变）管辖决定书》以后，通知同级人民检察院，并退回起诉材料时使用。

① 对应2018年修正后《刑事诉讼法》第二十四条。——编者注

基本框架

×××× 人民法院
改变管辖通知书

（××××）× 刑 ××× 号

×××× 人民检察院：

你院 ×××× 年 ×× 月 ×× 日以 × 检 × 诉（××××）×× 号起诉书，向本院提起公诉的被告人 ××× 犯 ×× 罪一案，根据 ×××× 人民法院（××××）× 刑 ××× 号关于《同意移送（改变）管辖决定书》的决定，本案改由 ×××× 人民法院审判。现将起诉材料退回你院，依法重新办理移送起诉事宜。

附：一、该案卷宗___卷
二、证据材料___件

×××× 年 ×× 月 ×× 日
（院印）

文本演示

案情简介：2017 年 2 月 10 日，韩某等五人因涉嫌非法集资罪被某县人民检察院提起公诉。上级人民法院认为该案波及的范围较大，牵涉的受害人较多，因而有必要对该案进行审理。2017 年 4 月 19 日，上级人民法院向该县人民法院送达了《改变管辖决定书》。次日，该县人民法院将《改变管辖决定书》送达同级人民检察院。

某县人民法院
改变管辖通知书

（2017）某刑某 444 号

某县人民检察院：

你院 2017 年 2 月 10 日以某检某诉字 313 号起诉书，向本院提起公诉的被告人韩某等五人犯非法集资罪一案，根据某市中级人民法院（2017）某刑某字第 523 号关于《改变管辖决定书》的决定，本案改由某市中级人民法院审判。现将起诉材料退回你院，依法重新办理移送起诉事宜。

附：一、该案卷宗 3 卷

二、证据材料 19 件

二〇一七年四月二十日

（院印）

要点总结

1. 首部

（1）标题。写明“×××× 人民法院改变管辖通知书”。

（2）案号。写明“（××××）× 刑 ××× 号”。

2. 正文

（1）抬头写明要通知的人民检察院的名称。

（2）写明人民检察院提起公诉的时间、案号、人民法院名称以及被告的犯罪情况。同时注明需要改变管辖的法律依据及上级人民法院下达《同意移送（改变）管辖决定书》的日期。

（3）注明后附卷宗及证据材料份数。

3. 尾部

写明发文日期并加盖人民法院印章。

4. 本样式系填充式，一式两份。一份入卷备查，另一份连同《同意移送（改变）管辖决定书》送达同级人民检察院。

公告（通告开庭用）

适用情形

公告（通告开庭用），供各级人民法院在审理刑事案件的过程中，针对案件需要进行公开审理的情形，在开庭三日以前将案由、被告人姓名、开庭时间和地点等开庭信息向外界进行公示时使用。

基本框架

×××× 人民法院

公告

本院定于 ×××× 年 ×× 月 ×× 日 ×× 时 ×× 分在________公开审理____________一案。

特此公告。

×××× 年 ×× 月 ×× 日

（院印）

注：本公告已于 ×××× 年 ×× 月 ×× 日张贴

书记员　×××（签名）

文本演示

案情简介：2017 年 7 月 7 日，胡某因涉嫌交通肇事罪被某市某区人民检察院提起公诉。该市该区人民法院受理后，决定于 2017 年 8 月 15 日 9 时公开开庭进行审理。2017 年 8 月 13 日，该市该区人民法院制作了开庭公告并进行了公示。

某区人民法院

公告

本院定于 2017 年 8 月 15 日 9 时在某市某区人民法院公开审理胡某交通肇事罪一案。

特此公告。

二〇一七年八月十三日

（院印）

注：本公告已于 2017 年 8 月 13 日张贴

书记员　黄某

要点总结

1. 标题。写明“×××× 人民法院公告”。

2. 正文

（1）写明开庭的时间、地点及案由。

（2）注明“特此公告”字样。

3. 尾部

（1）写明发文日期并加盖人民法院印章。

（2）写明本公告张贴日期。

（3）书记员签名。

取保候审执行通知书（刑事案件用）

适用情形

取保候审执行通知书（刑事案件用），供人民法院在审理刑事案件的过程中，针对嫌疑人、被告人尚未被逮捕或逮捕后需要变更强制措施且符合取保候审条件的情形，作出取保候审的处理决定并通知公安机关执行时使用。

基本框架

×××× 人民法院

取保候审执行通知书

（××××）× 刑 ××× 号

×××× 公安局：

本院决定对被告人 ××× 采取取保候审的强制措施。取保候审期限为个月，自 ×××× 年 ×× 月 ×× 日至 ×××× 年 ×× 月 ×× 日。根据《中华人民共和国刑事诉讼法》第六十七条第二款的规定，请你局执行。在取保候审期间，如发现被告人有违反《中华人民共和国刑事诉讼法》第七十一条第一款规定的情形，请及时告知本院_____庭。

附：取保候审决定书一份。

××××年××月××日

（院印）

被取保候审人有关情况

案由				取保候审期限		个月
被告人	姓名		性别		出生日期	年　月　日
	文化程度		工作单位			
	住址					
保证人姓名、住址、电话						
与被告人的关系				交纳保证金数额		

文本演示

案情简介：蒋某和刘某因小事结仇，蒋某决定伺机报复刘某。2017年6月30日，蒋某发现刘某正在沙发上蒙头睡觉，蒋某便对其实施了殴打。2017年7月15日，蒋某故意伤害一案被某县人民检察院提起公诉。法院在审理过程中，认为蒋某突发疾病符合取保候审的条件，因此决定对其采取取保候审的强制措施，同时通知公安机关执行。

某县人民法院

取保候审执行通知书

（2017）某刑初891号

某县公安局：

本院决定对被告人蒋某采取取保候审的强制措施。取保候审期限为10个月，自2017年8月1日至2018年5月31日。根据《中华人民共和国刑事诉讼法》第六十五条[1]第二款的规定，请你局执行。在取保候审期间，如发现被告人有违反《中华人民共和国刑事诉讼法》第六十九条[2]第一款规定的情形，请及时告知本院刑事庭。

附：取保候审决定书一份。

二〇一七年七月二十七日

（院印）

被取保候审人有关情况

<table>
<tr><td>案由</td><td colspan="2">故意伤害罪</td><td colspan="2">取保候审期限</td><td colspan="2">10个月</td></tr>
<tr><td rowspan="3">被告人</td><td>姓名</td><td>蒋某</td><td>性别</td><td>男</td><td>出生日期</td><td>1985年1月25日</td></tr>
<tr><td>文化程度</td><td>本科</td><td>工作单位</td><td>无</td><td></td><td></td></tr>
<tr><td>住址</td><td colspan="5">河北省某市某区某街道561号</td></tr>
<tr><td colspan="3">保证人姓名、住址、电话</td><td colspan="4">曹某，河北省某市某区某街道561号，13298000000</td></tr>
<tr><td colspan="3">与被告人的关系</td><td>父子</td><td colspan="2">交纳保证金数额</td><td>三万元</td></tr>
</table>

要点总结

1. 首部

（1）标题。写明“××××人民法院取保候审执行通知书”。

（2）案号。写明“（××××）×刑×××号”。

2. 正文

（1）写明被通知的公安机关名称。

（2）写明被告人姓名、取保候审的起止时间及根据的法律条文。

（3）注明“附：取保候审决定书一份”。

3. 尾部

（1）写明发文日期并加盖人民法院印章。

---

① 对应2018年修正后《刑事诉讼法》第六十七条。——编者注

② 对应2018年修正后《刑事诉讼法》第七十一条。——编者注

（2）以表格的形式写清取保候审人的有关情况：案由、取保候审期限、被告人基本信息、保证人姓名、住址、电话、与被告人的关系、交纳保证金的数额。

解除取保候审执行通知书（刑事案件用）

适用情形

解除取保候审执行通知书（刑事案件用），供人民法院在审理刑事案件的过程中，针对犯罪嫌疑人、被告人不应当被追究刑事责任或者取保候审期限届满应当及时解除取保候审的情形，通知取保候审执行机关解除取保候审时使用。

基本框架

××××人民法院

解除取保候审执行通知书

（××××）×刑×××号

××××公安局：

本院于××××年××月××日决定对被告人×××（性别____，住址____________）采取了取保候审的强制措施。现因________，本院决定对其取保候审的强制措施予以解除。

特此通知。

附：解除取保候审决定书一份

××××年××月××日

（院印）

文本演示

案情简介：2017年3月30日，周某因涉嫌贪污受贿罪被某市人民检察院提起公诉。人民法院在审理过程中，发现周某为正在哺育自己婴儿的妇女，人民法院依法决定对其采取取保候审的强制措施。2017 年 9 月 1 日，周某的取保候审期限届满，人民法院通知公安机关执行解除对周某的取保候审。

某市人民法院

解除取保候审执行通知书

（2017）某刑某 781 号

某市公安局：

本院于 2017 年 4 月 20 日决定对被告人周某（性别：女，住址：某市某区某路 981 号）采取了取保候审的强制措施。现因取保候审期限届满，本院决定对其取保候审的强制措施予以解除。

特此通知。

附：解除取保候审决定书一份

二〇一七年九月一日

（院印）

要点总结

1. 首部

（1）标题。写明“×××× 人民法院解除取保候审执行通知书”。

（2）案号。写明“（××××）× 刑 ××× 号”。

2. 正文

（1）抬头写明送达执行解除取保候审的公安机关名称。

（2）写明被告人的姓名、性别、住址等基本信息，并注明采取取保候审的强制措施决定的日期，同时写明决定对其取保候审的强制措施予以解除的原因。写明“特此通知”字样。

（3）注明“附：解除取保候审决定书一份”。

3. 尾部

写明发文日期并加盖人民法院印章。

4. 本样式为填充式。使用时一式两份，一份送达执行解除取保候审的公安机关，另一份存卷备查。

监视居住执行通知书（刑事案件用）

适用情形

监视居住执行通知书（刑事案件用），供各级人民法院在审理刑事案件的过程中，针对犯罪嫌疑人、被告人符合监视居住条件的情形，依法作出监视居住的处理决定并通知公安机关执行时使用。

基本框架

××××人民法院

监视居住执行通知书

（××××）×刑×××号

××××公安局：

本院决定对被告人×××采取监视居住的强制措施。监视居住期为____个月，自××××年××月××日至××××年××月××日。根据《中华人民共和国刑事诉讼法》第七十四条第二款的规定，请你局执行。在监视居住期间，如发现被告人有违反《中华人民共和国刑事诉讼法》第七十七条第一款规定的情形，请及时告知本院________庭。

附：监视居住决定书一份。

××××年××月××日

（院印）

被监视居住人的有关情况：

<table>
<tr><td>案由</td><td colspan="2"></td><td colspan="2">取保候审期限</td><td colspan="2">个月</td></tr>
<tr><td rowspan="3">被告人</td><td>姓名</td><td></td><td>性别</td><td></td><td>出生日期</td><td>年 月 日</td></tr>
<tr><td>出生地</td><td></td><td>工作单位</td><td colspan="3"></td></tr>
<tr><td>住址</td><td colspan="5"></td></tr>
<tr><td colspan="7">备注：</td></tr>
</table>

文本演示

案情简介：2017 年 6 月 30 日，杜某因受李某的冷嘲热讽，一怒之下将李某打伤。2017 年 7 月 15 日，某县人民检察院以杜某涉嫌故意伤害罪向人民法院提起公诉。人民法院在审理过程中，发现杜某的父亲生活不能自理，且杜某为其父的唯一扶养人。人民法院遂决定对杜某采取监视居住的强制措施，并请求该县公安局予以执行。

某县人民法院

监视居住执行通知书

（2017）某刑某 812 号

某县公安局：

本院决定对被告人杜某采取监视居住的强制措施。监视居住期为三个月，自 2017 年 8 月 1 日至 10 月 31 日。根据《中华人民共和国刑事诉讼法》第七十二条[①]第二款的规定，请你局执行。在监视居住期间，如发现被告人有违反《中华人民共和国刑事诉讼法》第七十五条[②]第一款规定的情形，请及时告知本院刑事一庭。

附：监视居住决定书一份。

二〇一七年八月一日

（院印）

① 对应2018年修正后《刑事诉讼法》第七十四条。——编者注

② 对应2018年修正后《刑事诉讼法》第七十七条。——编者注

被监视居住人的有关情况：

<table>
<tr><td>案由</td><td colspan="2">故意伤害</td><td colspan="2">监视居住期限</td><td colspan="2">3个月</td></tr>
<tr><td rowspan="3">被告人</td><td>姓名</td><td>杜某</td><td>性别</td><td>男</td><td>出生日期</td><td>1980年3月1日</td></tr>
<tr><td>出生地</td><td>某省某市某县</td><td>工作单位</td><td colspan="3">某省某市某区某公司</td></tr>
<tr><td>住址</td><td colspan="5">某省某市某县某村4排89号</td></tr>
<tr><td colspan="7">备注：被告人杜某因涉嫌故意伤害罪，杜某系生活不能自理的人的唯一扶养人。</td></tr>
</table>

要点总结

1. 首部

（1）标题。写明“××××人民法院监视居住执行通知书”。

（2）案号。写明“（××××）×刑×××号”。

2. 正文

（1）此文发送至公安机关，因此，应写明公安机关的具体名称。

（2）法院的决定及法律依据。

写明法院决定监视居住的被告人的名称、监视居住期限以及作出该通知的法律依据。

（3）写明被通知的公安机关在执行监视居住期间应注意的事项，即“在监视居住期间，如发现被告人有违反《中华人民共和国刑事诉讼法》第七十七条第一款规定的情形，请及时告知本院某庭”。

（4）写明“附：监视居住决定书一份。”

3. 尾部

（1）写明发文日期并加盖人民法院印章。

（2）写明被监视居住人的基本情况。

解除监视居住执行通知书（刑事案件用）

适用情形

解除监视居住执行通知书（刑事案件用），供人民法院在审理刑事案件的过程中，针对犯罪嫌疑人、被告人不应当被追究刑事责任或者监视居住期限届满应当及时解除监视居住的情形，通知监视居住的执行机关解除监视居住时使用。

基本框架

××××人民法院

解除监视居住执行通知书

（××××）×刑×××号

××××公安局：

本院于××××年××月××日决定对被告人×××（性别_____，住址______）采取了监视居住的强制措施。现因_________，本院决定对其监视居住的强制措施予以解除。

特此通知。

附：解除监视居住决定书一份

××××年××月××日

（院印）

文本演示

案情简介：2017年5月26日，张某因涉嫌行贿罪被某县人民检察院提起公诉。人民法院认为张某可能被判处有期徒刑以上的刑罚，但对其采取取保候审不致发生社会危险性。因此，人民法院打算对张某适用取保候审的强制措施。后因张某不能提供保证人，也不能交纳保证金，法院决定对张某适用监视居住。2017年7月15日，人民法院经审理认为公诉机关对张某的指控证据不足，并认为张某不应当被追究刑事责任。因此，人民法院通知公安机关解除对张某的监视居住。

某县人民法院

解除监视居住执行通知书

（2017）某刑某801号

某县公安局：

本院于2017年6月20日决定对被告人张某（性别：男，住址：某市某县某村10排58号）采取了监视居住的强制措施。现因张某不应当被追究刑事责任，本院决定对其监视居住的强制措施予以解除。

特此通知。

附：解除监视居住决定书一份

二〇一七年七月十五日

（院印）

要点总结

1. 首部

（1）标题。写明"××××人民法院解除监视居住执行通知书"。

（2）案号。写明"（××××）×刑×××号"。

2. 正文

（1）抬头写明送达执行解除监视居住的公安机关名称。

（2）写明被告人的姓名、性别、住址等基本信息，并注明决定对其监视居住的强制措施予以解除及人民法院作出该决定的日期，最后写明"特此通知"字样。

（3）注明"附：解除取保候审决定书一份"。

3. 尾部

写明发文日期并加盖人民法院印章。

4. 本样式为填充式，一式两份，一份送达执行解除监视居住的公安机关，另一份存卷备查。

执行拘留通知书（刑事案件用）

适用情形

执行拘留通知书（刑事案件用），供各级人民法院在审理刑事案件的过程中，针对诉讼参与人或者旁听人员违反法庭秩序，且情节严重的情形，依法对妨害诉讼的行为人作出拘留决定并通知公安机关收押看管时使用。

基本框架

××××人民法院

执行拘留通知书

（××××）×刑×××号

××××公安局：

本院在审理__________一案的过程中，因__________，本院决定对×××拘留___日。请你局收押看管，期满解除。

拘留期间：自××××年××月××日起，至××××年××月××日止。

附：本院（××××）×刑×××号拘留决定书一份。

××××年××月××日

（院印）

本联送达执行拘留的公安机关

文本演示

案情简介：2016年年底，周某和钱某因涉嫌走私毒品罪被司法机关控制。2017年2月1日，周某、钱某走私毒品罪一案在某市中级人民法院公开开庭进行审理。庭审过程中，周某的母亲李某举止过激，严重扰乱了法庭秩序。人民法院依法决定对李某实施拘留。

某市人民法院

执行拘留通知书

（2017）某刑某 79 号

某市公安局：

本院在审理周某、钱某走私毒品罪一案的过程中，因周某母亲不听制止，严重扰乱法庭秩序，本院决定对李某拘留七日。请你局收押看管，期满解除。

拘留期间：自 2017 年 2 月 10 日起，至 2017 年 2 月 16 日止。

附：本院（2017）某刑某 70 号拘留决定书一份。

二〇一七年二月五日

（院印）

本联送达执行拘留的公安机关

要点总结

1. 首部

（1）标题。写明“×××× 人民法院执行拘留通知书”。

（2）案号。写明“（××××）× 刑 ××× 号”。

2. 正文

（1）写明执行拘留的公安机关的全称。

（2）概述人民法院在审理案件过程中被拘留人妨害刑事诉讼的事实和予以拘留的理由。

（3）写明拘留的起止日期。

3. 尾部

（1）写明发文日期并加盖人民法院印章。

（2）本联送达执行拘留的公安机关。

执行拘留通知书（回执）

适用情形

执行拘留通知书（回执），供公安机关接到人民法院对被拘留人执行拘留的通知后，告知人民法院执行拘留情况时使用。

基本框架

××××人民法院

执行拘留通知书（回执）

××××人民法院：

你院（××××）×刑×××号执行拘留通知书和附件收到。我局已于××××年××月××日××时将×××收押看管在__________。

××××年××月××日

（公章）

本联由公安机关填写并加盖公章后退回法院入卷

文本演示

案情简介：大学生孙某与白某是情敌关系，2017年6月11日，孙某召集了一帮朋友围殴白某。当日，孙某因聚众打架斗殴被司法机关控制。2017年6月30日，人民法院作出拘留孙某的决定。公安机关接到拘留决定后，签署了执行拘留通知书的回执。

某县人民法院

执行拘留通知书（回执）

某县人民法院：

你院（2017）某96号执行拘留通知书和附件收到。我局已于2017年6月30日16时将孙某收押看管在公安局。

二〇一七年六月三十一日

（公章）

本联由公安机关填写并加盖公章后退回法院入卷

要点总结

1. 标题

写明"××××人民法院执行拘留通知书（回执）"。

2. 正文

（1）写明通知执行拘留的人民法院全称。

（2）写明拘留通知书案号及执行拘留的时间、地点。

3. 尾部

（1）写明发文日期并加盖公安机关印章。

（2）本联由公安机关填写并加盖公章后退回法院入卷。

释放通知书（刑事案件用）

适用情形

释放通知书（刑事案件用），供各级人民法院在审理刑事案件的过程中，针对被告人不需要继续羁押或者被告人无罪、免予刑事处罚的情形，依法决定释放被羁押的被告人并通知羁押单位释放在押的被告人时使用。

基本框架

第一联

××××人民法院

释放通知书

（××××）×刑×××号

______（羁押单位名称）：

本院羁押在你所的被告人×××，性别____，××××年××月××

日出生，___族，_____人，现因___________，决定予以释放，请即执行，并发给释放证明书。

××××年××月××日
（院印）

此联交羁押单位

第二联

××××人民法院

释放通知书（存根）

（××××）×刑×××号

_____（羁押单位名称）：

本院羁押在你所的被告人×××，性别____，××××年××月××日出生，___族，_____人，现因_________，决定予以释放，请即执行，并发给释放证明书。

××××年××月××日
（院印）
签发人 ×××
经办人 ×××

此联存卷

文本演示

案情简介：2017年4月23日，史某因涉嫌走私淫秽物品罪被某市人民检察院提起公诉。2017年7月19日，该市人民法院作出一审判决，判定被告人无罪。因史某在押，人民法院宣判后，决定立即释放史某，并向羁押单位发出了释放通知。

第一联

某市人民法院

释放通知书

（2017）某刑初814号

某市监狱：

本院羁押在你所的被告人史某，性别男，1983年9月11日出生，汉族，河南省郑州人，现因被告人无罪，决定予以释放，请即执行，并发给释放证明书。

二〇一七年七月十九日

（院印）

此联交羁押单位

第二联

某市人民法院

释放通知书（存根）

（2017）某刑初814号

某市监狱：

本院羁押在你所的被告人史某，性别男，1983年9月11日出生，汉族，河南省郑州人，现因被告人无罪，决定予以释放，请即执行，并发给释放证明书。

二〇一七年七月十九日

（院印）

签发人　甄某

经办人　许某

此联存卷

要点总结

1. 首部

（1）标题。写明“××××人民法院释放通知书”存根联可以写为

“××××人民法院释放通知书（存根）”。

（2）案号。写明“（××××）×刑×××号”。

2. 正文

（1）写明被通知的羁押单位名称。

（2）写明被告人的基本情况，包括姓名、性别、出生年月日、民族、籍贯。

（3）概述释放被告人的原因：判决被告人无罪或者免除刑事处罚的；判处不是在监内执行的刑罚，如有期徒刑缓刑、拘役缓刑、管制或者单处剥夺政治权利、单处罚金的；在审理过程中，发现已逮捕的被告人是不应当逮捕的或者是正在怀孕、身患严重疾病一时难以治愈而应当变更强制措施的。

3. 尾部

（1）写明发文日期并加盖人民法院印章。

（2）签发人和经办人签名。

（3）写明此联存卷或者此联交羁押单位。

释放通知书（回执）

适用情形

释放通知书（回执），供羁押单位接到人民法院对被羁押人予以释放的通知后，按照法定程序将其释放后，将完成情况告知人民法院时使用。

基本框架

××××人民法院

释放通知书（回执）

（××××）×刑×××号

××××人民法院：

根据你院（××××）×刑×××号释放通知书，我所已于××××年××月××日将________释放，并已发给释放证明书。

××××年××月××日

（院印）

此联由羁押单位填写并加盖公章后退回法院

文本演示

案情简介：2017年5月15日，宋某以姜某涉嫌侮辱诽谤罪起诉至某市某区人民法院。2017年7月29日，人民法院审结此案并作出一审判决。一审法院认为姜某犯罪情节显著轻微、危害不大，因此判定姜某无须承担刑事责任，并向羁押单位送达了释放通知书。羁押单位依法释放了姜某，并将完成情况告知人民法院。

某区人民法院

释放通知书（回执）

（2017）某刑初824号

某市某区人民法院：

根据你院（2017）某刑初799号释放通知书，我所已于2017年7月29日将姜某释放，并已发给释放证明书。

二〇一七年七月二十九日

（院印）

此联由羁押单位填写并加盖公章后退回法院

要点总结

1. 首部

（1）标题。写明“××××人民法院释放通知书（回执）”。

（2）案号。写明“（××××）×刑×××号”。

2. 正文

（1）写明通知释放被羁押人的人民法院名称。

（2）概述完成释放的情况：人民法院的释放通知、释放日期等。

3. 尾部

（1）写明发文日期并加盖人民法院印章。

（2）此联由羁押单位填写并加盖公章后退回法院。

执行通知书（单处剥夺政治权利用）

适用情形

执行通知书（单处剥夺政治权利用），供人民法院在刑事案件的审理过程中，针对依法判处单独剥夺被告人政治权利的情形，于判决生效后，将执行通知书告知公安部门予以执行以及通知被告人本人时使用。

基本框架

第一联

××××人民法院

执行通知书

（××××）×刑×××号

××××公安局：

被告人×××因犯__________罪，经依法判处剥夺政治权利________。现判决已发生法律效力。依照《中华人民共和国刑事诉讼法》第二百七十条的规定，请你局执行。剥夺政治权利期满时，由执行机关及时通知本人，并向有关群众公开宣布恢复政治权利。

剥夺政治权利起刑日期：××××年××月××日起，

刑满日期：××××年××月××日止。

附执行根据：××××人民法院（××××）×刑×××号刑事判决书××份

××××人民法院（××××）×刑×××号刑事裁定书××份

××××年××月××日

（院印）

此联交公安机关

第二联

××××人民法院

执行通知书（存根）

（××××）×刑×××号

××××公安局：

被告人×××因犯__________罪，经依法判处剥夺政治权利________。现判决已发生法律效力。依照《中华人民共和国刑事诉讼法》第二百七十条的规定，请你局执行。剥夺政治权利期满时，由执行机关及时通知本人，并向有关群众公开宣布恢复政治权利。

剥夺政治权利起刑日期：××××年××月××日起，

刑满日期：××××年××月××日止。

附执行根据：××××人民法院（××××）×刑×××号刑事判决书××份

××××人民法院（××××）×刑×××号刑事裁定书××份

××××年××月××日

（院印）

签发人　××

经办人　××

此联入卷

第三联

××××人民法院

执行通知书

（××××）×刑×××号

×××：

你犯________罪，经依法判处剥夺政治权利______。现已发生法律效力，现交付执行。在执行期间，应当遵守法律、行政法规和国务院公安部门有关监督管理的规定，服从监督；不得行使《中华人民共和国刑法》第五十四条规定的各项权利。

剥夺政治权利起刑日期：×××× 年 ×× 月 ×× 日起，

刑满日期：×××× 年 ×× 月 ×× 日止。

×××× 年 ×× 月 ×× 日

（院印）

此联交给被告人本人收执

文本演示

案情简介：武某是某公司职工，自其入职以后，经常迟到早退。2016 年春节前夕，武某因工作期间表现不佳未获年终奖，为了报复领导人张某，他故意散播了张某生活作风不良的谣言。2017 年 3 月 29 日，张某以武某涉嫌侮辱罪为由诉至人民法院。人民法院经过审理，单独判处剥夺武某政治权利一年。

第一联

某区人民法院

执行通知书

（2017）某刑初 820 号

某市某区公安局：

被告人武某因犯侮辱罪，经依法判处剥夺政治权利一年。现判决已发生法律效力。依照《中华人民共和国刑事诉讼法》第二百五十九条[①]的规定，请你局执行。剥夺政治权利期满时，由执行机关及时通知本人，并向有关群众公开宣布恢复政治权利。

剥夺政治权利起刑日期：2017 年 5 月 20 日起，

① 对应2018年修正后《刑事诉讼法》第二百七十条。——编者注

刑满日期：2018 年 5 月 19 日止。

附执行根据：某市某区人民法院（2017）某刑初 800 号刑事判决书 2 份

某市某区人民法院（2017）某刑初 690 号刑事裁定书 2 份

二〇一七年五月二十日

（院印）

此联交公安机关

第二联

某区人民法院
执行通知书（存根）

（2017）某刑初 820 号

某市某区公安局：

被告人武某因犯侮辱罪，经依法判处剥夺政治权利一年。现判决已发生法律效力。依照《中华人民共和国刑事诉讼法》第二百五十九条[①]的规定，请你局执行。剥夺政治权利期满时，由执行机关及时通知本人，并向有关群众公开宣布恢复政治权利。

剥夺政治权利起刑日期：2017 年 5 月 20 日起，

刑满日期：2018 年 5 月 19 日止。

附执行根据：某市某区人民法院（2017）某刑初 800 号刑事判决书 2 份

某市某区人民法院（2017）某刑初 690 号刑事裁定书 2 份

二〇一七年五月二十日

（院印）

签发人　周某

经办人　郭某

此联入卷

① 对应2018年修正后《刑事诉讼法》第二百七十条。——编者注

第三联

某区人民法院
执行通知书

（2017）某刑初 820 号

武某：

你犯侮辱罪，经依法判处剥夺政治权利一年。现已发生法律效力，现交付执行。在执行期间，应当遵守法律、行政法规和国务院公安部门有关监督管理的规定，服从监督；不得行使《中华人民共和国刑法》第五十四条规定的各项权利。

剥夺政治权利起刑日期：2017 年 5 月 20 日起，

刑满日期：2018 年 5 月 19 日止。

二〇一七年五月二十日

（院印）

此联交给被告人本人收执

要点总结

1. 首部

（1）标题。写明“×××× 人民法院执行通知书”存根联可以写为“×××× 人民法院执行通知书（存根）”。

（2）案号。写明“（××××）× 刑 ××× 号”。

2. 正文

（1）写明执行公安机关的全称或者被告人的姓名。

（2）概述被告人的罪行及剥夺政治权利的法律依据。

（3）写明剥夺政治权利的起止日期。

（4）附执行依据。

3. 尾部

（1）写明发文日期并加盖人民法院印章。

（2）写明此联交公安机关、此联入卷、此联交给被告人本人收执。

（3）写明第二联由签发人和经办人签字。

执行通知书（回执）（单处剥夺政治权利用）

适用情形

执行通知书（回执）（单处剥夺政治权利用），供公安机关接到人民法院剥夺被告人政治权利的通知后，按照法定程序执行后，将执行情况告知人民法院时使用。

基本框架

××××人民法院
执行通知书（回执）

（××××）×刑×××号

××××人民法院：

你院××××年××月××日（××××）×刑×××号执行通知书和所附执行根据刑事判决书_____份，刑事裁定书______份，均已收到。

我局已采取措施，对罪犯×××依法执行剥夺政治权利。

××××年××月××日
（公章）

此联由公安机关填写并加盖公章后退回法院入卷

文本演示

案情简介：2017年5月23日，白某因涉嫌危害国家安全罪被人民检察院提起公诉。人民法院经过审查，确认白某存在与境外组织相勾结，出卖国家机密信息的行为。人民法院依法判处白某有期徒刑十二年，剥夺政治权利七年，并向公安机关下达了执行通知书。现在，公安机关将执行情况反馈给人民法院。

某市人民法院
执行通知书（回执）

（2017）某刑初717号

某市人民法院：

你院2017年8月20日（2017）某刑初500号执行通知书和所附执行根据刑事判决书2份，刑事裁定书2份，均已收到。

我局已采取措施，对罪犯白某依法执行剥夺政治权利。

二〇一七年八月二十二日

（公章）

此联由公安机关填写并加盖公章后退回法院入卷

要点总结

1. 首部

（1）标题。写明"××××人民法院执行通知书（回执）"。

（2）案号。写明"（××××）×刑×××号"。

2. 正文

（1）写明发布执行通知的人民法院名称。

（2）写明人民法院执行通知书案号及刑事判决书、刑事裁定书的份数。

（3）写明公安机关的执行情况。

3. 尾部

（1）写明发文日期并加盖公安机关印章。

（2）写明此联由公安机关填写并加盖公章后退回法院入卷。

执行通知书（死刑缓期二年执行用）

适用情形

执行通知书（死刑缓期二年执行用），供中级以上人民法院在审理刑事案件的过程中，依据对被告人实施死刑缓期二年执行的审判结果，于判决发生法律效力之后通知羁押罪犯的单位交付监狱执行和通知被告人本人时使用。

基本框架

第一联

××××人民法院

执行通知书

（××××）×刑×××号

______（羁押单位名称）：

被告人×××经依法判处刑罚，判决已发生法律效力，依照《中华人民共和国刑事诉讼法》第二百六十四条第二款的规定，请按照本通知送交监狱执行。

<table>
<tr><td>姓名</td><td></td><td>性别</td><td></td><td>出生日期</td><td>年 月 日</td><td>民族</td><td></td></tr>
<tr><td>家庭住址</td><td colspan="7"></td></tr>
<tr><td>罪名</td><td colspan="7"></td></tr>
<tr><td>主刑</td><td colspan="7">死刑缓期二年执行</td></tr>
<tr><td colspan="2">死刑缓期二年执行起缓日期</td><td colspan="2">年 月 日</td><td colspan="2">死刑缓期二年执行届满日期</td><td colspan="2">年 月 日</td></tr>
<tr><td>附加刑</td><td colspan="7">剥夺政治权利终身</td></tr>
<tr><td>执行根据</td><td colspan="7">××××人民法院（ ）刑 号刑事判决书
××××人民法院（ ）刑 号刑事裁定书</td></tr>
<tr><td>备考</td><td colspan="7"></td></tr>
<tr><td colspan="8">签发人： 经办人：
年 月 日
（院印）</td></tr>
</table>

此联送交被告人羁押单位

第二联

××××人民法院

执行通知书（存根）

（××××）×刑×××号

__________（羁押单位名称）：

被告人×××经依法判处刑罚，判决已发生法律效力，依照《中华人民共和国刑事诉讼法》第二百六十四条第二款的规定，请按照本通知交监狱执行。

姓名		性别		出生日期	年 月 日	民族	
家庭住址							
罪名							
主刑	死刑缓期二年执行						
死刑缓期二年执行起缓日期		年 月 日		死刑缓期二年执行届满日期		年 月 日	
附加刑	剥夺政治权利终身						
执行根据	××××人民法院（ ） 刑 号刑事判决书 ××××人民法院（ ） 刑 号刑事裁定书						
备考							
签发人：				经办人：		年 月 日 （院印）	

此联入卷

第三联

××××人民法院

执行通知书

（××××）×刑×××号

×××：

你犯__________罪，经依法判处死刑缓期二年执行。现交付执行，并将有关事项通知如下：

死刑缓期执行期间：二年

起算日期：××××年××月××日起，

届满日期：××××年××月××日止。

附加刑：剥夺政治权利终身。

××××年××月××日

（院印）

此联发给被告人本人收执

文本演示

案情简介：2017年3月19日，王某因涉嫌抢劫罪被某市人民检察院提起公诉。因王某犯罪情节恶劣，且其强奸行为导致受害人李某自杀，该市人民法院经过审理，依法判处王某死刑缓期两年执行，剥夺政治权利终身。现在，人民法院向羁押单位以及王某本人下发了执行通知书。

第一联

某市人民法院

执行通知书

（2017）某刑初981号

某市看守所：

被告人王某经依法判处刑罚，判决已发生法律效力，依照《中华人民共和国刑事诉讼法》第二百五十三条[①]第二款的规定，请按照本通知送交监狱执行。

姓名	王某	性别	男	出生日期	1984年8月10日	民族	汉
家庭住址	江西省某市某区某街道390号						
罪名	强奸罪						
主刑	死刑缓期二年执行						

① 对应2016年修正后《刑事诉讼法》第二百六十四条。——编者注

续表

死刑缓期二年执行起缓日期	2017年6月20日	死刑缓期二年执行届满日期	2019年6月19日
附加刑	剥夺政治权利终身		
执行根据	某市某区人民法院（2017）某刑初800号刑事判决书 某市某区人民法院（2014）某刑初字第790号刑事裁定书		
备考			
签发人：张某　　　　经办人：贾某 二〇一七年六月十九日 （院印）			

此联送交被告人羁押单位

第二联

某市人民法院

执行通知书（存根）

（2017）某刑初981号

某市看守所：

被告人王某经依法判处刑罚，判决已发生法律效力，依照《中华人民共和国刑事诉讼法》第二百五十三条[①]第二款的规定，请按照本通知送交监狱执行。

姓名	王某	性别	男	出生日期	1984年8月10日	民族	汉
家庭住址	江西省某市某区某街道390号						
罪名	强奸罪						
主刑	死刑缓期二年执行						
死刑缓期二年执行起缓日期		2017年6月20日		死刑缓期二年执行届满日期		2019年6月19日	
附加刑	剥夺政治权利终身						
执行根据	某市某区人民法院（2017）某刑初800号刑事判决书 某市某区人民法院（2014）某刑初字第790号刑事裁定书						
备考							
签发人：张某　　　　经办人：贾某 二〇一七年六月十九日 （院印）							

① 对应2018年修正后《刑事诉讼法》第二百六十四条第二款。——编者注

此联入卷

第三联

某市人民法院

执行通知书

（2017）某刑初981号

被告人王某：

你犯强奸罪，经依法判处死刑缓期二年执行。现交付执行，并将有关事项通知如下：

死刑缓期执行期间：二年

起算日期：2017年6月20日起。

届满日期：2019年6月19日止。

附加刑：剥夺政治权利终身。

二〇一七年六月十九日

（院印）

此联发给被告人本人收执

要点总结

1. 首部

（1）标题。写明"××××人民法院执行通知书"，存根联可以写为"××××人民法院执行通知书（存根）"。

（2）案号。写明"（××××）×刑×××号"。

2. 正文

（1）本样式第一、二联的抬头，填写羁押被告人的单位名称，第三联抬头写被告人姓名。

（2）概述判处结果及交付监狱执行。

（3）本样式第一、二联以表格的形式写明被告人的基本情况，包括姓名、性别、出生日期、民族、家庭住址、罪名、主刑、附加刑、刑期、执行根据、备考、签发人与经办人签字、发文日期和人民法院盖章。

（4）第三联写明罪行及判处结果、其他通知事项。

3. 尾部

（1）写明发文日期并加盖人民法院印章。

（2）写明此联入卷或者此联送交罪犯羁押单位或者此联交给被告人本人收执。

执行通知书（无期徒刑用）

适用情形

执行通知书（无期徒刑用），供中级以上人民法院经过依法审理，针对罪犯被判处无期徒刑的情形，于判决发生法律效力之后通知罪犯羁押单位交付监狱执行和通知罪犯本人时使用。

基本框架

第一联

××××人民法院

执行通知书（存根）

（××××）×刑×××号

____________：

罪犯×××经依法判处刑罚，判决已发生法律效力，根据《中华人民共和国刑事诉讼法》第二百六十四条第二款的规定，请按照本通知交监狱执行。

姓名		性别		出生日期	年　月　日	民族	
家庭住址							
罪名							
主刑	无期徒刑						
附加刑	剥夺政治权利终身						
执行根据	××××人民法院（　）　刑　号刑事判决书 ××××人民法院（　）　刑　号刑事裁定书						

续表

备考	
签发人：　　　　　　　　经办人： 年　月　日 （院印）	

此联入卷

第二联

××××人民法院

执行通知书

（××××）×刑×××号

____________：

罪犯×××经依法判处刑罚，判决已发生法律效力，根据《中华人民共和国刑事诉讼法》第二百六十四条第二款的规定，请按照本通知交监狱执行。

姓名		性别		出生日期	年　月　日	民族	
家庭住址							
罪名							
主刑	无期徒刑						
附加刑	剥夺政治权利终身						
执行根据	××××人民法院（　）　刑　　号刑事判决书 ××××人民法院（　）　刑　　号刑事裁定书						
备考							
年　月　日 （院印）							

此联送交罪犯羁押单位

第三联

××××人民法院

执行通知书

（××××）×刑×××号

××××人民法院：

你院××××年××月××日（××××）×刑×××号执行通知

书已收到。

罪犯 ××× 已于 ×××× 年 ×× 月 ×× 日送往________执行。

×××× 年 ×× 月 ×× 日

（公章）

此联由羁押单位填写并加盖公章后退回法院入卷

第四联

×××× 人民法院

执行通知书

（××××）× 刑 ××× 号

罪犯 ×××：

你犯__________罪，经依法判处无期徒刑，现剥夺政治权利终身。现交付执行，并将有关事项通知如下：

主刑起刑日期：×××× 年 ×× 月 ×× 日。

附加刑：剥夺政治权利终身。

×××× 年 ×× 月 ×× 日

（院印）

此联发给罪犯本人收执

文本演示

案情简介：2016 年 12 月 29 日，陆某财迷心窍，他决定以开大型公司为幌头收集他人的闲置资金。经过 3 个月的“宣传推广”，他陆陆续续从被害人李某、蒋某、胡某等 35 位受害人处集得 500 万元。资金到手后，陆某便肆意挥霍。2017 年 4 月 20 日，陆某因涉嫌非法集资罪被人民检察院提起公诉。人民法院经审理，认为陆某违法犯罪金额特别巨大，同时给受害人带来极为严重的损失，依法判处陆某无期徒刑，并处罚金 30 万元。判决书生效后，人民法院依法下发将朱某交付羁押机关执行的通知。

第一联

某市人民法院
执行通知书（存根）

（2017）某刑某882号

某市公安局：

罪犯陆某经依法判处刑罚，判决已发生法律效力，根据《中华人民共和国刑事诉讼法》第二百五十三条[①]第二款的规定，请按照本通知交监狱执行。

姓名	陆某	性别	男	出生日期	1979年11月28日	民族	汉
家庭住址	某省某市某区某路985号						
罪名	集资诈骗罪						
主刑	无期徒刑						
附加刑	罚金刑三十万元						
执行根据	某市中级人民法院（2017）某刑初532号刑事判决书						
备考							
签发人：卢某			经办人：李某				
						二〇一七年七月十日 （院印）	

此联入卷

第二联

某市人民法院
执行通知书

（2017）某刑初882号

某市公安局：

罪犯陆某经依法判处刑罚，判决已发生法律效力，根据《中华人民共和国刑事诉讼法》第二百五十三条[②]第二款的规定，请按照本通知交监狱执行。

---

① 对应2018年修正后《刑事诉讼法》第二百六十四条。——编者注

② 对应2018年修正后《刑事诉讼法》第二百六十四条。——编者注

姓名	陆某	性别	男	出生日期	1979年11月28日	民族	汉
家庭住址	某省某市某区某路985号						
罪名	集资诈骗罪						
主刑	无期徒刑						
附加刑	罚金刑三十万元						
执行根据	某市中级人民法院（2017）某刑初532号刑事判决书						
备考							
签发人：卢某　　经办人：李某 二〇一七年七月十日 （院印）							

此联送交罪犯羁押单位

第三联

某市人民法院

执行通知书

（2017）某刑某882号

某市人民法院：

你院2017年7月10日（2017）某刑初882号执行通知书已收到。

罪犯陆某 已于2017年7月15日送往某处执行。

二〇一七年七月十六日

（公章）

此联由羁押单位填写并加盖公章后退回法院入卷

第四联

某市人民法院

执行通知书

（2017）某刑初882号

罪犯陆某：

你犯集资诈骗罪，经依法判处无期徒刑，并处罚金三十万元。现交付执行，并将有关事项通知如下：

主刑起刑日期：2017 年 7 月 15 日。

附加刑：罚金刑三十万元。

二〇一七年七月十日

（院印）

此联发给罪犯本人收执

要点总结

1. 首部。

（1）标题。写明“×××× 人民法院执行通知书”，存根联可以写为“×××× 人民法院执行通知书（存根）”。

（2）案号。写明“（××××）× 刑 ××× 号”。

2. 本样式抬头处应填写羁押罪犯的单位名称。表头应写明罪犯姓名、所判处刑罚及相关法律依据，并注明“请按照本通知交监狱执行”字样。

3. 罪犯姓名、性别、罪名等基本信息处，需如实填写。

4.“主刑”一栏，填写无期徒刑；“附加刑”一栏，一般为剥夺政治权利终身。

5.“执行根据”一栏，写明生效的裁判文书。即：一审结案的，只填第一审人民法院生效的刑事判决书；二审结案改判的，只填第二审人民法院生效的刑事判决书；二审结案维持原判的，既要填写第一审人民法院刑事判决书，又要填写二审法院生效的刑事裁定书。

6. 尾部需写明发文日期并加盖人民法院或羁押单位印章，第一联需签发人、经办人签字。

7. 对于判处无期徒刑的罪犯，在交付执行、送达执行通知书的同时，应当将判决书、裁定书、人民检察院的起诉书副本或者自诉状复印件、结案登记表等送达看守所，由公安机关将罪犯交付监狱执行。第三联由羁押单位填写并加盖公章后退回法院入卷。

执行通知书（有期徒刑、拘役用）

适用情形

执行通知书（有期徒刑、拘役用），供人民法院经过依法审理，针对罪犯被判处有期徒刑、拘役的情形，于判决发生法律效力之后，将执行通知告知羁押单位和被告人本人时使用。

基本框架

第一联

××××人民法院

执行通知书

（××××）×刑×××号

__________（羁押单位名称）：

被告人_______经依法判处刑罚，判决已发生法律效力，根据《中华人民共和国刑事诉讼法》第二百六十四条第二款的规定，请按照本通知交监狱（或者公安机关）执行。

姓名		性别		出生日期	年 月 日	民族	
家庭住址							
罪名				主刑			
起刑日期	年 月 日						
羁押抵刑	年 个月 日			刑满日期	年 月 日		
附加刑							
执行根据	××××人民法院（ ） 刑 号刑事判决书 ××××人民法院（ ） 刑 号刑事裁定书						
备考							
签发人：			经办人：				年 月 日 （院印）

此联送交被告人羁押单位

第二联

××××人民法院

执行通知书（存根）

（××××）×刑×××号

＿＿＿＿＿（羁押单位名称）：

被告人＿＿＿＿经依法判处刑罚，判决已发生法律效力，根据《中华人民共和国刑事诉讼法》第二百六十四条第二款的规定，请按照本通知交监狱或公安机关执行。

姓名		性别		出生日期	年 月 日	民族	
家庭住址							
罪名				主刑			
起刑日期							年 月 日
羁押抵刑	年 个月 日			刑满日期	年 月 日		
附加刑							
执行根据	××××人民法院（ ） 刑 号刑事判决书 ××××人民法院（ ） 刑 号刑事裁定书						
备考							
签发人：		经办人：					年 月 日 （院印）

此联入卷

第三联

××××人民法院

执行通知书

（××××）×刑×××号

×××：

你犯＿＿＿＿＿＿罪，经依法判处有期徒刑（或者拘役）×年。现交付执行，并将有关事项通知如下：

主刑起算日期：自 ×××× 年 ×× 月 ×× 日起，

羁押抵刑：× 年 × 个月 × 日。

刑满日期：×××× 年 ×× 月 ×× 日。

附加刑

×××× 年 ×× 月 ×× 日

（院印）

此联发给被告人本人收执

文本演示

案情简介：周某和吴某是生意上的合作伙伴，2017 年 2 月 10 日，二人因竞争同一客户而结仇。周某为了报复吴某，恶意放火焚烧了吴某的房屋。但因吴某的房屋紧邻其他房屋，此次大火也殃及了其他五所房屋，同时致使受害人钱某等三人受重伤。2017 年 4 月 2 日，某市人民法院公开开庭审理了此案。2017 年 5 月 29 日，该市人民法院以周某触犯了刑法所规定的放火罪为依据，依法判处周某有期徒刑十五年。

第一联

某市人民法院

执行通知书

（2017）某刑初 629 号

某市监狱：

被告人周某经依法判处刑罚，判决已发生法律效力，根据《中华人民共和国刑事诉讼法》第二百五十三条[①]第二款的规定，请按照本通知交监狱（或者公安机关）执行。

① 对应2018年修正后《刑事诉讼法》第二百六十四条。——编者注

姓名	周某	性别	男	出生日期	1978 年 11 月 30 日	民族	汉
家庭住址	某省某市某镇某村 4 排 27 号						
罪名	放火罪			主刑	有期徒刑		
起刑日期	2017 年 5 月 29 日						
羁押抵刑	/ 年 1 个月 / 日			刑满日期	2032 年 5 月 28 日		
附加刑	/						
执行根据	某市某区人民法院（2017）某刑初 600 号刑事判决书 某市某区人民法院（2017）某刑初 590 号刑事裁定书						
备考	/						
签发人：安某　　经办人：杜某 二〇一七年五月二十九日 （院印）							

此联送交被告人羁押单位

第二联

某市人民法院

执行通知书（存根）

（2017）某刑初 629 号

某市监狱：

被告人周某经依法判处刑罚，判决已发生法律效力，根据《中华人民共和国刑事诉讼法》第二百五十三条[①]第二款的规定，请按照本通知交监狱（或者公安机关）执行。

姓名	李某	性别	男	出生日期	1978 年 11 月 30 日	民族	汉
家庭住址	某省某市某镇某村 4 排 27 号						
罪名	放火罪			主刑	有期徒刑		
起刑日期	2017 年 5 月 29 日						
羁押抵刑	/ 年 1 个月 / 日			刑满日期	2032 年 5 月 28 日		

① 对应2018年修正后《刑事诉讼法》第二百六十四条。——编者注

续表

附加刑	/
执行根据	某市某区人民法院（2017）某刑初600号刑事判决书 某市某区人民法院（2017）某刑初590号刑事裁定书
备考	/
签发人： 安某 经办人：杜某 二〇一七年五月二十九日 （院印）	

此联入卷

第三联

某市人民法院

执行通知书

（2017）某刑初629号

被告人周某：

你犯放火罪，经依法判处有期徒刑十五年。现交付执行，并将有关事项通知如下：

主刑起算日期：自2017年5月29日起，

羁押抵刑：1个月。

刑满日期：2032年5月28日。

二〇一七年五月二十九日

（院印）

此联发给被告人本人收执

要点总结

1. 首部

（1）标题。写明“××××人民法院执行通知书”，存根联可以写为“××××人民法院执行通知书（存根）”。

（2）案号。写明“（××××）×刑×××号”。

2. 正文

（1）本样式第一、二联的抬头填写羁押单位名称，第三联的抬头写被告人姓名。

（2）概述判处结果及交付监狱或公安机关执行。

（3）本样式第一、二联以表格的形式写明被告人的基本情况，包括姓名、性别、出生日期、民族、家庭住址、罪名、主刑、起刑日期、羁押抵刑、羁押抵刑、附加刑、执行根据、备考、签发人经办人签字、发文日期和人民法院盖章。

（4）第三联写明罪行、判处结果及其他通知事项。

3. 尾部

（1）写明发文日期并加盖人民法院印章。

（2）写明此联入卷、此联送交被告人羁押单位或者此联交给被告人本人收执。

执行通知书（宣告缓刑用）

适用情形

执行通知书（宣告缓刑用），供人民法院经过依法审理，针对罪犯被判处有期徒刑或者拘役缓期执行的情形，于判决发生法律效力之后，将执行通知告知公安机关并通知罪犯本人时使用。

基本框架

第一联

××××人民法院

执行通知书

（××××）×刑×××号

××××公安局：

罪犯______因犯______罪，经依法判处______，缓期__________。现判决已发生法律效力。依照《中华人民共和国刑法》第七十六条的规定，请你局对该犯予以考察。

缓刑考验期间：自 ×××× 年 ×× 月 ×× 日起，

至 ×××× 年 ×× 月 ×× 日止。

附执行根据：×××× 人民法院（××××）× 刑 ××× 号刑事判决书 ×× 份

×××× 人民法院（××××）× 刑 ××× 号刑事裁定书 ×× 份

×××× 年 ×× 月 ×× 日

（院印）

签发人 ×××

经办人 ×××

此联入卷

第二联

×××× 人民法院

执行通知书

（××××）× 刑 ××× 号

×××× 公安局：

罪犯________因犯____________罪，经依法判处________________，缓期______________________。现判决已发生法律效力。依照《中华人民共和国刑法》第七十六条的规定，请你局对该犯予以考察。

缓刑考验期间：自 ×××× 年 ×× 月 ×× 日起，

至 ×××× 年 ×× 月 ×× 日止。

附执行根据：×××× 人民法院（××××）× 刑 ××× 号刑事判决书 ×× 份

×××× 人民法院（××××）× 刑 ××× 号刑事裁定书 ×× 份

×××× 年 ×× 月 ×× 日

（院印）

此联交公安机关

第三联

××××人民法院

执行通知书（回执）

（××××）×刑×××号

××××人民法院：

你院××××年××月××日（××××）×刑×××号执行通知书和所附执行根据______均已收到。

我局已于××××年××月××日对罪犯__________予以考察。

××××年××月××日

（公章）

此联由公安机关填写并加盖公章后退回法院入卷

第四联

××××人民法院

执行通知书

（××××）×刑×××号

×××：

你犯_________罪，经依法判处________，缓期_______。判决已发生法律效力，现交付执行。你在缓期考验期间，必须遵守《中华人民共和国刑法》第七十五条的规定：

（一）遵守法律、行政法规，服从监督；

（二）按照考察机关的规定报告自己的活动情况；

（三）遵守考察机关关于会客的规定；

（四）离开所居住的市、县或者迁居，应当报经考察机关批准。如违反上述规定，依照《中华人民共和国刑法》第七十七条第二款的规定处理。

缓刑考验期间：自××××年××月××日起，

至××××年××月××日止。

××××年××月××日

（院印）

此联交给罪犯本人收执

文本演示

案情简介：2017 年 3 月 30 日，宋某与陈某发生口角，因宋某情绪激动，便将对方打伤。事件发生后，宋某极其懊悔，于是主动到公安机关自首。2017 年 5 月 16 日，某市某区人民法院依法公开开庭审理了此案，考虑到宋某有自首的情节，其被司法机关控制后有悔改表现，不予关押也不至危害社会，法院依法判处宋某有期徒刑两年，缓期两年执行。判决生效后，该法院依法通知区公安局对宋某进行缓刑考察。

第一联

某区人民法院

执行通知书

（2017）某刑某 765 号

某事某区公安局：

罪犯宋某因犯故意伤害罪，经依法判处有期徒刑两年，缓期两年执行。现判决已发生法律效力。依照《中华人民共和国刑法》第七十六条的规定，请你局对该犯予以考察。

缓刑考验期间：自 2017 年 6 月 20 日起，

至 2019 年 6 月 19 日止。

附执行根据：某市某区人民法院（2017）某刑某 700 号刑事判决书 1 份

二〇一七年六月二十日

（院印）

签发人　赵某

经办人　庞某

此联入卷

第二联

某区人民法院
执行通知书

（2017）某刑某765号

某市某区公安局：

罪犯宋某因犯故意伤害罪，经依法判处有期徒刑两年，缓期两年执行。现判决已发生法律效力。依照《中华人民共和国刑法》第七十六条的规定，请你局对该犯予以考察。

缓刑考验期间：自2017年6月20日起，

至2019年6月19日止。

附执行根据：某市某区人民法院（2017）某刑某700号刑事判决书1份

二〇一七年六月二十日

（院印）

此联交公安机关

第三联

某区人民法院
执行通知书（回执）

（2017）某刑某765号

某市某区人民法院：

你院2017年6月20日（2017）某刑某765号执行通知书和所附执行根据均已收到。

我局已于2017年6月26日对罪犯宋某予以考察。

二〇一七年六月二十七日

（公章）

此联由公安机关填写并加盖公章后退回法院入卷

第四联

某市某区人民法院
执行通知书

（2017）某刑某 765 号

宋某：

你犯故意伤害罪，经依法判处有期徒刑两年，缓期两年执行。判决已发生法律效力，现交付执行。你在缓期考验期间，必须遵守《中华人民共和国刑法》第七十五条的规定：

（一）遵守法律、行政法规，服从监督；

（二）按照考察机关的规定报告自己的活动情况；

（三）遵守考察机关关于会客的规定；

（四）离开所居住的市、县或者迁居，应当报经考察机关批准。如违反上述规定，依照《中华人民共和国刑法》第七十七条第二款的规定处理。

缓刑考验期间：自 2017 年 6 月 20 日起，

至 2019 年 6 月 19 日止。

二〇一七年六月二十日

（院印）

此联交罪犯本人收执

要点总结

1. 首部

（1）标题。写明“××××人民法院执行通知书”，回执联可以写为“××××人民法院执行通知书（回执）”。

（2）案号。写明“（××××）×刑×××号”。

2. 正文

（1）抬头写明执行机关名称。

（2）写明罪犯的名称及案由，并注明所判处刑罚及缓期执行期限。同时要求执行单位根据相关法律规定对已发生法律效力的判决对罪犯进行考察，写明考察起止日期。

（3）后附执行根据，写明生效的裁判文书。即一审结案的，只填第一审人民法院生效的刑事判决书；二审结案改判的，只填第二审人民法院生效的刑事判决书；二审结案维持原判的，既要填写第一审人民法院刑事判决书，又要填写二审法院生效的刑事裁定书。

3. 尾部

（1）写明发文日期并加盖人民法院印章。

（2）第一联需签发人、经办人签字。

（3）写明此联入卷，此联交公安机关，此联由公安机关填写并加盖公章后退回法院入卷或此联交罪犯本人收执。

（4）写明第三联（回执联）由公安机关填写并加盖公章后退回法院入卷。

执行通知书（回执）

适用情形

执行通知书（回执），供羁押单位按照人民法院的审判结果予以执行，并将执行情况反馈给人民法院时使用。

基本框架

××××人民法院

执行通知书（回执）

（××××）×刑×××号

××××人民法院：

你院××××年××月××日（××××）×刑×××号执行通知书已收到。

被告人×××已于××××年××月××日送往________执行。

××××年××月××日

（公章）

此联由羁押单位填写并加盖公章后退回法院入卷

文本演示

案情简介： 白某是甲公司的一名职员，因白某的表现很一般，单位发给他的工资也比较微薄。为了“发家致富”，白某走上了诈骗他人钱财的不归路。2017 年 2 月 22 日，白某因涉嫌电信诈骗罪被某市人民检察院提起公诉。人民法院经审判，判处白某有期徒刑三年，缓期三年执行，并向该市监狱下达了执行通知书。现在，该市监狱已经将白某送往某市监狱执行，并将执行情况反馈给人民法院。

某市人民法院

执行通知书（回执）

（2017）某刑初 481 号

某市人民法院：

你院 2017 年 5 月 19 日（2017）某刑初 459 号执行通知书已收到。

被告人白某已于 2017 年 5 月 24 日送往某市监狱执行。

二〇一七年五月二十五日

（公章）

此联由羁押单位填写并加盖公章后退回法院入卷

要点总结

1. 首部

（1）标题。写明“×××× 人民法院执行通知书（回执）”。

（2）案号。写明“（××××）× 刑 ××× 号”。

2. 正文

（1）写明回复的人民法院名称。

（2）概述判收到人民法院的执行通知书的基本信息。

（3）执行通知的时间和地点。

3. 尾部

（1）写明发文日期并加盖监狱公章。

（2）写明此联由羁押单位填写并加盖公章后退回法院入卷。

假释执行通知书（宣告假释用）

适用情形

假释执行通知书（宣告假释用），供中级以上人民法院经过依法审理，针对罪犯被判处无期徒刑、有期徒刑宣告假释的情形，于裁定发生法律效力之后，将执行通知告知公安机关并通知罪犯本人时使用。

基本框架

第一联

××××人民法院

假释执行通知书（存根）

（××××）×刑执××号

××××公安局：

罪犯×××因犯__________罪，被判处__________，现已执行__________。经__________监狱提出假释建议，本院依法裁定予以假释。裁定已发生法律效力。依照《中华人民共和国刑法》第八十五条的规定，请你局予以监督。如果没有《中华人民共和国刑法》第八十六条规定的情形，假释考验期满，就认为原判刑罚已经执行完毕，并请公开予以宣告。

假释考验期：自××××年××月××日起，

至××××年××月××日止。

附执行根据：××××人民法院（××××）×刑执××号刑事判决书份

××××年××月××日

（院印）

签发人　×××

经办人　×××

此联入卷

第二联

××××人民法院

假释执行通知书（存根）

（××××）×刑执××号

××××公安局：

罪犯×××因犯__________罪，被判处__________，现已执行________。经__________监狱提出假释建议，本院依法裁定予以假释。裁定已发生法律效力。依照《中华人民共和国刑法》第八十五条的规定，请你局予以监督。如果没有《中华人民共和国刑法》第八十六条规定的情形，假释考验期满，就认为原判刑罚已经执行完毕，并请公开予以宣告。

假释考验期：自××××年××月××日起，

至××××年××月××日止。

附执行根据：××××人民法院（××××）×刑执××号刑事判决书___份

××××年××月××日

（院印）

此联交公安机关

第三联

××××人民法院

假释执行通知书（存根）

（××××）×刑执××号

××××人民法院：

你院××××年××月××日（××××）×刑执××号假释执行通知书及所付执行根据__________均已收到。

我局已于××××年××月××日对罪犯______予以监督。

××××年××月××日

（公章）

此联由公安机关填写并加盖公章后退回法院入卷

第四联

××××人民法院

假释执行通知书

（××××）×刑执××号

×××：

你犯______罪，被判处______，现已执行________，经___监狱提出假释建议，本院依法裁定予以假释。裁定已发生法律效力。你在假释考验刑期应当遵守《中华人民共和国刑法》第八十四条的规定：

（一）遵守法律、行政法规、服从监督；

（二）按照监督机关的规定报告自己的活动情况；

（三）遵守监督机关关于会客的规定；

（四）离开所居的市、县或者迁居，应当报经监督机关批准。

如违反上述规定，依照《中华人民共和国刑法》第八十六条第三款的规定处理。

××××年××月××日

（院印）

此联交给罪犯本人收执

文本演示

案情简介：2014 年 1 月 1 日，作家于某发现作家陈某的一部作品与自己的作品雷同。于某认为陈某侵犯了自己的著作权，向人民法院起诉。2014 年 3 月 5 日，陈某侵犯著作权一案被某市人民法院公开开庭审理。2014 年 5 月 26 日，该市人民法院依法判处陈某有期徒刑四年，并处罚金

10万元。2017年5月25日，该市监狱机关认为陈某在刑罚执行期间确有悔改表现，应当依法予以假释，假释考验期一年，同时向该市人民法院提出假释建议书。该市人民法院裁定给予其假释，并交市公安局监督。

第一联

某市人民法院

假释执行通知书（存根）

（2017）某刑执341号

某市公安局：

罪犯陈某因犯侵犯著作权罪，被判处有期徒刑四年，并处罚金十万元，现已执行三年。经某市某监狱提出假释建议，本院依法裁定予以假释。裁定已发生法律效力。依照《中华人民共和国刑法》第八十五条的规定，请你局予以监督。如果没有《中华人民共和国刑法》第八十六条规定的情形，假释考验期满，就认为原判刑罚已经执行完毕，并请公开予以宣告。

假释考验期：自2017年6月15日起，

至2018年6月14日止。

附执行根据：某市中级人民法院（2014）某刑某字第841号刑事判决书1份

二〇一七年六月十五日

（院印）

签发人　李某

经办人　杜某

此联入卷

第二联

某市人民法院

假释执行通知书（存根）

（2017）某刑执341号

某市公安局：

罪犯陈某因犯侵犯著作权罪，被判处有期徒刑四年，并处罚金10万元，现已执行三年。经某市某监狱提出假释建议，本院依法裁定予以假释。裁定已发生法律效力。依照《中华人民共和国刑法》第八十五条的规定，请你局予以监督。如果没有《中华人民共和国刑法》第八十六条规定的情形，假释考验期满，就认为原判刑罚已经执行完毕，并请公开予以宣告。

假释考验期：自 2017 年 6 月 15 日起，

至 2018 年 6 月 14 日止。

附执行根据：某市中级人民法院（2014）某刑某字第 841 号刑事判决书 1 份

二〇一七年六月十五日

（院印）

此联交公安机关

第三联

某市人民法院
假释执行通知书（存根）

（2017）某刑执 341 号

某市人民法院：

你院 2017 年 6 月 8 日（2017）某刑执 341 号假释执行通知书及所付执行根据（2017）某刑执 341 号均已收到。

我局已于 2017 年 6 月 15 日对罪犯陈某予以监督。

二〇一七年六月十六日

（公章）

此联由公安机关填写并加盖公章后退回法院入卷

第四联

某市人民法院
假释执行通知书

（2017）某刑执 341 号

陈某：

你犯侵犯著作权罪，被判处有期徒刑四年，并处罚金十万元，现已执行三年。经某市某监狱提出假释建议，本院依法裁定予以假释。裁定已发生法律效力。你在假释考验刑期应当遵守《中华人民共和国刑法》第八十四条的规定：

（一）遵守法律、行政法规、服从监督；

（二）按照监督机关的规定报告自己的活动情况；

（三）遵守监督机关关于会客的规定；

（四）离开所居的市、县或者迁居，应当报经监督机关批准。

如违反上述规定，依照《中华人民共和国刑法》第八十六条第三款的规定处理。

二〇一七年六月十五日

（院印）

此联交给罪犯本人收执

要点总结

1. 首部

（1）标题。写明“×××× 人民法院假释执行通知书”，存根联可以写为“×××× 人民法院假释执行通知书（存根）”。

（2）案号。写明“（××××）× 刑执 ×× 号”。

2. 正文

（1）抬头写明假释执行机关名称。

（2）写明罪犯的犯罪基本情况及被判刑罚和执行情况，注明已依法裁定准予假释。同时要求执行单位根据相关法律规定对已发生法律效力的判决对罪犯进行考察，写明考察起止日期。

（3）后附执行根据，写明生效的裁判文书。

3. 尾部

（1）写明发文日期并加盖人民法院印章。

（2）第一联应有签发人、经办人签字。

（3）写明此联入卷，此联交公安机关，此联由公安机关填写并加盖公章后退回法院入卷或此联交给罪犯本人收执。

减刑通知书（有期徒刑、拘役、管制减刑用）

适用情形

减刑通知书（有期徒刑、拘役、管制减刑用），供原判人民法院对负责行刑机关报送的被告人具备法定减刑情节的材料予以审核后，依法作出准予减刑的处理决定，交付执行和通知罪犯本人时使用。

基本框架

第一联

××××人民法院

减刑通知书（存根）

（××××）×刑执××号

________：

罪犯×××已经本院裁定减刑，请按下表执行。

姓名		性别		罪名	
原判主刑				起刑日期	年 月 日
				羁押抵刑	年 月 日
				刑满日期	年 月 日
曾经变动				刑满日期	年 月 日
此次变动				刑满日期	年 月 日
原判附加刑				曾经变动	
此次变动					
执行根据	本院（ ） 刑执 号刑事裁定书				
备考					

附件：本院刑事裁定书____份

××××年××月××日

（院印）

签发人 ×××
经办人 ×××

此联入卷

第二联

××××人民法院

减刑通知书（存根）

（××××）×刑执××号

____________：

罪犯×××已经本院裁定减刑，请按下表执行。

姓名		性别		罪名	
原判主刑				起刑日期	年 月 日
				羁押抵刑	年 月 日
				刑满日期	年 月 日
曾经变动				刑满日期	年 月 日
此次变动				刑满日期	年 月 日
原判附加刑				曾经变动	
此次变动					
执行根据	本院（ ） 刑执 号刑事裁定书				
备考					

附件：本院刑事裁定书__________份

××××年××月××日

（院印）

此联交给执行机关

第三联

××××人民法院

减刑执行通知书

（××××）×刑执××号

罪犯×××：

你原判的刑罚，已经本院裁定减刑，现交付执行，并将有关事项通知书如下：

原判主刑：__________ 起刑日期：_____年__月__日
羁押抵刑：_____年__月__日 刑满日期：_____年__月__日
曾经变动：__________ 刑满日期：_____年 月__日
此次变动：__________ 刑满日期：_____年__月__日
原判附加刑：
曾经变动：
此次变动：

××××年××月××日
（院印）

此联交给罪犯本人收执

文本演示

案情简介： 2009年3月20日，孙某因涉嫌抢劫罪被某市人民检察院提起公诉。人民法院受理后，发现孙某抢劫次数较多，遂依法判处孙某有期徒刑十三年，并处罚金十八万元。截至2017年8月27日，孙某已服刑八年，在这期间，他曾立功两次。因此，服刑机关提出减刑建议。2017年9月1日，人民法院依法准予减去孙某有期徒刑三年，并向相关人员下发了减刑通知书。

第一联

某市人民法院
减刑通知书（存根）

（2017）某刑执1200号

某市公安局：

罪犯孙某已经本院裁定减刑，请按下表执行。

姓名	孙某	性别	男	罪名	抢劫罪
原判主刑	有期徒刑 13 年			起刑日期	2009 年 6 月 10 日
				羁押抵刑	年　月　日
				刑满日期	2022 年 6 月 9 日
曾经变动				刑满日期	年　月　日
此次变动	减去有期徒刑三年			刑满日期	2019 年 6 月 9 日
原判附加刑	罚金刑十八万元			曾经变动	
此次变动	/				
执行根据	本院（2017）某刑执 980 号刑事裁定书				
备考					

附件：本院刑事裁定书 1 份

二〇一七年九月一日

（院印）

签发人　刘某

经办人　徐某

此联入卷

第二联

某市人民法院

减刑通知书（存根）

（2017）某刑执 1200 号

某市公安局：

罪犯孙某已经本院裁定减刑，请按下表执行。

姓名	孙某	性别	男	罪名	抢劫罪
原判主刑	有期徒刑 13 年			起刑日期	2009 年 6 月 10 日
				羁押抵刑	年　月　日
				刑满日期	2022 年 6 月 9 日
曾经变动				刑满日期	年　月　日

续表

此次变动	减去有期徒刑三年	刑满日期	2019 年 6 月 9 日
原判附加刑	罚金刑十八万元	曾经变动	
此次变动	/		
执行根据	本院（2017）某刑执 980 号刑事裁定书		
备考			

附件：本院刑事裁定书 1 份

二〇一七年九月一日

（院印）

此联交给执行机关

第三联

某市人民法院

减刑执行通知书

（2017）某刑执 1200 号

罪犯孙某：

你原判的刑罚，已经本院裁定减刑，现交付执行，并将有关事项通知如下：

原判主刑：有期徒刑 13 年　起刑日期：2009 年 6 月 10 日

羁押抵刑：______年___个月__日　刑满日期：2022 年 6 月 9 日

曾经变动：____________　刑满日期：______年___月___日

此次变动：减去有期徒刑三年　刑满日期：2019 年 6 月 9 日

原判附加刑：罚金刑十八万元

曾经变动：

此次变动：

二〇一七年九月一日

（院印）

此联交给罪犯本人收执

要点总结

1. 首部。

（1）标题。写明“××××人民法院减刑通知书”，存根联可以写为“××××人民法院减刑通知书（存根）”。

（2）案号。写明“（××××）×刑执××号”。

2. 本样式抬头处应填写执行机关全称。表头应写明罪犯姓名，并注明：“已经本院裁定减刑，请按下表执行。”

3. 罪犯姓名、性别、罪名处，需如实填写罪犯基本信息。

4. “原判主刑”一栏，主要写明被告人的原判决情况，起刑日期、羁押抵刑、刑满日期要如实填写。曾经变动及此次变动处根据减刑实际情况填写。需要注意的是，在原判有期徒刑缓刑和拘役缓刑的罪犯减刑案件的，“羁押抵刑”一栏不填，“刑满日期”各栏，都改为“缓刑考验期期满日期”，“曾经变动”和“此次变动”两栏，应当写“减为……”；其他的同一刑种从较长刑期减为较短刑期的，均写“减去……”。

5. “原判附加刑”一栏，曾经变动及此次变动处根据减刑实际情况填写。附加刑只填剥夺政治权利的一种，“曾经变动”和“此次变动”两栏，应当写“减为剥夺政治权利×年”。

6. “执行根据”一栏，写明本次减刑的裁定书案号。

7. 本文书有附件的，需在最后注明“本院刑事裁定书××份”。

8. 尾部需注明发文日期和人民法院盖章，写明此联入卷、此联交给执行机关或此联交给罪犯本人收执，第一联需签发人、经办人签字。

9. 没有内容可填的空栏、空格，应当画上一道斜线。

减刑执行通知书（死刑缓期执行、无期徒刑减刑用）

适用情形

减刑执行通知书（死刑缓期执行、无期徒刑减刑用），供原判人民法院对负责行刑机关报送的被判处死刑缓期两年执行、无期徒刑的罪犯具备法定减刑情节的材料予以审核后，依法作出准予减刑的处理决定，交付执行和通知罪犯本人时使用。

基本框架

第一联

××××人民法院

减刑执行通知书（存根）

（××××）×刑执××号

________：

罪犯×××已经本院裁定减刑，请按下表执行。

<table>
<tr><td>姓名</td><td></td><td>性别</td><td></td><td>罪名</td><td></td></tr>
<tr><td>原判主刑</td><td colspan="5"></td></tr>
<tr><td rowspan="2">此次变动</td><td colspan="3" rowspan="2"></td><td>起刑日期</td><td>年 月 日</td></tr>
<tr><td>刑满日期</td><td>年 月 日</td></tr>
<tr><td>原判附加刑</td><td colspan="5"></td></tr>
<tr><td>此次变动</td><td colspan="5"></td></tr>
<tr><td>执行根据</td><td colspan="5">本院（ ） 刑执 号刑事裁定书</td></tr>
<tr><td>备考</td><td colspan="5"></td></tr>
<tr><td colspan="6">附件：本院刑事裁定书 份

经办人：
年 月 日
（院印）</td></tr>
</table>

此联入卷

第二联

××××人民法院

减刑执行通知书

（××××）×刑执××号

________：

罪犯×××已经本院裁定减刑，请按下表执行。

<table>
<tr><td>姓名</td><td></td><td>性别</td><td></td><td>罪名</td><td></td></tr>
<tr><td>原判主刑</td><td colspan="5"></td></tr>
</table>

续表

此次变动		起刑日期	年 月 日
		刑满日期	年 月 日
原判附加刑			
此次变动			
执行根据	本院（ ） 刑执 号刑事裁定书		
备考			
附件：本院刑事裁定书 份 经办人： （院印） 年 月 日			

此联交给执行机关

第三联

××××人民法院

减刑执行通知书（存根）

（××××）×刑执××号

罪犯×××：

你原判的刑罚，已经本院裁定减刑。现交付执行，并将有关事项通知如下：

原判主刑：		
此次变动：	起刑日期	年 月 日
	刑满日期	年 月 日
原判附加刑：		
此次变动：		

此联交给罪犯本人收执

文本演示

案情简介：张某为了一夜暴富，组织了一伙人从事伪造假币的犯罪活动。但是，他们的所作所为很快败露。2015年1月22日，张某因涉嫌伪造货币罪被某市人民检察院提起公诉。因张某为首要分子，且一行人伪造货币的数额特别巨大，2015 年 4 月 14 日，该市人民法院依法判处张某无期徒刑，并处罚金三十万元。张某在服刑期间，表现良好。2017 年 4 月 13 日，执行机关提出减刑建议。2017 年 4 月 20 日，人民法院依法准予减刑，由无期徒刑减为二十一年有期徒刑，并向相关人员下发了减刑通知书。

第一联

某市中级人民法院
减刑执行通知书（存根）

（2017）某刑执 349 号

某市公安局：

罪犯张某已经本院裁定减刑，请按下表执行。

<table>
<tr><td>姓名</td><td>张某</td><td>性别</td><td>男</td><td>罪名</td><td>伪造货币罪</td></tr>
<tr><td>原判主刑</td><td colspan="5">无期徒刑</td></tr>
<tr><td rowspan="2">此次变动</td><td colspan="3" rowspan="2">有期徒刑 21 年</td><td>起刑日期</td><td>2017 年 4 月 20 日</td></tr>
<tr><td>刑满日期</td><td>2038 年 4 月 19 日</td></tr>
<tr><td>原判附加刑</td><td colspan="5">罚金刑三十万元</td></tr>
<tr><td>此次变动</td><td colspan="5">/</td></tr>
<tr><td>执行根据</td><td colspan="5">本院（2017）某刑执 339 号刑事裁定书</td></tr>
<tr><td>备考</td><td colspan="5"></td></tr>
<tr><td colspan="6">附件：本院刑事裁定书 1 份

经办人：秦某
二〇一七年四月二十日
（院印）</td></tr>
</table>

此联入卷

第二联

某市中级人民法院
减刑执行通知书

（2017）某刑执 349 号

某市公安局：

罪犯张某已经本院裁定减刑，请按下表执行。

姓名	张某	性别	男	罪名	伪造货币罪
原判主刑	无期徒刑				
此次变动	有期徒刑 21 年			起刑日期	2017 年 4 月 20 日
				刑满日期	2038 年 4 月 19 日
原判附加刑	罚金刑三十万元				
此次变动	/				
执行根据	本院（2017）某刑执 339 号刑事裁定书				
备考					
附件：本院刑事裁定书 1 份 经办人：秦某 二〇一七年四月二十日 （院印）					

此联交给执行机关

第三联

某市人民法院

减刑执行通知书（存根）

（2017）某刑执 349 号

罪犯张某：

你原判的刑罚，已经本院裁定减刑。现交付执行，并将有关事项通知如下：

原判主刑：无期徒刑		
此次变动：有期徒刑 21 年	起刑日期	2017 年 4 月 20 日
	刑满日期	2038 年 4 月 19 日
原判附加刑：罚金刑三十万元		
此次变动：/		

此联交给罪犯本人收执

要点总结

1. 首部

（1）标题。写明“×××× 人民法院减刑执行通知书”，存根联可以写为“×××× 人民法院减刑执行通知书（存根）”。

（2）案号。写明“（××××）× 刑执 ×× 号”。

2. 抬头处应填写罪犯执行机关的全称，并注明“罪犯 ××× 已经本院裁定减刑，请按下表执行”字样。

3. 表格中罪犯的姓名、性别、罪名及原判主刑、附加刑几栏，应如实填写。需要注意的是，附加刑只填剥夺政治权利及其改动的期限。

4. 主刑由死刑缓期二年执行或者无期徒刑减为有期徒刑的，应当填写“起刑日期”和“刑满日期”两栏。根据《中华人民共和国刑法》第五十一条、第八十条的规定，死刑缓期执行减为有期徒刑的刑期，从死刑缓期执行期满之日起计算；无期徒刑减为有期徒刑的刑期，从裁定减刑之日起计算。

5.“执行根据”一栏需填写人民法院作出刑事裁定书的案号。

6. 表格中没有内容可填的应当画上一道斜线，且最后应有经办人签字。

7. 应写明发文日期并加盖人民法院印章。

8. 写明此联入卷，此联交给执行机关或此联交给罪犯本人收执。

阅卷通知书（二审公诉案件用）

适用情形

阅卷通知书（二审公诉案件用），供上级人民法院受理被告人上诉或者下级人民检察院依法提起抗诉的二审案件后，于开庭十日前，通知同级人民检察院派员查阅案卷，准备出庭时使用。

基本框架

×××× 人民法院

阅卷通知书

（××××）× 刑 ××× 号

×××× 人民检察院：

×××× 人民检察院指控被告人 ××× 犯________罪一案，经某人民法院审理判决后，被告人 ××× 不服，提出上诉（或 ×××× 人民检察院提出抗诉），我院决定近期开庭审理。依照《中华人民共和国刑事诉讼法》第二百三十五条的规定，请派员前来我院＿＿＿＿＿审判庭查阅案卷，并准备出庭履行职务。

××××年××月××日

（院印）

文本演示

案情简介：2016 年 12 月 12 日，齐某因涉嫌故意杀人罪被某市人民检察院依法提起公诉。该市人民法院经过审理，依法判处齐某八年有期徒刑。但是，该市人民检察院对一审判决不服于 2017 年 3 月 1 日向省高级人民法院提起抗诉。省高级人民法院受理后，依法通知省人民检察院前来查阅案卷。

某省高级人民法院

阅卷通知书

（2017）某刑终 760 号

某省高级人民检察院：

某省某市人民检察院指控被告人齐某犯故意杀人罪一案，经某省某市人民法院第一审审理判决后，某省某市人民检察院提出抗诉，我院决定近期开庭审理。依照《中华人民共和国刑事诉讼法》第二百二十四条[①]的规定，请派员前来我院刑一审判庭查阅案卷，并准备出庭履行职务。

二〇一七年三月十一日

（院印）

① 对应2018年修正后《刑事诉讼法》第二百三十五条。——编者注

要点总结

1. 首部

（1）标题。写明“××××人民法院阅卷通知书”。

（2）案号。写明“（××××）×刑×××号”。

2. 正文

（1）写明人民检察院的全称。

（2）概述人民检察院指控的案件及审理情况，写明第二审程序启动的原因是被告人上诉或者人民检察院抗诉。

（3）写明查阅案卷的法律依据。

3. 尾部

写明发文日期并加盖人民法院印章。

领取骨灰通知书（告知罪犯家属用）

适用情形

领取骨灰通知书（告知罪犯家属用），供执行罪犯死刑的人民法院，于尸体火化后，通知罪犯家属前往火葬场领取骨灰时使用。

基本框架

××××人民法院

领取骨灰通知书

（××××）×刑执××号

__________：

罪犯×××因犯________罪，经依法判处死刑，已于_____年____月____日执行死刑，尸体已经火化。家属可持本通知书于______年_____月_____日以前到火葬场领取骨灰。逾期不领，骨灰由火葬场予以处理。

××××年××月××日

（院印）

文本演示

案情简介：胡某因经济条件过差，所以一直未找到女朋友。为了报复社会，他于2017年年初先后奸淫了5名幼女，后被公安机关抓获。2017年3月20日，胡某因犯强奸罪被某市人民检察院依法提起公诉。该市人民法院经过审理，依法判处胡某死刑。后经省高级人民法院复核、最高人民法院核准，死刑判决生效。2017年7月29日，胡某被执行死刑，该市人民法院依法通知胡某的母亲李某前往该市某火葬场领取胡某骨灰。

某市中级人民法院
领取骨灰通知书

（2017）某刑执861号

李某：

罪犯胡某因犯强奸罪，经依法判处死刑，已于2017年7月29日执行死刑，尸体已经火化。家属可持本通知书于2017年8月28日以前到该市某火葬场领取骨灰。逾期不领，骨灰由火葬场予以处理。

二〇一七年七月三十日
（院印）

要点总结

1. 首部

（1）要写明“××××人民法院领取骨灰通知书”。

（2）案号。写明（××××）×刑执××号。

2. 正文

（1）抬头写被执行死刑罪犯家属的姓名。

（2）写明罪犯的犯罪情况，并注明判死刑后的执行死刑日期，并通知家属持本通知书领取骨灰的期限和地点，同时告知逾期不领的后果。

3. 尾部

写明发文日期并加盖人民法院印章。

4. 本通知书应当填一份存卷。

驳回申诉通知书（刑事案件用）

适用情形

驳回申诉通知书（刑事案件用），供各级人民法院在审理刑事案件的过程中，针对当事人不服生效裁决结果而提出的申诉，经审查认为原审裁决正确，申诉人的申诉理由不成立的情形，作出驳回申诉人申诉时使用。

基本框架

××××人民法院

驳回申诉通知书

（××××）×刑监××号

×××：

你为________一案，对××××人民法院（或者本院）（××××）×刑×××号刑事判决（或者裁定）不服，以______为理由，向______提出申诉。

本院经审查，______________。

综上，本院认为，你对该案的申诉理由不能成立，申诉不符合《中华人民共和国刑事诉讼法》第二百五十三条规定的再审条件，原判决（或者裁定）应予维持。

特此通知。

××××年××月××日

（院印）

抄致：××××（机关名称）

文本演示

案情简介：郑某是一个包工头，刘某曾跟着郑某打工。2016年年底，刘某向郑某索要工资未果，便先后多次威胁郑某"若不在一星期之内打十万元款项，就会打死你的妻子关某"。不幸的是，刘某的行为导致郑某精神失常。2017年5月30日，刘某因涉嫌敲诈勒索罪被人民检察院提起公诉，人民法院经审理，于2017年8月29日依法判处刘某有期徒刑五年，并处罚金五万元。后来，法定期间经过，该判决依法生效。但刘某认为原审法院判得过重，因而提出申诉。最后，法院驳回了刘某的申请。

某市人民法院

驳回申诉通知书

（2017）某刑监873号

刘某：

你为某市人民检察院诉被告人刘某敲诈勒索罪一案，对某市人民法院（2017）某刑初786号刑事判决不服，以原审法院适用刑罚过重为理由，向某市中级人民法院提出申诉。

本院经审查，根据《中华人民共和国刑法》第二百七十四条之规定，敲诈勒索公私财物，数额较大的，处三年以下有期徒刑、拘役或者管制；数额巨大或者有其他严重情节的，处三年以上十年以下有期徒刑。申诉人以非法占有受害人数额较大的财产为目的，先后多次威胁受害人交付该款项。另外，因申诉人敲诈勒索手段恶劣，造成了被害人精神失常的严重后果，符合本罪的加重情节。因此，原审判决判处申诉人有期徒刑五年，罚金刑五万元是合法的。

综上，本院认为，你对该案的申诉理由不能成立，申诉不符合《中华人民共和国刑事诉讼法》第二百四十二条[①]规定的再审条件，原判决应予维持。

特此通知。

① 对应2018年修正后《刑事诉讼法》第二百五十三条。——编者注

二〇一七年九月二十五日

（院印）

抄致：某市人民检察院

要点总结

1. 首部

（1）标题。写明“×××× 人民法院驳回申诉通知书”。

（2）案号。写明“（××××）× 刑监 ×× 号”。

2. 正文

（1）注明被通知人姓名或单位名称。

（2）案件基本情况及提起申诉的原因。

写明所涉及的案件的基本情况，对案件进行判决或裁定的人民法院、案号等信息，提出申诉的原因及发送申诉书的机关。

（3）人民法院审查的事实。

经过对案件的审查，写明原判在认定事实和适用法律方面是正确的，并未违反法律规定的诉讼程序，同时针对申诉的主要理由，对审查结果进行陈述，通过摆事实、讲道理，有理有据地加以分析，充分阐述驳回申诉的理由。

（4）依据及结果

该部分主要根据审查结果，说明本案的申诉理由不能成立，注明申诉不成立的法律依据，最后写明：“原判决（或者裁定）应予维持。”因其属于通知类文书，正文结尾需另起一行写上“特此通知”。

3. 尾部及附项

写明该文书的发文时间并加盖人民法院印章，需要抄送机关的，注明抄致机关的名称。

第四章 决 定 书

改变管辖决定书（提审、指定管辖用）

适用情形

改变管辖决定书（提审、指定管辖用），供上级人民法院在审理案件时，针对有必要审理下级人民法院管辖的第一审刑事案件的情况，作出改变管辖的决定时使用。

基本框架

××××人民法院

改变管辖决定书

（××××）×刑×××号

××××人民法院：

关于__________（写明控辩双方名称、姓名和案由）一案，根据《中华人民共和国刑事诉讼法》第二十四条的规定，决定由本院依照第一审程序审理此案。你院收到此决定书后，即书面通知提起公诉的××××人民检察院。

××××年××月××日

（院印）

文本演示

案情简介：2017年年初，吴某因涉嫌故意伤害罪被当地公安机关控制。不久后，检察机关向某市某区人民法院提起公诉。上级法院认为此案案情重大，吴某可能被判无期徒刑，故作出改变管辖决定书。

某市人民法院

改变管辖决定书

（2017）某刑某 32 号

某市某区人民法院：

关于某市某区人民检察院指控吴某故意伤害一案，由于案情重大复杂，根据《中华人民共和国刑事诉讼法》第二十三条[①]的规定，决定由本院依照第一审程序审理此案。你院收到此决定书后，即书面通知提起公诉的某市某区人民检察院。

二〇一七年六月十二日

（院印）

要点总结

1. 首部

（1）标题。写明“××××人民法院改变管辖决定书”。

本文书是上级人民法院审理下级人民法院管辖的第一审刑事案件而变更管辖设计的。如系指定管辖，文书名称写为“指定管辖决定书”。

（2）案号。写明“（××××）×刑×××号”。

2. 正文

写明控辩双方名称、姓名和案由。

写明决定依据和决定内容及相关的要求。

此外，如指定下级人民法院将案件移送其他人民法院审判，决定书则可以表述为：“关于______________（写明控辩双方名称、姓名和案由）一案，根据《中华人民共和国刑事诉讼法》第二十七条的规定，指定你院将该案移送××××人民法院审判。你院收到此决定书后，即书面通知提起公诉的人民检察院（如系自诉案件，此句应当改写为：应将全部案卷材料移送被指定管辖的××××人民法院，并书面通知当事人）。”

① 对应2018年修正后《刑事诉讼法》第二十四条。——编者注

3. 尾部

写明发文日期并加盖人民法院印章。

同意或者不同意移送管辖决定书（刑事案件用）

适用情形

同意或者不同意移送管辖决定书（刑事案件用），供上级人民法院接到原审人民法院移送管辖的请求，认为案件重大，向原审人民法院发送同意或者不同意移送管辖的处理决定时使用。

基本框架

××××人民法院

同意或者不同意移送管辖决定书

（××××）×刑×××号

××××人民法院：

你院××××年××月××日关于________（写明被告人姓名和案由）一案请求移送本院审判的报告收到。经审查，根据《中华人民共和国刑事诉讼法》第二十四条的规定，同意将该案移送本院审判。你院收到此决定书后，即办理有关移送事宜，并书面通知提起公诉的××××人民检察院。

××××年××月××日

（院印）

文本演示

案情简介：2016年春节前，A县的杜某和临县的胡某发生肢体冲突，杜某将胡某达成重伤。A县人民法院受理案件后，发现杜某罪行重大，本案不宜由基层法院审理。2017年3月20日，A县人民法院向A市中级人民法院发出移送管辖的请求。最后，上级法院同意受理此案。

某市中级人民法院
同意或者不同意移送管辖决定书

（2017）某刑初01号

A县人民法院：

你院2017年3月20日关于杜某与胡某打架斗殴一案请求移送本院审判的报告收到。经审查，根据《中华人民共和国刑事诉讼法》第二十三条[①]的规定，同意将该案移送本院审判。你院收到此决定书后，即办理有关移送事宜，并书面通知提起公诉的A县人民检察院。

二〇一七年三月二十二日

（院印）

要点总结

1. 首部

（1）标题。写明“××××人民法院同意或者不同意移送管辖决定书”。

（2）案号。写明“（××××）×刑×××号”。

2. 正文

（1）写明该案件原受理人民法院的名称。

（2）写明案件移送的具体时间、被告人姓名和案由。

（3）写明依据的法律条款及是否同意移送案件。

（4）如同意移送，写明需要通知的提起公诉的检察院名称。

3. 尾部

写明发文日期并加盖人民法院印章。

① 对应2018年修正后《刑事诉讼法》第二十四条。——编者注

对申请回避的决定书（刑事案件用）

适用情形

对申请回避的决定书（刑事案件用），供人民法院在审理案件的过程中，针对当事人及其法定代理人对审判人员和其他有关人员提出的回避申请，经审查发现以上人员与案件存在利害关系或者其他关系，符合法律规定的有可能影响案件公正审理的情形，依法作出书面的处理决定时使用。

基本框架

××××人民法院

对申请回避的决定书

（××××）×刑×××号

申请人×××__________（写明提出申请回避的当事人及其法定代理人的姓名和基本情况）。

本院在审理××××人民检察院指控被告人×××犯××罪（自诉案件写“自诉人×××控诉被告人×××犯××罪”）一案中，申请人（写明申请人申请回避的审判人员或者书记员、翻译人员、鉴定人员等的姓名和申请其回避的理由）。

本院院长（或者本院审判委员会讨论）认为，_________（写明准许回避申请或者驳回回避申请的理由）。依照《中华人民共和国刑事诉讼法》第三十一条第一款的规定，决定如下：

__________（写明决定结果）。

如不服本决定，可以向本院申请复议一次（准许回避申请的不写此句）。

××××年××月××日

（院印）

文本演示

案情简介：2017年元旦过后，某市市民李某向债务人张某索要债务。因张某执意不还欠款，李某将其打伤。2017年3月1日，李某故意伤害一案在该市某区人民法院开庭。庭上，李某发现审判员刘某和张某是夫妻关系，李某便申请刘某回避。法院经审查，核准了李某的回避请求，并作出准许回避申请决定书。

某区人民法院

对申请回避的决定书

（2017）某刑某322号

申请人李某，男，1987年8月29日出生，汉族，出生于河北省定州市某镇某村，高中毕业。

本院在审理某市某区人民检察院指控被告人李某犯故意伤害罪一案中，申请人李某因审判员刘某与被害人是夫妻关系，因而申请刘某回避。

本院院长认为，审判员刘某与被害人确实存在近亲属关系，即刘某与被害人是夫妻。依照《中华人民共和国刑事诉讼法》第三十条[①]第一款的规定，决定如下：

准予李某提出的回避申请。

二〇一七年三月五日

（院印）

要点总结

1. 首部

（1）标题。写明“××××人民法院对申请回避的决定书”。

（2）案号。写明“（××××）×刑×××号”。

① 对应2018年修正后《刑事诉讼法》第三十一条。——编者注

2. 正文

（1）写明提出申请回避的当事人及其法定代理人的姓名等基本情况。

（2）基本情况介绍。

写明申请人申请回避的审判人员或者书记员、翻译人员、鉴定人员等的姓名和申请其回避的理由。

（3）决定结果的表述。

首先写明准许回避申请或者驳回回避申请的理由，然后是决定结果：

准许申请的写："准许 ××× 提出的回避申请。"驳回申请的写："驳回 ××× 提出的回避申请。"

不予准许的，还要写明可复议一次。

3. 尾部

写明发文日期并加盖人民法院印章。

对申请回避的复议决定书（刑事案件用）

适用情形

对申请回避的复议决定书（刑事案件用），供人民法院驳回当事人的回避申请后，当事人提出复议时，根据当事人的回避申请与法律规定是否相符，作出准许或驳回当事人复议申请的处理决定时使用。

基本框架

××××人民法院

对申请回避的复议决定书

（××××）×刑×××号

申请复议人________（写明提出申请回避复议的当事人及其法定代理人的姓名和基本情况）。

本院在审理 ×××× 人民检察院指控被告人 ××× 犯 ×× 罪（自诉案件写"自诉人 ××× 控诉被告人 ××× 犯 ×× 罪"）一案中，申请人 ××× 申请________（写明职务及姓名）回避。本院于 ×××× 年 ×× 月 ×× 日作出（××××）×刑×××号《对申请回避的决定书》后，申请人×××不服，申请复议。

经本院复议，________（写明准许或者驳回复议申请的理由），依照《中华人民共和国刑事诉讼法》第三十一条第一款、第三款的规定，决定如下：

________（写明决定结果）。

本决定为最终决定。

××××年××月××日

（院印）

文本演示

案情简介：2016年4月，郑某和梁某发生口角。之后，郑某便一直伺机报复梁某。2017年3月，郑某趁梁某不注意，从背后砸伤了梁某。某县法院开庭审理了此案，郑某发现审判长孙某和梁某曾经是情侣，郑某便申请审判长孙某回避。2017年7月7日，法院驳回了郑某的请求，郑某不服，提出复议。2017年7月11日，法院作出了最终决定书。

某县人民法院

对申请回避的复议决定书

（2017）某刑某400号

申请复议人郑某，男，1977年9月28日出生，汉族，出生于河南省某市某县，初中文化程度。

本院在审理某县人民检察院指控被告人郑某犯故意伤害一案中，申请人郑某申请审判长孙某回避。本院于2017年7月7日作出（2017）某刑某398号《对申请回避的决定书》后，申请人郑某不服，申请复议。

经本院复议，审判长孙某与被害人梁某确实存在利害关系，依照《中华人民共和国刑事诉讼法》第三十条[①]第一款、第三款的规定，决定如下：

① 对应2018年修正后《刑事诉讼法》第三十一条。——编者注

准许申请人郑某对审判长孙某的回避。

本决定为最终决定。

二〇一七年七月十一日

（院印）

要点总结

1. 首部

（1）标题。写明“××××人民法院对申请回避的复议决定书”。

（2）案号。写明“（××××）×刑×××号”。

2. 正文

（1）写明提出申请回避复议的当事人及其法定代理人的姓名和基本情况。

（2）基本情况介绍。

写明案由、申请回避以及复议情况。

写明准许或者驳回复议申请的理由。

写明“本决定为最终决定”。

3. 尾部

写明发文日期并加盖人民法院印章。

按撤诉处理决定书

适用情形

按撤诉处理决定书，供人民法院在审理刑事案件的过程中，针对人民检察院超过法定的补充侦查期限，仍不将案件移送人民法院且不说明原由的情况，向人民检察院作出按照撤诉处理的决定时使用。

基本框架

××××人民法院

按撤诉处理决定书

（××××）×刑×××号

××××人民检察院：

你院××××年××月××日指控被告人×××犯××罪一案，向本院提起公诉。在法庭审理过程中，检察人员发现本案需要补充侦查，提出了延期审理的建议。经审查，同意延期审理。该案延期审理后，至今已超过法定的补充侦查期限。本院根据《最高人民法院关于适用〈中华人民共和国刑事诉讼法〉的解释》第二百二十三条[①]第三款的规定，决定如下：

本案按人民检察院撤诉处理。

××××年××月××日

（院印）

文本演示

案情简介：因曹某涉嫌盗窃罪，某市某区人民检察院于2017年2月10日向法院提起公诉。因检察院未将关键证据收集完毕，向法院申请了延期审理。后来，补充侦查期限已过，检察院仍然未将案件移送法院，且未说明具体原因。因此，某市某区人民法院作出了决定书。

某区人民法院

按撤诉处理决定书

（2017）某刑某117号

某省某市某区人民检察院：

你院2017年2月10日指控被告人曹某犯盗窃罪一案，向本院提起公诉。

① 对应2021年修正后《最高人民法院关于适用〈中华人民共和国刑事诉讼法〉的解释》第二百七十四条。——编者注

在法庭审理过程中，检察人员发现本案需要补充侦查，提出了延期审理的建议。经审查，同意延期审理。该案延期审理后，至今已超过法定的补充侦查期限。本院根据《最高人民法院关于适用〈中华人民共和国刑事诉讼法〉的解释》第二百二十三条[①]第三款的规定，决定如下：

本案按人民检察院撤诉处理。

二〇一七年三月十一日

（院印）

要点总结

1. 首部

（1）标题。写明“×××× 人民法院按撤诉处理决定书”。

（2）案号。写明“（××××）× 刑 ××× 号”。

2. 正文

（1）写明提起公诉的人民检察院的名称。

（2）注明案件提起公诉的日期、被告人姓名、犯罪名称。

（3）概述作出决定撤诉的原因及法律依据。

3. 尾部

写明发文日期并加盖人民法院印章。

调取证据材料决定书（刑事案件用）

适用情形

调取证据材料决定书（刑事案件用），供人民法院在审理刑事案件的过程中，在需要向检察院调取证据材料，或者根据被告人、辩护人的申请，向人民检察院调取在侦查、审查起诉期间收集的有关被告人无罪或者罪轻的证据材料时，作出调取相关证据材料的书面文件时使用。

① 对应2021年修正后《最高人民法院关于适用〈中华人民共和国刑事诉讼法〉的解释》第二百七十四条。——编者注

基本框架

××××人民法院

调取证据材料决定书

（××××）×刑×××号

××××人民检察院：

本院在审理被告人×××（写明案由）一案中，________（写明需要调取证据材料的理由）。依照《最高人民法院关于适用〈中华人民共和国刑事诉讼法〉的解释》第二百二十四条[①]规定，请你院在收到本决定书后三日内，向本院移交下列证据材料：

（写明调取证据材料的名称和件数。调取多种证据材料的，可以分项书写。）

××××年××月××日

（院印）

文本演示

案情简介：2017年5月22日，某县人民检察院以蒋某涉嫌洗钱罪为由向法院提起公诉。法院在审理过程中，蒋某称自己的罪行比较轻微，洗钱金额并没有达到违法犯罪的程度。法院根据蒋某的请求，要求检察院提供蒋某无罪或罪轻的相关证据。

某县人民法院

调取证据材料决定书

（2017）某刑初118号

某县人民检察院：

本院在审理被告人蒋某洗钱罪一案中，因蒋某主张其洗钱金额未达到违法犯

① 对应2021年修正后《最高人民法院关于适用〈中华人民共和国刑事诉讼法〉的解释》第二百七十五条。——编者注

罪的程度，并申请法院调取相关证据，请你方提供蒋某无罪或罪轻的证据。依照《最高人民法院关于适用〈中华人民共和国刑事诉讼法〉的解释》第二百二十四条[①]规定，请你院在收到本决定书后三日内，向本院移交下列证据材料：

有关蒋某洗钱金额的证据材料一份。

二〇一七年六月三日

（院印）

要点总结

1. 首部

（1）标题。写明“××××人民法院调取证据材料决定书”。

（2）案号。写明“（××××）×刑×××号”。

2. 正文

（1）写明需要对该案件提供相关材料的人民检察院的名称。

（2）注明案件案由和调取证据材料的原因。

（3）概述需要人民检察院提供的证据材料的时间、名称和件数。

3. 尾部

写明发文日期并加盖人民法院印章。

拘留决定书（刑事案件用）

适用情形

拘留决定书（刑事案件用），供人民法院在审理刑事诉讼案件时，针对诉讼参与人或者旁听人员不顾审判长警告、制止，扰乱法庭秩序，且情节严重的情形，作出拘留处罚的决定时使用。

① 对应2021年修正后《最高人民法院关于适用〈中华人民共和国刑事诉讼法〉的解释》第二百七十五条。——编者注

基本框架

×××× 人民法院

拘留决定书

（××××）× 刑 ××× 号

被拘留人______（写明姓名、性别、出生年月日、民族、出生地、文化程度、职业或者工作单位和职务、住址）。

本院在审判______（写明当事人姓名和案由）一案过程中，______（写明被拘留人妨害刑事诉讼的事实和予以拘留的理由）。依照《中华人民共和国刑事诉讼法》第一百九十九条第一款的规定，决定如下：

对 ××× 拘留 × 日。

如不服本决定，可以在收到决定书后向 ×××× 人民法院申请复议。复议期间不停止执行。

×××× 年 ×× 月 ×× 日

（院印）

文本演示

案情简介：2017 年 7 月 12 日，徐某故意杀人一案在湖南省某市中级人民法院公开开庭审判。庭审过程中，受害人的母亲吕某作为旁听人员，情绪激动，严重扰乱了法庭秩序。经法院院长批准，审判长依法决定对吕某拘留十日。

某市中级人民法院

拘留决定书

（2017）某刑初 316 号

被拘留人吕某，女，1962 年 7 月 8 日出生，汉族，出生于湖南省某市某县，小学文化，务农，住址为湖南省某市某县某小区 18 栋 18-202。

本院在审判徐某故意杀人一案过程中，旁听人员吕某情绪激动，且不顾审判长的警告和制止，严重扰乱了法庭秩序。依照《中华人民共和国刑事诉讼法》第一百九十四条[①]第一款的规定，决定如下：

对吕某处以十日刑事拘留。

如不服本决定，可以在收到决定书后向湖南省高级人民法院申请复议。复议期间不停止执行。

二〇一七年七月十四日

（院印）

要点总结

1. 首部

（1）标题。写明“×××× 人民法院拘留决定书”。

（2）案号。写明“（××××）× 刑 ××× 号”。

2. 正文

（1）注明被拘留人的基本信息，包括姓名、性别、出生年月、民族、文化程度、职业或者工作单位和职务、住址等。

（2）写明当事人姓名和案由。

（3）写明被拘留人妨害刑事诉讼的事实和予以拘留的理由。

（4）注明拘留时间。

（5）如被拘留人不服决定，注明申请复议的人民法院名称。

3. 尾部

写明发文日期并加盖人民法院印章。

逮捕决定书（刑事案件自行决定逮捕用）

适用情形

批准逮捕决定书（刑事案件自行决定逮捕用），供人民法院在审理刑事案件的过程中，针对需要逮捕犯罪嫌疑人的情况，依法作出逮捕犯罪嫌疑人并通知公安机关执行该决定时使用。

① 对应2018年修正后《刑事诉讼法》第一百九十九条。——编者注

基本框架

第一联

××××人民法院

逮捕决定书（审批联）

（××××）×刑×××号

<table>
<tr><td>案由</td><td colspan="6"></td></tr>
<tr><td rowspan="4">被逮捕人</td><td>姓名</td><td></td><td>性别</td><td></td><td>出生年月日</td><td>年 月 日</td></tr>
<tr><td>民族</td><td></td><td>出生地</td><td></td><td>文化程度</td><td></td></tr>
<tr><td>职业</td><td></td><td>工作单位</td><td></td><td></td><td></td></tr>
<tr><td>住址</td><td colspan="5"></td></tr>
<tr><td colspan="2">被逮捕人家属姓名</td><td colspan="2"></td><td>工作单位</td><td colspan="2"></td></tr>
<tr><td colspan="2">执行逮捕机关</td><td colspan="5"></td></tr>
<tr><td>逮捕原因</td><td colspan="6">经办人：
年 月 日</td></tr>
<tr><td>审批决定</td><td colspan="6">批准人：
年 月 日</td></tr>
</table>

本联存卷

第二联

××××人民法院

逮捕决定书

（××××）×刑×××号

本院正在审理被告人×××，有证据证明犯有______罪，根据《中华人民共和国刑事诉讼法》第八十条和第八十一条的规定，决定予以逮捕，请予执行。

此致

________公安局

××××年××月××日

（院印）

附：被逮捕人情况

被逮捕人	姓名		性 别		出生年月日	年 月 日
	民族		出生地		文化程度	
	职业		工作单位			
	住址					
被逮捕人家属姓名				工作单位		

本联送达执行逮捕的公安机关

文本演示

案情简介：2017 年 2 月 1 日，贾某涉嫌抢劫罪一案被贵州省某市人民法院受理。法官在审理过程中，认为贾某符合法定逮捕条件，应当将其逮捕。故，作出逮捕决定书，交该市公安局执行。

第一联

某市人民法院

逮捕决定书（审批联）

（2017）某刑某 329 号

案由	贾某涉嫌抢劫罪					
被逮捕人	姓名	贾某	性别	男	出生年月日	1985 年 12 月 7 日
	民族	汉	出生地	贵州省某市	文化程度	高中
	职业	保安	工作单位	贵州省某市某传媒公司		
	住址	贵州省某市某街道 329 号				
被逮捕人家属姓名		贾大某		工作单位	贵州省某市某商贸公司	
执行逮捕机关		贵州省某市公安局				

续表

<table>
<tr><td>逮捕原因</td><td>贾某涉嫌抢劫罪，情节恶劣，触犯《中华人民共和国刑法》，有可能被判处有期徒刑。

经办人：张某
二〇一七年二月二十日</td></tr>
<tr><td>审批决定</td><td>同意

批准人：郑某
二〇一七年二月二十三日</td></tr>
</table>

本联存卷

第二联

某市人民法院

逮捕决定书

（2017）某刑某 329 号

本院正在审理被告人贾某，有证据证明犯有抢劫罪，根据《中华人民共和国刑事诉讼法》第七十八条[1]和第七十九条[2]的规定，决定予以逮捕，请予执行。

此致

贵州省某市公安局

二〇一七年二月二十三日

（院印）

附：被逮捕人情况

<table>
<tr><td rowspan="4">被逮捕人</td><td>姓名</td><td>贾某</td><td>性别</td><td>男</td><td>出生年月日</td><td>1985 年 12 月 7 日</td></tr>
<tr><td>民族</td><td>汉</td><td>出生地</td><td>贵州省某市</td><td>文化程度</td><td>高中</td></tr>
<tr><td>职业</td><td>保安</td><td>工作单位</td><td colspan="3">贵州省某市某传媒公司</td></tr>
<tr><td>住址</td><td colspan="5">贵州省某市某街道 329 号</td></tr>
<tr><td colspan="2">被逮捕人家属姓名</td><td colspan="2">贾大某</td><td>工作单位</td><td colspan="2">贵州省某市某商贸公司</td></tr>
</table>

本联送达执行逮捕的公安机关

① 对应2018年修正后《刑事诉讼法》第八十条。——编者注

② 对应2018年修正后《刑事诉讼法》第八十一条。——编者注

要点总结

第一联

1. 首部

（1）标题。写明“×××× 人民法院逮捕决定书（审批联）”。

（2）案号。写明“（××××）× 刑 ××× 号”。

2. 正文

（1）写明案由。

（2）注明被逮捕人的基本信息，包括姓名、性别、出生年月日、民族、出生地、文化程度、职业、工作单位、住址等。

（3）注明被逮捕人家属姓名和工作单位。

（4）注明执行逮捕任务的机关名称。

（5）注明被逮捕人被逮捕的原因，经办人和决定书日期。

（6）注明审批决定，批准人签字，注明日期。

3. 尾部

写明本联存卷。

第二联

1. 首部

（1）标题。写明“×××× 人民法院逮捕决定书”。

（2）案号。写明“（××××）× 刑 ××× 号”。

2. 正文

（1）写明被告人姓名和犯罪罪名。

（2）写明决定逮捕的法律依据和执行逮捕的公安机关名称。

（3）写明出具决定书的日期并加盖人民法院印章。

3. 尾部

（1）附件以表格形式注明被逮捕人的情况，包括被逮捕人的姓名、性别、出生年月、民族、出生地、文化程度、职业、工作单位、住址、家属姓名、工作单位等。

（2）写明本联送达执行逮捕的公安机关。

监视居住决定书（刑事案件用）

适用情形

监视居住决定书（刑事案件用），供各级人民法院在审理刑事案件的过程中，针对犯罪嫌疑人或被告人符合住所地监视居住条件的情形，作出监视居住的处理决定时使用。

基本框架

第一联

××××人民法院

监视居住决定书（审批联）

（××××）×刑×××号

<table>
<tr><td colspan="2">案由</td><td colspan="5"></td></tr>
<tr><td rowspan="3">被告人</td><td>姓名</td><td></td><td>性别</td><td></td><td>出生年月日</td><td>年 月 日</td></tr>
<tr><td>文化程度</td><td></td><td>工作单位</td><td colspan="3"></td></tr>
<tr><td>住址</td><td colspan="5"></td></tr>
<tr><td colspan="2">执行机关</td><td colspan="2"></td><td colspan="2">监视居住期限</td><td>个月</td></tr>
<tr><td>监视居住原因</td><td colspan="6">经办人：
年 月 日</td></tr>
<tr><td>领导审批</td><td colspan="6">审批人：
年 月 日</td></tr>
</table>

本联存卷

第二联

××××人民法院

监视居住决定书

（××××）×刑×××号

根据《中华人民共和国刑事诉讼法》第七十四条的规定，决定对本院正在审理的一案的被告人 ××× 采取监视居住的强制措施。监视居住的期限为____个月。在监视居住期间，被告人应当遵守以下规定：

（一）未经执行机关批准不得离开住处，无固定住处的，未经批准不得离开指定的居所；

（二）未经执行机关批准不得会见他人；

（三）在传讯的时候及时到案；

（四）不得以任何形式干扰证人作案；

（五）不得毁灭，伪造证据或者串供。

本决定由______公安局执行。

______年____月____日

（院印）

向被告人宣布的时间：

______年_____月_____日_____时

被告人签名 ×××

文本演示

案情简介： 2017 年 5 月 9 日，青海省某市人民检察院因李某涉嫌拐卖妇女、儿童罪向该市人民法院提起公诉。法院受理此案后，认为李某为怀孕妇女，符合监视居住的法定情形。法院决定由该市公安局对李某执行监视居住，期限为 6 个月。

第一联

某市中级人民法院
监视居住决定书（审批联）

（2017）某刑初211号

<table>
<tr><td colspan="2">案由</td><td colspan="5">李某涉嫌拐卖妇女儿童一案</td></tr>
<tr><td rowspan="3">被告人</td><td>姓名</td><td>李某</td><td>性别</td><td>女</td><td>出生年月日</td><td>1980年7月11日</td></tr>
<tr><td>文化程度</td><td>高中</td><td>工作单位</td><td colspan="3">青海省某市某培训机构</td></tr>
<tr><td>住　址</td><td colspan="5">青海省某市某路391号</td></tr>
<tr><td colspan="2">执行机关</td><td colspan="2">某市公安局</td><td colspan="2">监视居住期限</td><td>6个月</td></tr>
<tr><td>监视居住原因</td><td colspan="6">青海省某市中级人民法院在审理某市李某拐卖妇女儿童一案中，因李某怀孕，符合监视居住的法定情形。
经办人：胡某
二〇一七年五月二十二日</td></tr>
<tr><td>领导审批</td><td colspan="6">同意
审批人：安某
二〇一七年五月二十六日</td></tr>
</table>

本联存卷

第二联

某市中级人民法院
监视居住决定书

（2017）某刑初211号

根据《中华人民共和国刑事诉讼法》第七十二条[①]的规定，决定对本院正在审理的一案的被告人李某采取监视居住的强制措施。监视居住的期限为6个月。在监视居住期间，被告人应当遵守以下规定：

（一）未经执行机关批准不得离开住处，无固定住处的，未经批准不得离开指定的居所；

（二）未经执行机关批准不得会见他人；

（三）在传讯的时候及时到案；

（四）不得以任何形式干扰证人作案；

---

① 对应2018年修正后《刑事诉讼法》第七十四条。——编者注

（五）不得毁灭，伪造证据或者串供。

本决定由某市公安局执行。

二〇一七年五月二十六日

（院印）

向被告人宣布的时间：

2017 年 5 月 26 日 10 时

被告人签名 李某

要点总结

第一联

1. 首部

（1）标题。写明“××××人民法院监视居住决定书（审批联）”。

（2）案号。写明“（××××）×刑×××号”。

2. 正文

正文应当以表格形式写明下列内容：

（1）写明案由。

（2）注明被告人的基本信息，包括姓名、性别、出生年月日、文化程度、工作单位和住址。

（2）写明执行监视的执行机关名称及监视期限。

（3）注明监视居住的缘由，经办人和文书下达时间。

（4）注明领导批示，审批人签名及签名时间。

3. 尾部

写明本联存卷。

第二联

1. 首部

（1）标题。写明“××××人民法院监视居住决定书”。

（2）案号。写明“（××××）×刑×××号”。

2. 正文

（1）注明对犯罪嫌疑人、被告人实施监视所依据的法律依据及被告人姓名。

（2）注明公安机关监视被告人居住期限。

（3）分条概述被告人应遵循的规定。

（4）注明监视居住的执行机关。

3. 尾部

（1）写明时间和加盖人民法院印章。

（2）写明向被告人宣布的时间，被宣告人签名。

解除监视居住决定书（刑事案件用）

适用情形

解除监视居住决定书（刑事案件用），供各级人民法院在审理刑事案件的过程中，针对被监视人不应追究刑事责任或监视居住期间达到6个月的情况，作出解除监视居住的处理决定时使用。

基本框架

第一联

××××人民法院

解除监视居住决定书（审批联）

（××××）×刑×××号

<table>
<tr><td colspan="2">案由</td><td colspan="5"></td></tr>
<tr><td rowspan="3">被告人</td><td>姓名</td><td></td><td>性别</td><td></td><td>出生年月日</td><td>年 月 日</td></tr>
<tr><td>文化程度</td><td></td><td>工作单位</td><td colspan="3"></td></tr>
<tr><td>住址</td><td colspan="5"></td></tr>
<tr><td colspan="2">执行机关</td><td colspan="2"></td><td colspan="2">监视居住期限</td><td>个月</td></tr>
<tr><td>解除监视居住原因</td><td colspan="6">经办人：
年 月 日</td></tr>
<tr><td>领导审批</td><td colspan="6">审批人：
年 月 日</td></tr>
</table>

本联存卷

第二联

××××人民法院

解除监视居住决定书

（××××）×刑×××号

本院于××××年××月××日决定对被告人________采取监视居住的强制措施。现因___________，本院决定对被告人______监视居住地的强制措施予以解除。

_________年____月____日

（院印）

向被告人宣布的时间：　年　月　日　时

被告人签名　×××

文本演示

案情简介：涉嫌毒品走私犯罪的犯罪嫌疑人李某因患有疾病，生活不能自理，2017年4月29日，某省某市中级人民法院依法决定对李某采取监视居住的强制措施，限期2个月。2017年6月5日，法院认为李某不应当被追究刑事责任，于是依法解除了对李某的监视居住。

第一联

某市中级人民法院
解除监视居住决定书（审批联）

（2017）某刑初199号

<table>
<tr><td colspan="2">案由</td><td colspan="5">李某走私毒品罪</td></tr>
<tr><td rowspan="3">被告人</td><td>姓名</td><td>李某</td><td>性别</td><td>男</td><td>出生年月日</td><td>1979年2月21日</td></tr>
<tr><td>文化程度</td><td>初中</td><td>工作单位</td><td colspan="3">无</td></tr>
<tr><td>住址</td><td colspan="5">某省某市某小区3栋1单元602室</td></tr>
<tr><td colspan="2">执行机关</td><td colspan="2">某市公安局</td><td colspan="2">监视居住期限</td><td>2个月</td></tr>
<tr><td>解除监视居住原因</td><td colspan="6">李某不应当被追究刑事责任。
经办人：廖某
二〇一七年六月四日</td></tr>
<tr><td>领导审批</td><td colspan="6">同意
审批人：姜某某
二〇一七年六月五日</td></tr>
</table>

本联存卷

第二联

某市中级人民法院
解除监视居住决定书

（2017）某刑初199号

本院于2017年4月29日决定对被告人李某采取监视居住的强制措施。现因李某不应当被追究刑事责任，本院决定对被告人李某监视居住地的强制措施予以解除。

二〇一七年六月五日

（院印）

向被告人宣布的时间：

2017年6月5日14时

被告人签名　李某

要点总结

第一联

1. 首部

（1）标题。写明“××××人民法院解除监视居住决定书（审批联）”。

（2）案号。写明“（××××）×刑×××号”。

2. 正文

以表格形式写明下列内容：

（1）概述案由。

（2）注明被告人的基本信息，包括姓名、性别、出生年月日、文化程度、工作单位和住址。

（3）写明执行监视的执行机关名称。

（4）注明公安机关监视被告人居住期限。

（5）注明解除监视居住的缘由，经办人和文书下达时间。

（6）注明领导批示，审批人签名及签名时间。

3. 尾部

写明“本联存卷”。

第二联

1. 首部

（1）标题。写明“××××人民法院解除监视居住决定书”。

（2）案号。写明“（××××）×刑×××号”。

2. 正文

（1）注明决定对被告人解除监视的时间、被告人姓名。

（2）概述解除监视居住的缘由。

3. 尾部

（1）写明发文日期并加盖人民法院印章。

（2）向被告人宣布的时间及被告人签名。

取保候审决定书（刑事案件用）

适用情形

取保候审决定书（刑事案件用），供各级人民法院在审理刑事案件中，针对犯罪嫌疑人、被告人符合取保候审法定条件的情形，作出不予羁押或暂时解除对其羁押的处理决定时使用。

基本框架

第一联

××××人民法院

取保候审决定书（审批联）

（××××）×刑×××号

<table>
<tr><td>案由</td><td colspan="6"></td></tr>
<tr><td rowspan="3">被取保候审人</td><td>姓名</td><td></td><td>性别</td><td></td><td>出生年月日</td><td>年 月 日</td></tr>
<tr><td>文化程度</td><td></td><td>出生地</td><td colspan="3"></td></tr>
<tr><td>住址</td><td colspan="5"></td></tr>
<tr><td rowspan="2">保证形式</td><td>交纳保证金数额</td><td colspan="5"></td></tr>
<tr><td>保证人姓名住址</td><td colspan="3"></td><td>与被告人关系</td><td></td></tr>
<tr><td colspan="2">执行机关</td><td colspan="3"></td><td>取保候审期限</td><td>个月</td></tr>
<tr><td>取保候审原因</td><td colspan="6">经办人：
年 月 日</td></tr>
<tr><td>领导审批</td><td colspan="6">批准人：
年 月 日</td></tr>
</table>

本联存卷

第二联

××××人民法院

取保候审决定书

（××××）×刑×××号

根据《中华人民共和国刑事诉讼法》第六十七条的规定，决定对本院正在审理的一案的被告人_____采取取保候审的强制措施。取保候审的期限为___个月。在取保候审期间，被告人应当遵守以下规定：

（一）未经执行的公安机关批准不得离开所居住的市、县；

（二）在传讯的时候及时到案；

（三）不得以任何形式干扰证人作证；

（四）不得毁灭、伪造证据或者串供；

如违反上述规定，依照《中华人民共和国刑事诉讼法》第七十一条的规定处理。

本决定由______公安局执行。

本决定应当向被取保候审的被告人宣布，并由被告人在决定书上签名。

××××年××月××日

（院印）

向被告人宣布的时间：

_____年____月____日____时　　　　　　被告人签名：×××

文本演示

案情简介：2017年4月5日，白某因涉嫌走私枪支罪被浙江省某市检察机关提起公诉，该市中级人民法院依法受理此案。法院在审理过程中，认为白某为正在哺乳自己婴儿的妇女，于是出具了取保候审决定书，交由浙江省某市公安局执行，执行期限为2个月。

第一联

某市人民法院
取保候审决定书（审批联）

（2017）某刑初712号

<table>
<tr><td>案由</td><td colspan="6">白某走私枪支案</td></tr>
<tr><td rowspan="3">被逮捕人</td><td>姓名</td><td>白某</td><td>性别</td><td>女</td><td>出生年月日</td><td>1988 年 1 月 22 日</td></tr>
<tr><td>文化程度</td><td>本科</td><td>出生地</td><td colspan="3">浙江省某市</td></tr>
<tr><td>住址</td><td colspan="5">浙江省某市某街道413号</td></tr>
<tr><td rowspan="2">保证形式</td><td>交纳保证金数额</td><td colspan="5">2万元整</td></tr>
<tr><td>保证人姓名住址</td><td colspan="3">齐某，浙江省某市某街道419号</td><td>与被告人关系</td><td>朋友</td></tr>
<tr><td colspan="2">执行机关</td><td colspan="3">浙江省某市公安局</td><td>取保候审期限</td><td>2个月</td></tr>
<tr><td>取保候审原因</td><td colspan="6">被告人白某为哺乳自己婴儿的妇女。
经办人：杜某
二〇一七年四月十五日</td></tr>
<tr><td>领导审批</td><td colspan="6">同意
批准人：张某
二〇一七年四月十六日</td></tr>
</table>

本联存卷

第二联

某市人民法院
取保候审决定书

（2017）某刑初712号

根据《中华人民共和国刑事诉讼法》第六十五条[①]的规定，决定对本院正在审理的走私枪支一案的被告人白某采取取保候审的强制措施。取保候审的期限为2个月。在取保候审期间，被告人应当遵守以下规定：

① 对应2018年修正后《刑事诉讼法》第六十七条。——编者注

（一）未经执行的公安机关批准不得离开所居住的市、县；

（二）在传讯的时候及时到案；

（三）不得以任何形式干扰证人作证；

（四）不得毁灭、伪造证据或者串供；

如违反上述规定，依照《中华人民共和国刑事诉讼法》第六十九[①]条的规定处理。

本决定由浙江省某市公安局执行。

本决定应当向被取保候审的被告人宣布，并由被告人在决定书上签名。

二〇一七年四月十六日

（院印）

向被告人宣布的时间：

2017 年 4 月 16 日 15 时　　　　被告人签名：白某

要点总结

第一联

1. 首部

（1）标题。写明“×××× 人民法院取保候审决定书（审批联）”。

（2）案号。写明“（××××）× 刑 ××× 号”。

2. 正文

（1）写明案由。

（2）注明被取保候审人的基本信息，包括姓名、性别、出生年月日、文化程度、出生地、住址等。

（3）“保证形式”一栏中用中文数字填写交纳保证金数额、保证人姓名和住址、保证人与被告人关系。

（4）注明执行机关名称、取保候审时间。

（5）“取保候审原因”一栏中应注明执行取保候审的缘由，经办人签名

① 对应2018年修正后《刑事诉讼法》第七十一条。——编者注

并注明时间。

（6）注明领导审批意见，批准人和批准时间。

3. 尾部

写明本联入卷。

第二联

1. 首部

（1）标题。写明“××××人民法院取保候审决定书”。

（2）案号。写明“（××××）×刑×××号”。

2. 正文

（1）写明执行取保候审的法律依据及被告人姓名。

（2）注明被告人执行取保候审的时间期限。

（3）分条列举被告人应遵循的规定。

（4）注明执行取保候审的执行机关。

3. 尾部

（1）写明取保候审决定书的出具日期并加盖人民法院印章。

（2）写明向被告人宣布时间，被告人签名。

解除取保候审决定书（刑事案件用）

适用情形

解除取保候审决定书（刑事案件用），供各级人民法院在审理刑事案件的过程中，针对犯罪嫌疑人、被告人不应当被追究刑事责任或者取保候审时间达到12个月的情形，作出解除取保候审强制措施的处理决定时使用。

基本框架

第一联

××××人民法院

解除取保候审决定书（审批联）

（××××）×刑×××号

<table>
<tr><td>案由</td><td colspan="6"></td></tr>
<tr><td rowspan="3">被告人</td><td>姓名</td><td></td><td>性别</td><td></td><td>出生年月日</td><td>年　月　日</td></tr>
<tr><td>文化程度</td><td></td><td>工作单位</td><td colspan="3"></td></tr>
<tr><td>住址</td><td colspan="5"></td></tr>
<tr><td colspan="2">保证形式</td><td colspan="5"></td></tr>
<tr><td colspan="2">执行机关</td><td colspan="2"></td><td colspan="2">取保候审期限</td><td>个月</td></tr>
<tr><td>解除取保候审原因</td><td colspan="6">经办人：
年　月　日</td></tr>
<tr><td>领导审批</td><td colspan="6">审批人：
年　月　日</td></tr>
</table>

本联存卷

第二联

××××人民法院

解除取保候审决定书

（××××）×刑×××号

本院于××××年××月××日决定对被告人×××采取取保候审的强制措施。现因________________，本院决定对被告人×××取保候审的强制措施予以解除。

______年___月___日

（院印）

向被告人宣布的时间：

______年___月___日___时　　　　　　　　　　　被告人签名：×××

文本演示

案情简介：2016 年 3 月 19 日，江苏省某市某区人民检察院因陈某涉嫌走私淫秽物品罪向该市某区人民法院提起公诉。因陈某可能被判处拘役刑，法院依法对陈某采取了取保候审的强制措施。2017 年 4 月 19 日，陈某的取保候审期限已满 12 个月，该法院依法解除了对陈某的取保候审。

第一联

某区人民法院
解除取保候审决定书（审批联）

（2017）某刑初 500 号

<table>
<tr><td>案由</td><td colspan="6">陈某走私淫秽物品一案</td></tr>
<tr><td rowspan="3">被逮捕人</td><td>姓名</td><td>陈某</td><td>性别</td><td>男</td><td>出生年月日</td><td>1975 年 9 月 2 日</td></tr>
<tr><td>文化程度</td><td>初中</td><td>出生地</td><td colspan="3">江苏省某市某区</td></tr>
<tr><td>住址</td><td colspan="5">江苏省某市某区某路 320 号</td></tr>
<tr><td rowspan="2">保证形式</td><td>交纳保证金数额</td><td colspan="5">三万元整</td></tr>
<tr><td>保证人姓名住址</td><td colspan="3">陈小某，江苏省某区某路 321 号</td><td>与被告人关系</td><td>兄妹</td></tr>
<tr><td colspan="2">执行机关</td><td colspan="3">江苏省某市某区公安局</td><td>取保候审期限</td><td>12 个月</td></tr>
<tr><td>解除取保候审原因</td><td colspan="6">陈某因涉嫌走私淫秽物品罪被采取取保候审强制措施，现取保候审期限已满 12 个月。
经办人：周某
二〇一七年四月十九日</td></tr>
<tr><td>领导审批</td><td colspan="6">同意
批准人：郑某
二〇一七年四月十九日</td></tr>
</table>

本联存卷

第二联

某区人民法院

解除取保候审决定书

（2017）某刑初 500 号

本院于 2017 年 4 月 19 日决定对被告人陈某采取取保候审的强制措施。现因取保候审已满 12 个月，本院决定对被告人陈某取保候审的强制措施予以解除。

二〇一七年四月十九日

（院印）

向被告人宣布的时间：

2017 年 4 月 19 日 16 时　　被告人签名：陈某

要点总结

第一联

1. 首部

（1）标题。写明“×××× 人民法院解除取保候审决定书（审批联）”。

（2）案号。写明“（××××）× 刑 ××× 号”。

2. 正文

（1）概述案由。

（2）注明被逮捕人的基本信息，包括姓名、性别、出生年月日、文化程度、出生地、住址等。

（3）“保证形式”一栏中用中文数字填写交纳保证金数额、保证人姓名和住址、保证人与被告人关系。

（4）注明执行机关名称、取保候审时间。

（5）“解除取保候审原因”一栏中应注明执行解除取保候审的缘由，经办人签字并注明时间。

（6）注明领导审批意见、批准人和批准时间。

3. 尾部

写明本联存卷。

第二联

1. 首部

（1）标题。写明“××××人民法院解除取保候审决定书”。

（2）案号。写明“（××××）×刑×××号”。

2. 正文

（1）写明执行取保候审的时间、被告人姓名。

（2）注明解除被告人取保候审的原因。

3. 尾部

（1）写明解除取保候审决定书的出具日期并加盖人民法院印章。

（2）写明向被告人宣布时间，被告人签名。

收监执行决定书（刑事案件用）

适用情形

收监执行决定书（刑事案件用），供人民法院在审理刑事案件的过程中，针对被判处死刑缓期两年执行、无期徒刑、有期徒刑、拘役的罪犯应当被收押入监的情形，作出收监执行的处理决定时使用。

基本框架

××××人民法院

收监执行决定书

（××××）×刑执××号

罪犯__________（写明姓名、性别、出生年月日、民族、出生地、文化程度、现羁押处所等）。

本院于××××年××月××日，作出了（××××）×刑×××号刑事判决，以罪犯×××犯××罪，判处_______（刑罚种类和刑期）。在交付执行中，××××监狱以（写明监狱不收监执行的理由）为由，不予收监执行。本院依法进行了审理。

经查，罪犯×××________（写明罪犯应予收监执行的事实和理由）。依照《中华人民共和国刑事诉讼法》第二百六十八条第一款的规定，决定将罪犯×××收监执行。

××××年××月××日

（院印）

文本演示

案情简介：2017年3月1日，魏某因犯强奸罪被判处5年有期徒刑。在交付执行过程中，魏某突发重病，监狱机关认为应当对其适用暂予监外执行，法院采纳了监狱机关的意见。2017年9月1日，魏某未经报告，私自离开住所地，严重违反了暂予监外执行的监督管理规定。司法机关依法将魏某收监执行。

某区人民法院

收监执行决定书

（2017）某刑执282号

罪犯魏某，男，1983年2月3日出生，汉族，出生于某省某市某区，高中文化，现羁押于某省某市某监狱。

本院于2017年3月1日，作出了（2017）某刑某282号刑事判决，以罪犯魏某犯强奸罪，判处有期徒刑五年。在交付执行中，某市某监狱以魏某突发重病为由，不予收监执行。本院依法进行了审理。

经查，罪犯魏某在暂予监外执行期间，私自离开住所地，严重违反了暂予监外执行的监督管理规定，依照《中华人民共和国刑事诉讼法》第二百五十七条[①]第一款的规定，决定将罪犯魏某收监执行。

① 对应2018年修正后《刑事诉讼法》第二百六十八条。——编者注

二〇一七年九月五日

（院印）

要点总结

1. 首部

（1）标题。写明“××××人民法院收监执行决定书”。

（2）案号。写明“（××××）×刑执××号”。

2. 正文

（1）罪犯姓名、性别、出生年月日、民族、出生地、文化程度，现羁押处所等。

（2）简要介绍针对该罪犯的判决情况以及某监狱不予收监执行的理由等。

（3）结合具体情况，有针对性地说明应予收监执行的理由。

（4）写明决定结果以及作出决定的法律依据。

3. 尾部

写明发文日期并加盖人民法院印章。

4. 需要注意的是，本样式是按一审判决生效后，监狱对罪犯不予收监执行的模式设计的。如果适用于二审和再审案件时，有关之处应当作相应改动。

暂予监外执行决定书（刑事案件用）

适用情形

暂予监外执行决定书，供司法机关在刑罚执行阶段，针对被判处拘役、有期徒刑、无期徒刑的犯罪分子因符合某种法定条件不应当收监执行或者收监后又决定对其适用在监狱外执行的情形，作出暂不关押并委托一定机关监管的处理决定时使用。

基本框架

××××人民法院

暂予监外执行决定书

（××××）×刑执××号

罪犯＿＿＿＿＿＿（写明姓名、性别、出生年月日、民族、出生地、文化程度、现羁押处所等）。

××××年××月××日本院作出了（××××）×刑×××号刑事判决，以＿＿＿＿＿罪判处罪犯＿＿＿＿＿。现＿＿＿＿＿建议对罪犯×××暂予监外执行。

经查，罪犯×××确系＿＿＿＿＿，不宜收监执行。依照《中华人民共和国刑事诉讼法》第二百六十五条第一款第＿＿＿项的规定，决定将罪犯×××暂予监外执行。

××××年××月××日

（院印）

文本演示

案情简介：2017年3月20日，杨某因犯危害国家安全罪被判处4年有期徒刑。刑罚执行过程中，执行部门发现杨某突患尿毒症，身体极其虚弱。法院依法决定对杨某暂予监外执行。

某市人民法院

暂予监外执行决定书

（2017）某刑执237号

罪犯杨某，女，1979年5月3日出生，汉，高中，某造纸厂职工，黑龙江省某市市民，2017年1月4日被逮捕，现羁押于某市监狱。

2017年3月20日，本院作出（2017）某刑执230号刑事判决，以危害国家安全罪判处杨某有期徒刑四年。现某市法院建议对罪犯杨某暂予监外执行。

经查，罪犯杨某确系身患尿毒症，身体极其虚弱，适用暂予监外执行不致危害社会。依照《中华人民共和国刑事诉讼法》第二百五十四条[①]第一款第三项的规定，决定将罪犯杨某暂予监外执行。

二〇一七年三月二十七日

（院印）

要点总结

1. 首部

（1）标题。写明“××××人民法院暂予监外执行决定书”。

（2）案号。写明“（××××）×刑执××号”。

2. 正文

（1）写明罪犯的姓名、年龄、性别、民族、文化程度、职业、家庭住址等基本情况。

（2）写明案件来源，罪犯被判的刑种和刑期。

（3）写明建议暂予监外执行的理由、依据以及法院决定监外执行的结果。

3. 尾部

写明暂予监外执行决定的日期并加盖人民法院印章。

限制出境决定书（刑事案件用）

适用情形

限制出境决定书（刑事案件用），供人民法院在审理涉外刑事案件的过程中，针对需要限制被告人出境的情形，作出限制其出境的处理决定时使用。

① 对应2018年修正后《刑事诉讼法》第二百六十五条。——编者注

基本框架

××××人民法院

限制出境决定书

（××××）×刑初××号

公诉机关××××人民检察院。

被告人基本情况。

公诉机关××××人民检察院指控被告人×××犯××罪一案，本院已于××××年××月××日受理。鉴于被告人×××系××国公民，为保证刑事诉讼顺利进行，根据《中华人民共和国出境入境管理法》第二十八条第一项，《最高人民法院关于适用〈中华人民共和国刑事诉讼法〉的解释》第四百零四条[①]第一款、第二款之规定，决定如下：

被告人×××在本案诉讼期间不得出境。

××××年××月××日

（院印）

文本演示

案情简介：2017年年初，英国人史约翰在中国访学期间故意打伤了商贩梁某。江西省某市人民检察院以史约翰涉嫌故意伤害罪为由向该市人民法院提起公诉。2017年5月11日，该法院已经受理此案。

某市人民法院

限制出境决定书

（2017）某刑初812号

公诉机关江西省某市人民检察院。

被告人史约翰（其英文名为：John），男，1960年3月25日出生，英国公民，教师，住所地江西省某市。

---

① 对应2021年修正后《最高人民法院关于适用〈中华人民共和国刑事诉讼法〉的解释》第四百八十七条。——编者注

公诉机关某市人民检察院指控被告人史约翰犯故意伤害罪一案，本院已于2017年5月11日受理。鉴于被告人史约翰系英国公民，为保证刑事诉讼顺利进行，根据《中华人民共和国出境入境管理法》第二十八条第一项，《最高人民法院关于适用〈中华人民共和国刑事诉讼法〉的解释》第四百零四条[①]第一款、第二款之规定，决定如下：

被告人史约翰在本案诉讼期间不得出境。

二〇一七年五月二十二日

（院印）

要点总结

1. 首部

（1）标题。写明"××××人民法院限制出境决定书"。

（2）案号。写明"（××××）×刑初××号"。

2. 正文

（1）写明公诉机关名称。

（2）被告人的基本情况。写明姓名、性别、年龄、国籍、护照号码、职业或工作单位、常住地。

（3）写明被告人所涉嫌的案件，简要写明限制其出境的理由，同时要写明作出该限制出境决定的依据。

（4）决定内容，被告人在本案诉讼期间不得出境。

3. 尾部

写明发文日期并加盖人民法院印章。

延期审理决定书（公诉案件用）

适用情形

延期审理决定书（公诉案件用），供人民法院在审理公诉案件的过

① 对应2021年修正后《最高人民法院关于适用〈中华人民共和国刑事诉讼法〉的解释》第四百八十七条。——编者注

程中，针对人民检察院发现案件需要补充侦查因而建议延期审理的情形，作出同意延期审理的处理决定时使用。

基本框架

××××人民法院

延期审理决定书

（××××）×刑初××号

××××人民检察院：

你院××××年××月××日以×检×诉（××××）××号起诉书指控被告人××犯××罪，向本院提起公诉。本院审理期间，你院提出__________需要补充侦查，建议对该案延期审理。根据《中华人民共和国刑事诉讼法》第一百九十八条[①]第二项的规定，决定：

对被告人×××犯××罪一案延期审理。

××××年××月××日

（院印）

文本演示

案情简介： 2017年1月30日，湖北省某市某区人民检察院以郑某涉嫌贪污受贿罪一案向该区人民法院提起公诉。法院在审理过程中，检察院发现需要通知新的证人到庭，因而申请法院延期审理。

某区人民法院

延期审理决定书

（2017）某刑初236号

某市某区人民检察院：

你院2017年1月30日以某检某诉（2017）317号起诉书指控被告人郑某

① 对应2018年修正后《刑事诉讼法》第二百零四条。——编者注

犯贪污受贿罪，向本院提起公诉。本院审理期间，你院提出需要通知新证人到庭，建议对该案延期审理。根据《中华人民共和国刑事诉讼法》第一百九十八条[①]第二项的规定，决定：

对被告人郑某犯贪污受贿罪一案延期审理。

二〇一七年三月二日

（院印）

要点总结

1. 首部

（1）标题。写明“××××人民法院延期审理决定书”。

（2）案号。写明“（××××）×刑初××号”。

2. 正文

（1）写明公诉机关名称。

（2）简要写明提起公诉案件的情况。

（3）简要写明延期审理的理由。

（4）写明决定的法律依据及决定结果。

3. 尾部

写明发文日期并加盖人民法院印章。

罚款决定书（刑事案件用）

适用情形

罚款决定书（刑事案件用），供人民法院在审理刑事案件的过程中，针对诉讼参与人或者旁听人员不听从审判长制止、严重扰乱法庭秩序的情形，作出对相关人员进行罚款的处理决定时使用。

① 对应2018年修正后《刑事诉讼法》第二百零四条。——编者注

基本框架

××××人民法院

罚款决定书

（××××）×刑×××号

被罚款人__________（写明姓名、性别、出生年月日、民族、出生地、文化程度、职业或者工作单位和职务、住址）。

本院在审判________（写明当事人姓名和案由）一案过程中，________（写明被罚款人妨害刑事诉讼的事实和应当予以罚款的理由）。依照《中华人民共和国刑事诉讼法》第一百九十九条第一款的规定，决定如下：

对×××罚款×××元，限在××××年××月××日前交纳。

如不服本决定，可以在收到决定书后向××××人民法院申请复议。复议期间不停止执行。

××××年××月××日

（院印）

文本演示

案情简介：2017年2月底，吉林省某市某镇某村居民廖某向同村人肖某索要欠款，但是肖某拒不还款，廖某一怒之下将肖某拘禁在自家地下室内。2017年4月4日，该市某区人民检察院以廖某涉嫌非法拘禁罪向法院提起公诉。庭审过程中，廖某的妻子胡某举止偏激，严重扰乱法庭秩序。法院依法决定对胡某罚款600元。

某区人民法院

罚款决定书

（2017）某刑初380号

被罚款人胡某，女，1984年3月1日生，汉族，出生于吉林省某市，初中文化，务农，住址为吉林省某市某镇某村2排41号。

本院在审判廖某非法拘禁罪一案过程中，其妻子胡某举止偏激，严重扰乱了法庭秩序。依照《中华人民共和国刑事诉讼法》第一百九十四条第一款[①]的规定，决定如下：

对胡某罚款600元，限在2017年4月30日前交纳。

如不服本决定，可以在收到决定书后向某市人民法院申请复议。复议期间不停止执行。

二〇一七年四月二十日

（院印）

要点总结

1. 首部

（1）标题。写明“××××人民法院罚款决定书”。

（2）案号。写明“（××××）×刑×××号”。

2. 正文

（1）注明被罚款人的基本信息，包括姓名、性别、出生日期、民族、出生地、文化程度、职业或者工作单位和职务、住址等。

（2）写明当事人姓名和案由、被罚款人妨害刑事诉讼的事实和应当予以罚款的理由。

（3）写明罚款所依据的法律条款。

（4）注明被罚款人姓名、罚款金额、交纳期限。

（5）应注明被罚款人不服从本决定申请复议的人民法院名称。

3. 尾部

写明发文日期并加盖人民法院印章。

① 对应2018年修正后《刑事诉讼法》第一百九十九条第一款。——编者注

查封/扣押/冻结令（刑事案件用）

适用情形

查封/扣押/冻结令（刑事案件用），供人民法院在审理刑事案件的过程中，针对被告人的财务、文件、邮件、电报等文件需要被依法查封及扣押或者其存款、汇款、债券、股票、基金份额等财产需要被依法冻结的情形，作出查封、扣押、冻结被告人的相关文件及财产的处理决定时使用。

基本框架

××××人民法院

查封（扣押、冻结）令

（××××）×刑×××号

本院根据__________（写明适用的法律依据）的规定，特派__________（写明执行人员的职务、姓名等），对_____________（写明被查封或扣押财产或冻结存款的当事人的姓名或者单位名称）在_____________（写明应予查封、扣押或者冻结的财产所在地及其名称、数量等），予以查封（或者扣押、冻结）。

此令。

院长　×××

××××年××月××日

（院印）

文本演示

案情简介：2017年3月19日，辽宁省某市人民检察院以邱某涉嫌挪用公款罪向人民法院提起公诉。法院为了防止邱某转移财产，决定冻结邱某在该市建设银行的存款、汇款及基金份额共计人民币500万元。

某市中级人民法院
查封令

（2017）某刑初 333 号

本院根据《中华人民共和国刑事诉讼法》第一百条[①]的规定，特派助理审判员张某对邱某在本市建设银行的存款、汇款及基金份额共计人民币 500 万元予以冻结。

此令。

院长　仇某

二〇一七年三月二十日

（院印）

要点总结

1. 首部

（1）标题。写明“××××人民法院查封（扣押、冻结）令”。如果是单独查封财产时写“查封令”，单独扣押财产时写“扣押令”，单独冻结时写“冻结令”。

（2）案号。写明“（××××）×刑×××号”。

2. 正文

（1）写明适用的法律依据。

（2）写明执行人员的职务、姓名。

（3）写明被查封或扣押财产或冻结存款的当事人的姓名或者单位名称。

（4）写明应予查封、扣押或者冻结的财产所在地及其名称、数量等。

（5）写明“此令”。

3. 尾部

（1）院长签名。

（2）写明发文日期并加盖人民法院印章。

① 对应2018年修正后《刑事诉讼法》第一百零二条。——编者注

解除查封／扣押／冻结令（刑事案件用）

适用情形

解除查封／扣押／冻结令（刑事案件用），供各级人民法院在审理刑事案件的过程中，针对已经被查封、扣押的财务、文件、邮件、电报等文件或者被冻结的存款、汇款、债券、股票、基金份额等财产，与所审理的案件无关的，作出解除查封、扣押或冻结相关文件及财产的处理决定时使用。

基本框架

××××人民法院

解除查封／扣押／冻结令

（××××）×刑×××号

本院××××年××月××日依法查封（扣押、冻结）________（写明被查封或扣押财产或冻结存款的当事人的姓名或者单位名称）的________（写明被查封、扣押或者冻结的财产的所在地及其名称、数量等），现决定予以解除查封（或者扣押、冻结）。

此令。

院长 ×××

××××年××月××日

（院印）

文本演示

案情简介：2017年4月1日，河南省某市某区人民法院在审理张某私分国有资产罪一案的过程中，冻结了张某在该市中国银行的汇款30万元（人民币）。2017年4月20日，法院经审查认为该笔汇款是张某的合法财产，与本案无关，并依法解除了对该账户的冻结。

某区人民法院

解除冻结令

（2017）某刑初296号

本院2017年4月1日依法冻结张某的中国银行某市支行银行汇款三十万元（人民币），现决定予以解除冻结。

此令。

院长　齐某

二〇一七年四月二十一日

（院印）

要点总结

1. 首部

（1）标题。写明“××××人民法院解除查封/扣押/冻结令”。

（2）案号。写明“（××××）×刑×××号”。

2. 正文

（1）写明查封（扣押、冻结）的日期。

（2）写明被查封或扣押财产或冻结存款的当事人的姓名或者单位名称。

（3）写明被查封、扣押或者冻结的财产的所在地及其名称、数量等。

（4）写明“此令”。

3. 尾部

（1）院长签名。

（2）写明发文日期并加盖人民法院印章。

审判委员会讨论案件决定书（刑事案件用）

适用情形

审判委员会讨论案件决定书（刑事案件用），供人民法院审判委员会在讨论合议庭提交的难以作出决定的疑难、复杂、重大案件后，作出对案件的具体的讨论决定时使用。

基本框架

××××人民法院

审判委员会讨论案件决定书

时间		地 点	
汇报单位		汇报人	
被告人姓名		案 由	
合议庭意见			
出席人			
列席人			
讨论决定： 主持人： （印章） 年 月 日			

文本演示

案情简介：邓某为了保护自己的财物，在自家衣柜里安装了一个机关。机关在开启状态下，衣柜门一旦被打开，内设装置就会弹出，人就会被打伤。后来，邻居董某来邓某家做客。董某为了保暖，自行前往邓某的衣柜取衣物，不料因机关启动受伤。检察机关将案件提交法院后，合议庭意见不一。最后，审判委员会经讨论，作出了以下决定。

某县人民法院

审判委员会讨论案件决定书

时间	2017年8月18日	地点	会议室201
汇报单位	审判委员会	汇报人	胡某
被告人姓名	邓某	案由	董某启动自卫装置开关受伤

续表

合议庭意见	大部分人认为在衣柜中安置自卫装置的行为，一般人无法预见，因此邓某负全责；小部分人认为邓某并不知道董某要打开衣柜，董某自行决定打开柜门取衣物的行为存在过错，董某也应负担部分责任。
出席人	胡某、肖某、王某、周某、张某、吴某、藏某
列席人	李某、赵某、陶某、高某、邓某
讨论决定： 认定邓某对董某受伤负全责。 主持人：胡某 （印章） 二〇一七年八月十八日	

要点总结

1. 首部

（1）标题。写明“××××人民法院审判委员会讨论案件决定书”。

（2）案号。写明“（××××）×刑×××号”。

2. 正文

（1）依次写明审判委员会讨论案件的时间和地点、汇报单位、汇报人、被告人姓名、案由、合议庭意见、出席人、列席人。

（2）叙述审判委员会讨论决定。

3. 尾部

（1）“主持人”一栏填写讨论本案的审判委员会本次会议的主持人。主持人签名后，应当加盖人民法院审判委员会的印章。

（2）写明发文日期。

再审决定书（刑事案件用）

适用情形

再审决定书（刑事案件用），供各级人民法院为了纠正已经发生法律效力的判决、裁定，依照审判监督程序作出对再审案件是否受理的处理决定时使用；或者是最高人民法院发现各级人民法院已经发生法律效力的判决和裁定确有错误以及上级人民法院发现下级人民法院已经发生法律效力的判决和裁定确有错误时，供最高人民法院以及上级人民法院作出提审或者指令下级人民法院再审的处理决定时使用。

基本框架

××××人民法院

再审决定书

（××××）×刑监××号

原审被告人______一案，××××人民法院于××××年××月××日以（××××）×刑×××号刑事判决，认为被告人×××犯××罪，判处__________，判决已经发生法律效力。__________（再审由来）。本院认为______________。据此，依照__________（写明判决的法律依据）的规定，决定如下（分三种情况）：

第一，本院决定再审的，写明“本案由本院另行组成合议庭进行审理”；

第二，本院决定提审的，写明“本案由本院进行提审”；

第三，指令下级人民法院再审的，写明“由××××人民法院另行组成合议庭对本案进行审理”。

本案再审期间不停止原判决的执行。

××××年××月××日

（院印）

文本演示

案情简介：2017年6月20日，福建省某市某区人民法院发现本院于2017年5月30日审结的黄某行贿罪一案存在错误，对黄某的量刑过重。2017年6月27日，法院依照审判监督程序作出再审的处理决定。

某区人民法院

再审决定书

（2017）某刑监129号

原审被告人黄某行贿罪一案，福建省某市某区人民法院于2017年5月30

日，以（2017）某刑初120号刑事判决，认为被告人黄某犯行贿罪，判处三年有期徒刑，判决已经发生效力。本院发现此判决对黄某的量刑过重，应当予以纠正。本院认为有必要对该案进行再审，适度减轻对黄某的刑罚。据此，根据《中华人民共和国刑事诉讼法》第二百四十三条[①]第一款的规定，决定本案由本院另行组成合议庭进行审理。

本案再审期间不停止原判决的执行。

二〇一七年六月二十七日

（院印）

要点总结

1. 首部

（1）标题。写明“××××人民法院再审决定书”。

（2）案号。写明“（××××）×刑监××号”。

2. 正文

（1）分别写明原告和被告人的姓名、年龄、性别、民族、身份证号码、文化程度、家庭住址等基本信息。

（2）写明原审机关情况，原审判决基本内容、效力情况以及被告人所判罪行、关押情况。

（3）写明案件来源。

（4）写明再审理由，理由写在“本院认为”之后，根据本院近一步调查所得到的新证据和新事实，论证通过再审查清事实，纠正错误，保障当事人合法权益的必要性。

（5）根据再审的情况，写明应由本院再审、提审、指令下级人民法院再审的情况。

（6）写明“再审期间不停止原判决的执行”。

3. 尾部

写明决定再审的日期并加盖人民法院印章。

① 对应2018年修正后《刑事诉讼法》第二百五十四条。——编者注

决定书（退回减刑、假释建议书用）

适用情形

决定书（退回减刑、假释建议书用），供中级以上人民法院审查执行机关所提的减刑或者假释建议书后，针对罪犯不符合法定减刑或者假释的条件或者程序的情形，作出将执行机关提出的减刑或者假释建议书和有关材料退回提请机关的处理决定时使用。

基本框架

××××人民法院

决定书

（××××）×刑执××号

罪犯基本情况。

××××人民法院于××××年××月××日作出（××××）×刑初××号刑事判决，认定被告人×××犯××罪，判处___________。执行机关××××于××××年××月××日提出减刑（或者假释）建议书，报送本院审理。本院认为___________。依照《中华人民共和国刑法》第七十九条（或者第八十二条）之规定，决定如下：

将××号减刑（或者假释）建议书退回××××执行机关。

××××年××月××日

（院印）

文本演示

案情简介：2016年2月10日，吴某因诽谤罪被判处3年有期徒刑。因其在监狱服刑期间表现良好，2017年2月10日，执行机关提出减刑建议书，并报送法院进行审理。经审理，法院作出了最终决定。

某区人民法院

决定书

（2017）某刑执239号

罪犯吴某，男，1977年7月7日出生，汉族，初中文化，无业，户籍地某省某市某区，现在某监狱服刑。

某市某区人民法院于2016年2月10日作出（2016）某刑初120号刑事判决，认定被告人吴某犯诽谤罪，判处有期徒刑两年。执行机关某监狱于2017年2月10日提出减刑建议书，报送本院审理。本院认为罪犯吴某在服刑期间虽然表现良好，但是至今仍不同意向被害人赔礼道歉。依照《中华人民共和国刑法》第七十九条之规定，决定如下：

将230号减刑建议书退回某监狱。

二〇一七年二月二十日

（院印）

要点总结

1. 首部

（1）标题。写明“××××人民法院决定书”。

（2）案号。写明“（××××）×刑执××号”。

2. 正文

（1）罪犯的基本情况。写明姓名、性别、年龄、民族、职业或工作单位、住所，还应写明采取何种强制措施及以前受过何种刑事处分、现服刑监狱等。

（2）写明罪犯的刑种、刑期以及上诉、抗诉后第二审人民法院的裁判结果和执行中刑种、刑期的变更情况。

（3）理由。

理由部分在“本院认为”之后，写明经审核不符合法定减刑或者假释的理由，同时要写明作出该退回决定的依据。

（4）决定内容，将减刑（或者假释）建议书退回执行机关。

3. 尾部

写明发文日期并加盖人民法院印章。

复议决定书（上级人民法院复议案件用）

适用情形

复议决定书（上级人民法院复议案件用），供上级人民法院在审查复议人申请不服下级人民法院作出的拘留或者罚款决定时，作出相应的处理决定时使用。

基本框架

××××人民法院

复议决定书

（××××）×××号

申请复议人______（写明申请复议人的姓名及其基本情况）。

申请复议人不服××××人民法院××××年××月××日（××××）××××号______决定，向本院提出复议申请。申请复议人提出__（简要写明申请的理由和复议请求）。经审查，本院认为_____（写明作出复议决定的理由）。依照______（写明据以作出复议决定的法律条款项）的规定，决定如下：

_____［写明复议决定的内容。分两种情况：

一、维持原决定的，表述为：

"驳回申请，维持原决定。"

二、撤销原决定的，表述为：

"一、撤销××××人民法院××××年××月××日（××××）××××号_____决定；

二、_____（写明变更的决定内容。不需作出变更决定的，此项不写）"。］

××××年××月××日

（院印）

文本演示

案情简介：2017 年 1 月 21 日，刘某与水果商贩姜某发生冲突，刘某将姜某打伤。2017 年 2 月 10 日，某市人民法院受理了刘某故意伤害姜某一案。刘某发现，负责此案的审判长王某是受害人姜某的近亲属，因而申请审判长回避。但是，法院院长对刘某的回避申请不予批准。刘某不服，因而申请复议。最后，法院撤销了原决定，并作出复议决定书。

某市人民法院

复议决定书

（2017）某 41 号

申请复议人刘某，男，1992 年 10 月 13 日出生，汉族，出生于甘肃省某市，初中文化。

申请复议人不服本院 2017 年 2 月 15 日（2017）某 23 号驳回回避申请决定，向本院提出复议申请。申请复议人提出负责该案的审判长与受害人姜某是近亲属关系，因申请复议人先前提出的回避申请被驳回，所以提出复议，请求该审判长回避。经审查，本院认为申请复议人的申请理由符合法律的相关规定。依照《中华人民共和国刑事诉讼法》第二十八条[①]的规定，决定如下：

一、撤销某市人民法院 2017 年 2 月 15 日（2017）某 23 号驳回回避申请决定；

二、准许该案审判长王某回避。

二〇一七年二月十八日

（院印）

① 对应2018年修正后《刑事诉讼法》第二十九条。——编者注

要点总结

1. 首部

（1）标题。写明“××××人民法院复议决定书”。

（2）案号。写明“（××××）×××号”。

2. 正文

（1）申请复议人的姓名及其基本情况。

（2）写明申请复议的缘由以及申请的理由和复议请求。

（3）写明作出复议决定的理由以及据以作出复议决定的法律条款项。

（4）作出复议决定。

复议决定分两种情况：

①维持原决定的，表述为：“驳回申请，维持原决定。”

②撤销原决定的，表述为：“一、撤销××××人民法院××××年××月××日（××××）××××号______决定；二、写明变更的决定内容。”不需要作出变更决定的，此项不写。

3. 尾部

写明发文日期并加盖人民法院印章。

第五章　书　　函

司法建议书（各类案件用）

适用情形

司法建议书（各类案件用），供各级人民法院在审判工作中，针对有关单位和管理部门在制度上、工作上存在问题的情形，向相关单位或者上级机关提出解决问题和改进工作的书面建议时使用。

基本框架

××××人民法院

司法建议书

（××××）×刑×××号

××××（主送单位名称）：

本院在审判_________（写明控辩双方名称或者姓名和案由）一案中，发现_________（写明发现有关单位存在的重要问题和提出建议的理由）。为此，特建议：

______________（写明建议的具体事项，内容多的可分项书写）。

以上建议请研究处理，并将处理结果函告本院。

××××年××月××日

（院印）

抄送：××××（机关名称）

文本演示

案情简介： 最近，不断有夫妻来我院诉请离婚，要求本院为其出具离婚判决书。经讯问，发现县民政局对未出具离婚判决书的夫妻，拒绝办理离婚手续。为了纠正县民政局的错误，现向县民政局提出建议。

某县人民法院

司法建议书

（2017）某刑初 471 号

某县民政局：

本院在审判刘某和李某离婚纠纷一案中。发现涉案夫妻对财产的分割以及孩子的抚养权问题没有任何争议。根据相关法律规定，夫妻在符合协议离婚的情形时，无须起诉到法院请求法院作出准予离婚的判决。经讯问，发现贵局对于未出具离婚判决书的夫妻，拒绝为其办理离婚手续。此行为与法律规定不符，同时，也增加了法院的负担。为此，特建议：

整顿工作作风，对职责范围内的事务尽职尽责，不可再次推诿。

以上建议请研究处理，并将处理结果函告本院。

二〇一七年四月三日

（院印）

抄送：市民政局

要点总结

1. 首部

（1）标题。写明“×××× 人民法院司法建议书”。

（2）案号。写明“（××××）× 刑 ××× 号”。

2. 正文

（1）主送单位：应注明该建议书的送达单位全称。

（2）案件名称：简明扼要，案件名称要与提起诉讼案件名称一致，写明控辩双方名称或者姓名和案由。

（3）写明发现有关单位存在的重要问题和提出建议的理由。

（4）写明建议的具体事项，内容多的可分项书写。

（5）将处理结果告知人民法院。

3. 尾部

（1）写明发文日期并加盖人民法院印章。

（2）写明抄送机关名称。

准许调查书（刑事案件用）

适用情形

准许调查书（刑事案件用），供人民法院在审理案件过程中，针对被告人律师依照法定程序向人民法院申请收集与案件有关的材料的情形，作出准予其申请的处理决定时使用。

基本框架

××××人民法院

准许调查书

（××××）×刑×××号

申请人×××，××××律师事务所律师。

申请人×××，作为______一案的辩护律师，于××××年××月××日向本院提出申请，要求向本案的______________收集与本案有关的材料。

经审查，申请人的上述申请，符合《中华人民共和国刑事诉讼法》第四十三条第二款和《最高人民法院关于适用〈中华人民共和国刑事诉讼法〉的解释》第五十条[①]的规定，本院予以批准。

××××年××月××日

（院印）

① 对应2021年修正后《最高人民法院关于适用〈中华人民共和国刑事诉讼法〉的解释》第五十八条。——编者注

文本演示

案情简介：2017年5月20日，郑某涉嫌抢劫罪一案在某市法院开庭进行审理。2017年6月20日，郑某的律师黄某认为被害人的陈述不清，希望法院能同意其向被害人收集证据。最后，人民法院经审查作出了准予调查的决定。

某市人民法院

准许调查书

（2017）某刑某972号

申请人黄某，腾飞律师事务所律师。

申请人黄某，作为郑某抢劫罪一案的辩护律师，于2017年6月20日向本院提出申请，要求向本案的被害人收集与本案有关的材料。

经审查，申请人的上述申请，符合《中华人民共和国刑事诉讼法》第四十一条[①]第二款和《最高人民法院关于适用〈中华人民共和国刑事诉讼法〉的解释》第五十条[②]的规定，本院予以批准。

二〇一七年六月二十二日

（院印）

要点总结

1. 首部

（1）标题。写明“××××人民法院准许调查书”。

（2）案号。写明“（××××）×刑×××号”。

2. 正文

（1）写明申请人的姓名、工作单位和职务。

（2）简明陈述申请人作为辩护律师，需要向法院申请收集的证据的相关

---

① 对应2018年修正后《刑事诉讼法》第四十三条。——编者注

② 对应2021年修正后《最高人民法院关于适用〈中华人民共和国刑事诉讼法〉的解释》第五十八条。——编者注

信息。

（3）法院经审查后作出的决定及相关法律依据。

3. 尾部

写明发文日期并加盖人民法院印章。

案件移送函（各类案件用）

适用情形

案件移送函（各类案件用），供各级人民法院在立案或者查处案件过程中，针对案件不属于本院职权范围、不属于本院级别管辖范围或地域管辖范围的情形，作出移送有管辖权机关的处理决定时使用。

基本框架

××××人民法院

案件移送函

（××××）×刑×××号

××××（受移送机关名称）：

关于________（写明当事人姓名或者名称和案由）一案，因________（写明移送的原因和理由）。根据________（写明有关法律、法规、司法解释和其他规范性文件的规定），现将该案移送你处，请查收。

附件：________

××××年××月××日

（院印）

文本演示

案情简介：2017年1月10日，某县公安机关发现周某多次实施了故意伤害他人的行为。人民检察院认为周某构成犯罪，依法向县法院提起公诉。法院在审理过程中，发现本案案情重大复杂，周某可能构成故意杀人罪。于是，县法院依法请求移送市人民法院对本案进行审理。

某县人民法院

案件移送函

（2017）某刑某781号

某省某市人民法院：

关于本院受理的周某故意伤害罪一案，因该案案情重大复杂，周某可能构成故意杀人罪。根据《中华人民共和国刑事诉讼法》第二十三条[①]的规定，现将该案移送你处，请查收。

附件：本案诉讼相关材料两卷

二〇一七年三月十一日

（院印）

要点总结

1. 首部

（1）标题。写明“××××人民法院案件移送函”。

（2）案号。写明“（××××）×刑×××号”。

2. 正文

（1）受移送机关应写明接收单位的名称。

（2）事实部分

①写明当事人姓名并概述案由。

②概述移送的原因和理由，应写明当事人的违法行为时间、地点、情节、内容，以及涉嫌违反的法律条款内容。

③概述移送案件的依据，应写明具体法律法规。

④附件应包含本文书随附移送案件的所有涉案物品清单。

3. 尾部

写明发文日期并加盖人民法院印章。

① 对应2018年修正后《刑事诉讼法》第二十四条。——编者注

补充材料函（刑事案件用）

适用情形

补充材料函（刑事案件用），供第一审人民法院对公诉案件进行审查后，针对与本案相关的材料不近翔实或者缺少必要材料的情形，作出补充相关材料的处理决定时使用。

基本框架

××××人民法院

补充材料函

（××××）×刑×××号

××××人民检察院：

你院××××年××月××日提起公诉的被告人________一案，经审查，缺少部分材料。根据《最高人民法院关于适用〈中华人民共和国刑事诉讼法〉的解释》第一百八十一条[①]的规定，请你院在收到本函的次日起三日内，补充以下材料，送交本院。

一、________________

二、________________

××××年××月××日

（院印）

文本演示

案情简介：吴某涉嫌故意伤害罪一案，河南省某市人民检察院于2017年8月1日向该市人民法院提起了公诉。该市人民法院在审理过程中，发现受害人提起了附带民事诉讼，但是，在人民检察院所递交的材

① 对应2021年修正后《最高人民法院关于适用〈中华人民共和国刑事诉讼法〉的解释》第二百一十九条。——编者注

料中，缺乏附带民事诉讼当事人的姓名、住址等具体信息。于是，人民法院要求检察院予以补充。

某市人民法院

补充材料函

（2017）某刑某925号

某市人民检察院：

你院2017年8月1日提起公诉的被告人吴某故意伤害一案，经审查，缺少部分材料。根据《最高人民法院关于适用〈中华人民共和国刑事诉讼法〉的解释》第一百八十一条[①]的规定，请你院在收到本函的次日起三日内，补充以下材料，送交本院。

附带民事诉讼当事人的姓名、住址等具体信息。

二〇一七年八月十日

（院印）

要点总结

1. 首部

（1）标题。写明"××××人民法院补充材料函"。

（2）案号。写明"（××××）×刑×××号"。

2. 正文

（1）受移送机关应写明接收单位的名称。

（2）注明提起公诉的时间。

（3）概述起诉案件情况。

（4）写明依据的法律条文及在规定时间内递交相关材料，上交材料需分条列举。

3. 尾部

写明发文日期并加盖人民法院印章。

① 对应2021年修正后《最高人民法院关于适用〈中华人民共和国刑事诉讼法〉的解释》第二百一十九条。——编者注

办理委托复函（答复委托法院用）

适用情形

办理委托复函（答复委托法院用），供受委托的人民法院在办理有关受委托事项后，针对委托事项的完成情况，向委托法院作出回复时使用。

基本框架

××××人民法院

办理委托复函

（××××）×刑×××号

××××人民法院：

你院××××年××月××日（××××）×刑×××号来函和附件收悉。现将你院委托事项的办理情况和结果，复函如下：

附件：

××××年××月××日

（院印）

文本演示

案情简介：2017年年初，某市人民法院受理了胡某涉嫌诈骗罪一案。人民法院在审理过程中，发现胡某恶意地将涉案财物转移至某市。2017年2月10日，法院委托某市人民法院对胡某位于某市的财物进行查封。后来，某市人民法院向该市法院出具了办理委托复函。

某市人民法院
办理委托复函

（2017）某刑某 579 号

某市人民法院：

你院 2017 年 2 月 10 日（2017）某刑某 90 号来函和附件收悉。现将你院委托事项的办理情况和结果，复函如下：

我院于 2017 年 2 月 10 日接到你院委托事项，经过我院的调查，我院跟踪到了胡某恶意转移的非法财物，并依法对胡某转移到本市的财物进行了查封。

附：某市某银行名为胡某的银行卡电子转账对账单

二〇一七年二月二十二日

（院印）

要点总结

1. 首部

（1）标题。写明“××××人民法院办理委托复函”。

（2）案号。写明“（××××）×刑×××号”。

2. 正文

（1）写明委托法院的名称。

（2）写明委托法院来函已经收到，即知晓委托法院的委托事项。

（3）写明办理委托事项的相关情况和结果。

（4）如有相关资料需要以附件的形式加以补充说明。

3. 尾部

写明发文日期并加盖人民法院印章。

报送上（抗）诉案件函（稿）（刑事案件用）

适用情形

报送上（抗）诉案件函（稿）（刑事案件用），供第一审人民法院在宣告判决或者裁定之后，针对上诉人对一审判决不服而提起上诉或者公诉机关认为应当提起抗诉而在规定时间内提出抗诉的情形，向二审人民法院报送案卷资料时使用。

基本框架

××××人民法院

报送上（抗）诉案件函（稿）

（××××）×刑×××号

××××人民法院：

我院受理________一案，已经作出（××××）×刑×××号判决（裁定），并于××××年××月××日宣判。_____________在法定期间提出_________诉。现将该案全部案卷材料报送你院，请查收。

一、案卷___宗，物证___件；

二、上诉状___份，抗诉书___份，答辩状___份。

××××年××月××日

（院印）

签发人　×××

经办人　×××

本联存卷

××××人民法院

报送上（抗）诉案件函

（××××）×刑×××号

××××人民法院：

我院受理______________一案，已经作出（××××）×刑×××号_________________判决（裁定），并于××××年××月××日宣判。______在法定期间提出_______诉。现将该案全部案卷材料报送你院，请查收。

附件：一、案卷___宗，物证___件；

二、上诉状___份，抗诉书___份，答辩状___份。

××××年××月××日

（院印）

文本演示

案情简介：2017年2月4日，王某因触犯走私淫秽物品罪被判处五年有期徒刑。王某认为一审法院判决过重，于是向上级法院上诉。原一审法院向上级法院报送了上诉案件函。

某县人民法院

报送上诉案件函

（2017）某刑某751号

某市人民法院：

我院受理王某走私淫秽物品罪一案，已经作出（2017）某刑初412号判决，判处王某五年有期徒刑，并于2017年2月4日宣判。王某在法定期间提出上诉。现将该案全部案卷材料报送你院，请查收。

一、案卷2宗，物证7件；

二、上诉状2份，抗诉书1份，答辩状2份。

二〇一七年二月七日

（院印）

签发人　曹某

经办人　薛某

本联存卷

某县人民法院

报送上诉案件函

（2017）某刑某 751 号

某市人民法院：

我院受理王某走私淫秽物品罪一案，已经作出（2017）某刑初 412 号判决，判处王某五年有期徒刑，并于 2017 年 2 月 4 日宣判。王某在法定期间提出上诉。现将该案全部案卷材料报送你院，请查收。

附件：一、案卷 2 宗，物证 7 件；

二、上诉状 2 份，抗诉书 1 份，答辩状 2 份。

二〇一七年二月七日

（院印）

要点总结

1. 首部

（1）标题。写明"××××人民法院报送上（抗）诉案件函"。

（2）案号。写明"（××××）×刑×××号"。

2. 正文

（1）写明二审人民法院名称。

（2）简明陈述一审人民法院对案件的判决情况；写明上诉主体在法定期间提出上诉或者抗诉的请求，并告知二审法院查收案材料。

（3）写明案卷、物证、上诉状、抗诉书、答辩书的数量。

3. 尾部

（1）写明签发日期并加盖人民法院印章。

（2）签发人与经办人签名。

查询存款函（各类案件用）

适用情形

查询存款函（各类案件用），供人民法院在审理刑事案件的过程中，针对需要对本案件相关人员的财产状况向金融机构申请调查取证的情形，作出查询存款的书面文件时使用。

基本框架

第一联

××××人民法院

查询存款函（稿）

（××××）×刑×××号

__________：

我院受理__________一案，需查询个人（或者单位）储蓄存款情况，请予协助。现将_____储蓄存款的线索提供如下：

存款人姓名（或单位名称）：

存款开户时间：

存款种类：

账　　号：

存款金额：

所在储蓄所：

其　　他：

××××年××月××日

（院印）

签发人：

经办人：

本联存卷

第二联

××××人民法院

查询存款函

（××××）×刑×××号

__________：

我院受理__________一案，需查询个人（或者单位）储蓄存款情况，请予协助。现将__________储蓄存款的线索提供如下：

存款人姓名（或单位名称）：

存款开户时间：

存款种类：

账　　号：

存款金额：

所在储蓄所：

其　　他：

××××年××月××日

（院印）

本联送达查询的银行或者其他金融机构

第三联

××××人民法院

查询存款函（稿）

（××××）×刑×××号

________：

你院______年___月___日（　）______号查询__________的个人（或者单位）储蓄存款的来函收悉。现将______的存款情况提供如下：

存款人姓名（或单位名称）：

存款开户时间：

存款种类：

账　　号：

存款金额：
所在储蓄所：
其　　他：

××××年××月××日
（公章）

本联由银行或者其他金融机构填写并加盖公章后，退回查询法院

文本演示

案情简介：2017年7月10日，河北省某市人民检察院因蒋某涉嫌受贿罪一案向该市人民法院提起公诉。法院在审理过程中，决定查询蒋某的银行卡存款，于是，向该市建设银行发出了查询存款函。

第一联

某市人民法院

查询存款函（稿）

（2017）某刑某881号

某市建设银行：

我院受理蒋某受贿罪一案，需查询蒋某储蓄存款情况，请予协助。现将蒋某储蓄存款的线索提供如下：

存款人姓名（或单位名称）：蒋某
存款开户时间：2013年7月19日
存款种类：活期存款
账　　号：6236 6802 4000 6514 190
存款金额：300000元（三十万元整）
所在储蓄所：某市建设银行七一路支行
其　　他：无

二〇一七年七月二十五日

（院印）

签发人　朱某

经办人　张某

本联存卷

第二联

某市人民法院
查询存款函

（2017）某刑某 881 号

某市建设银行：

我院受理蒋某受贿罪一案，需查询蒋某储蓄存款情况，请予协助。现将蒋某储蓄存款的线索提供如下：

存款人姓名（或单位名称）：蒋某

存款开户时间：2013 年 7 月 19 日

存款种类：活期存款

账　　号：6236 6802 4000 6514 190

存款金额：300000 元（三十万元整）

所在储蓄所：某市建设银行七一路支行

其　　他：无

二〇一七年七月二十五日

（院印）

本联送达查询的银行或者其他金融机构

第三联

某市人民法院
查询存款函（稿）

（2017）某刑某 881 号

某市人民法院：

你院 2017 年 7 月 25 日（2017）某 89 号查询蒋某的个人储蓄存款的来函收

悉。现将蒋某的存款情况提供如下：

存款人姓名（或单位名称）：蒋某

存款开户时间：2013 年 7 月 19 日

存款种类：活期存款

账　　号：6236 6802 4000 6514 190

存款金额：300000 元（三十万元整）

所在储蓄所：某市建设银行七一路支行

其　　他：无

二〇一七年七月二十五日

（银行或金融机构公章）

本联由银行或者其他金融机构填写并加盖公章后，退回查询法院

要点总结

第一联和第二联

1. 首部

（1）标题。写明“×××× 人民法院查询存款函（稿）”。

（2）案号。写明“（××××）× 刑 ××× 号”。

2. 正文

（1）注明出具存款信息的单位名称全称。

（2）概述人民法院由于审理案件需要核查储蓄存款。

（3）被查询人或单位的基本信息填写完整，包括存款人姓名（或者单位名称）、开户时间、存款种类、存款账号、存款金额、所在储蓄所名称以及其他必要事项。

3. 尾部

（1）写明发文日期并加盖人民法院印章。

（2）签发人与经办人签名。

第三联

1. 首部

（1）标题。写明“××××人民法院查询存款函（稿）”。

（2）案号。写明“（××××）×刑×××号”。

2. 正文

（1）写明申请出具查询存款证明的人民法院名称全称。

（2）写明人民法院出具查寻案件相关人员或单位调查存款函的时间。

（3）被查询人或单位的基本信息填写完整，包括存款人姓名（或者单位名称）、开户时间、存款种类、存款账号、存款金额、所在储蓄所名称以及其他必要事项。

3. 尾部

（1）写明发文日期并加盖出具此证明的金融机构印章。

（2）写明本联由银行或者其他金融机构填写并加盖公章后，退回查询法院。

法医技术鉴定委托书（委托法医鉴定用）

适用情形

法医技术鉴定委托书（委托法医鉴定用），供各级人民法院在审理刑事案件的过程中，为了查明案情，针对案件中需要解决的某些专门性问题，依法作出委托法医进行专业鉴定的处理决定时使用。

基本框架

第一联

××××人民法院

法医技术鉴定委托书（存根）

（××××）×刑×××号

受委托单位或部门	
案由	

续表

<table>
<tr><td>案情摘要</td><td colspan="6"></td></tr>
<tr><td>提供送检材料</td><td colspan="6"></td></tr>
<tr><td rowspan="2">被鉴定人</td><td>姓名</td><td>性别</td><td>出生年月日</td><td>民族</td><td>文化程度</td><td>职业（工作单位）</td></tr>
<tr><td></td><td></td><td></td><td></td><td></td><td></td></tr>
<tr><td>鉴定目的</td><td colspan="6"></td></tr>
<tr><td rowspan="2">委托单位或部门</td><td>名称</td><td colspan="3"></td><td>经办人</td><td></td></tr>
<tr><td>领导批示</td><td colspan="5">年　月　日</td></tr>
</table>

第二联

××××人民法院

法医技术鉴定委托书

（××××）×刑×××号

<table>
<tr><td colspan="2">受委托单位或部门</td><td colspan="5"></td></tr>
<tr><td colspan="2">案由</td><td colspan="5"></td></tr>
<tr><td>案情摘要</td><td colspan="6"></td></tr>
<tr><td>提供送检材料</td><td colspan="6"></td></tr>
<tr><td rowspan="2">被鉴定人</td><td>姓名</td><td>性别</td><td>出生年月日</td><td>民族</td><td>文化程度</td><td>职业（工作单位）</td></tr>
<tr><td></td><td></td><td></td><td></td><td></td><td></td></tr>
</table>

续表

<table>
<tr><td>鉴
定
目
的</td><td colspan="4"></td></tr>
<tr><td rowspan="2">委托单位或部门</td><td>名称</td><td colspan="3"></td></tr>
<tr><td>经办人</td><td></td><td>联系电话</td><td></td></tr>
<tr><td colspan="5">年　月　日
（公章）</td></tr>
</table>

文本演示

案情简介：2017 年 7 月 20 日，湖北省某市人民检察院因刘某涉嫌故意杀人罪一案向该市人民法院提起公诉。法院在审理过程中，犯罪嫌疑人刘某声称受害人赵某死亡是因为其突发心脏病，并非其对赵某的殴打导致的。法院认为，赵某的死因需要通过专业法医出具证明，故委托该市司法鉴定中心对赵某的死因进行鉴定。

第一联

某市人民法院
法医技术鉴定委托书（存根）

（2017）某刑初 820 号

受委托单位或部门	湖北省某市司法鉴定中心
案由	刘某故意杀人罪一案，对受害人赵某的死亡原因无法达成一致意见。
案情摘要	湖北省某市人民法院在审理刘某故意杀人罪一案过程中，犯罪嫌疑人刘某声称受害人赵某的死亡是其突发心脏病所致，并非其对赵某的殴打导致的。因此，需要通过专业法医对赵某的死因进行鉴定。
提供送检材料	相关卷宗 1 份。

续表

被鉴定人	姓名	性别	出生年月日	民族	文化程度	职业（工作单位）
	赵某	男	1980 年 1 月 3 日	汉族	高中文化	小区保安
鉴定目的	赵某的死亡原因。					
委托单位或部门	名称	湖北省某市人民法院		经办人	胡某某	
	领导批示	同意 2017 年 8 月 10 日				

第二联

某市人民法院
法医技术鉴定委托书

（2017）某刑初 820 号

受委托单位或部门	湖北省某市司法鉴定中心					
案由	刘某故意杀人罪一案，对受害人赵某的死亡原因无法达成一致意见。					
案情摘要	湖北省某市人民法院在审理刘某故意杀人罪一案过程中，犯罪嫌疑人刘某声称受害人赵某的死亡是其突发心脏病所致，并非其对赵某的殴打导致的。因此，需要通过专业法医对赵某的死因进行鉴定。					
提供送检材料	相关卷宗 1 份。					
被鉴定人	姓名	性别	出生年月日	民族	文化程度	职业（工作单位）
	赵某	男	1980 年 1 月 3 日	汉族	高中文化	小区保安
鉴定目的	赵某的死亡原因。					
委托单位或部门	名称	湖北省某市人民法院				
	经办人	胡某某		联系电话	8700000	
2017 年 8 月 10 日 （公章）						

要点总结

1. 首部

（1）标题。写明“××××人民法院法医技术鉴定委托书”，存根联标题可以写为“××××人民法院法医技术鉴定委托书（存根）”。

（2）案号。写明“（××××）×刑×××号”。

2. 正文

（1）受委托的单位或部门：应注明受委托的单位或部门的全称。

（2）案由：概述需要出具与本案相关鉴定证明的原因。

（3）案情摘要：简明扼要叙述案件的基本情况。

（4）提供送检材料：此栏列出人民法院为委托鉴定的单位或部门提供的具体材料明细。

（5）被鉴定人：应注明被鉴定人的姓名、性别、出生年月日、民族、文化程度、职业以及工作单位等内容。如本文用于文检、司法会记等鉴定，该项不填。

（6）鉴定目的：本栏叙述鉴定结果用途。

（7）委托单位或部门：委托单位的名称全称，经办人签名，注明时间并加盖单位公章。

3. 其他

第一联送受委托单位或部门。

第二联由法院存根。

委托鉴定书（委托鉴定用）

适用情形

鉴定委托书（委托鉴定用），供人民法院在审理刑事案件的过程中，为了查明案情，解决案件中某些专门性问题，作出的委托相关单位进行鉴定时使用。

基本框架

××××人民法院

鉴定委托书

（××××）×刑×××号

________（受委托单位名称）：

我院审理__________（被告人姓名和案由）一案，因有__________（写明需要鉴定的事项），根据《中华人民共和国刑事诉讼法》第一百四十六条、第一百四十七条的规定，特委托你单位予以鉴定。现将有关材料送去，请指派有专门知识的人进行鉴定。鉴定人进行鉴定后，应当写出鉴定结论，并在鉴定书上签名（对人身伤害的医学鉴定有争议需要重新鉴定或者对精神病的医学鉴定，由省级人民政府指定的医院进行。鉴定人进行鉴定后，应当写出鉴定结论，并且由鉴定人签名，医院加盖公章）。请将鉴定书寄送我院。

我院送去的有关材料，请一并退还我院。

附件：

××××年××月××日

（院印）

文本演示

案情简介： 2017年5月11日，江苏省某市人民检察院以安某涉嫌诈骗罪一案向该市人民法院提起公诉。犯罪嫌疑人安某认为自己并未实施诈骗行为，并声称其所卖的字画都是真品。关于涉案字画是否为真品，人民法院请求当地文物鉴定中心进行鉴定。

某市人民法院

鉴定委托书

（2017）某刑初924号

某省某市文物鉴定中心：

我院审理安某诈骗罪一案，因有涉案字画是否为真品无法认定，需你处进行鉴定，根据《中华人民共和国刑事诉讼法》第一百四十四条[①]、第一百四十五条[②]的规定，特委托你单位予以鉴定。现将有关材料送去，请指派有专门知识的人进行鉴定。鉴定人进行鉴定后，应当写出鉴定结论，并在鉴定书上签名。请将鉴定书寄送我院。

我院送去的有关材料，请一并退还我院。

附件：涉案字画相关材料一份

二〇一七年五月十七日

（院印）

要点总结

1. 首部

（1）标题。写明“××××人民法院鉴定委托书”。

（2）案号。写明“（××××）×刑×××号”。

2. 正文

（1）受委托单位：应注明人民法院委托鉴定的单位全称。

（2）案件名称：概述法院审理的案件（包括被告人姓名和案由）。

（3）鉴定内容：需要鉴定的事项叙述清楚。

（4）概述所依据的法律条款及鉴定完成后需要将鉴定结果等完整地寄送法院。

（5）附件：应当根据附送的“有关材料”逐项写明。

3. 尾部

写明发文日期并加盖人民法院印章。

① 对应2018年修正后《刑事诉讼法》第一百四十六条。——编者注

② 对应2018年修正后《刑事诉讼法》第一百四十七条。——编者注

调卷函（各类案件用）

适用情形

调卷函（各类案件用），供各级人民法院向其他法院调阅案卷材料时使用。

基本框架

第一联

××××人民法院
调卷函

（××××）×刑×××号

××××人民法院：

你院审判的（××××）××号__________一案，现因__________，请将该案的全部案卷材料检送我院。

××××年××月××日
（院印）
签发人　×××
经办人　×××

本联存卷

第二联

××××人民法院
调卷函

（××××）×刑×××号

××××人民法院：

你院审判的（××××）××号__________一案，现因__________，请将该案的全部案卷材料检送我院。

××××年××月××日
（院印）

文本演示

案情简介：某省A市人民法院在审理张某故意伤害他人一案时发现与B市人民法院审理的李某盗窃案有关联，遂报向B市人民法院申请查阅李某盗窃案的相关材料。

第一联

某省A市人民法院
调卷函

（2019）某刑初24号

某省B市人民法院：

你院审判的（2019）某刑初54号李某盗窃一案，现因与本院审理的张某故意伤害他人案有关联，请将该案的全部案卷材料检送我院。

二〇一九年三月二日

（院印）

签发人　邓某某

经办人　李某某

本联存卷

第二联

某省A市人民法院
调卷函

（2019）某刑初241号

某省B市人民法院：

你院审判的（2019）某刑初54号李某盗窃一案，现因与本院审理的张某故意伤害他人一案有关联，请将该案的全部案卷材料检送我院。

二〇一九年三月二日

（院印）

要点总结

1. 首部

（1）标题，写明“××××人民法院”“调卷函（稿）”。

（2）案号，写明“（××××）×刑×××号”。

2. 正文

（1）抬头应注明提供案卷材料的人民法院名称。

（2）概述人民法院审判的案件写明案号及调阅案卷资料的原因。

3. 尾部

第一联尾部应依次写明下列内容：

（1）发文日期。

（2）加盖人民法院印章。

（3）签发人与经办人签字。

（4）本联存卷。

第二联尾部应依次写明下列内容：

（1）发文日期。

（2）加盖人民法院印章。

送卷函（各类案件用）

适用情形

送卷函（各类案件用），供各级人民法院在收到其他法院的调卷函后，作出检送所调案卷材料的书面文件时使用。

基本框架

第一联

××××人民法院

送卷函（稿）

（××××）×刑×××号

××××人民法院：

你院＿＿＿＿＿年＿＿月＿＿日（××××）××号调卷函收到。现检送一案的全部案卷材料，请查收。

附件：案卷×宗

××××年××月××日

（院印）

签发人　×××

经办人　×××

本联存卷

第二联

××××人民法院

送卷函

（××××）×刑×××号

××××人民法院：

你院＿＿＿＿＿年＿＿月＿＿日（××××）××号调卷函收到。现检送＿＿＿＿＿一案的全部案卷材料，请查收。

附件：案卷×宗

××××年××月××日

（院印）

文本演示

案情简介：2017 年 3 月 30 日，江西省某市人民法院受理了宋某涉嫌故意杀人罪一案。法院在审理过程中，发现广东省某市人民法院正在审理的司某故意伤害罪一案与本案有牵连，遂申请查阅司某的案卷。后来，广东省某市法院作出了回复。

第一联

某市人民法院

送卷函（稿）

（2017）某刑初 925 号

江西省某市人民法院：

你院 2017 年 4 月 10 日（2017）某刑初 512 号调卷函收到。现检送司某故意伤害罪一案的全部案卷材料，请查收。

附件：案卷 2 宗

二〇一七年四月十五日

（院印）

签发人　姜某某

经办人　杜某某

本联存卷

第二联

某市人民法院

送卷函

（2017）某刑初 925 号

江西省某市人民法院：

你院 2017 年 4 月 10 日（2017）某刑初 512 号调卷函收到。现检送司某故意伤害罪一案的全部案卷材料，请查收。

附件：案卷 2 宗

二〇一七年四月十五日

（院印）

要点总结

1. 首部

（1）标题。写明“××××人民法院送卷函（稿）”。

（2）案号。写明“（××××）×刑×××号”。

2. 正文

（1）抬头应注明申请调卷的人民法院名称。

（2）申请调卷的时间编号。

（3）需要调卷的案件名称。

（4）附件注明案卷数量。

3. 尾部

（1）写明发文日期并加盖人民法院印章。

（2）签发人与经办人签名。

退卷函（各类案件用）

适用情形

退卷函（各类案件用），供各级人民法院将调取的相关案件材料，退还给相关法院时使用。

基本框架

第一联

××××人民法院

退卷函（稿）

（××××）×刑×××号

××××人民法院：

现将你院______________一案的全部案卷材料退还，请查收。

附件：案卷×宗

××××年××月××日

（院印）

签发人　×××

经办人　×××

本联存卷

第二联

××××人民法院

退卷函

（××××）×刑×××号

××××人民法院：

现将你院______________一案的全部案卷材料退还，请查收。

附件：案卷×宗

××××年××月××日

（院印）

文本演示

案情简介：2017年年初，贾某和薛某因琐事发生口角。次日，贾某为了泄愤，将薛某打伤。2017年2月15日，贾某故意伤害一案被某省某市某县人民法院受理。该市人民法院认为，被告人贾某故意伤害一案中，贾某可能被判处无期徒刑。因此，市人民法院决定对该市某县人民法院受理的贾某故意伤害一案提审。后来，市人民法院认为该案还是应该由该市该县人民法院管辖，故将案卷退回。

第一联

某市人民法院

退卷函（稿）

（2017）某刑初99号

某县人民法院：

现将你院贾某故意伤害一案的全部案卷材料退还，请查收。

附件：案卷2宗

二〇一七年二月二十五日

（院印）

签发人　刘某某

经办人　任某某

本联存卷

第二联

某市人民法院

退卷函

（2017）某刑初99号

某县人民法院：

现将你院贾某故意伤害一案全部案卷材料退还，请查收。

附件：案卷2宗

二〇一七年二月二十五日

（院印）

要点总结

1. 首部

（1）标题。写明“×××× 人民法院退卷函（稿）”。

（2）案号。写明“（××××）× 刑 ××× 号”。

2. 正文

（1）抬头应注明提供案卷材料的人民法院名称。

（2）退还案卷案件的名称。

（3）附件注明案卷数量。

3. 尾部

（1）写明发文日期并加盖人民法院印章。

（2）签发人与经办人签名。

委托宣判函（各类案件用）

适用情形

委托宣判函，供作出审判结果的人民法院委托其他人民法院代为宣判案件审理结果时使用。

基本框架

×××× 人民法院

委托宣判函（稿）

（××××）× 刑 ××× 号

×××× 人民法院：

我院受理__________一案，现已审理终结。随函寄去本院（××××）× 刑 ××× 号判决书________份，送达回证__________件，请于收到后______日内代为宣判和送达，并将宣判笔录和送达回证尽快寄回我院。

×××× 年 ×× 月 ×× 日

（院印）

签发人 ××

经办人 ××

本联存卷

××××人民法院

委托宣判函

（××××）×刑×××号

××××人民法院：

我院受理________一案，现已审理终结。随函寄去本院（××××）×刑×××号判决书_____份，送达回证_____件，请于收到后_____日内代为宣判和送达，并将宣判笔录和送达回证尽快寄回我院。

××××年××月××日

（院印）

文本演示

案情简介：2017年9月1日，吕某涉嫌抢劫罪一案的审判结果尘埃落定，江苏省某市人民法院委托江苏省甲市人民法院代为宣判，并请求甲市人民法院将宣判笔录和送达回证如期寄回。

某市人民法院

委托宣判函（稿）

（2017）某刑某933号

甲市人民法院：

我院受理吕某抢劫罪一案，现已审理终结。随函寄去本院（2017）某刑某888号判决书1份，送达回证1件，请于收到后七日内代为宣判和送达，并将宣判笔录和送达回证尽快寄回我院。

二〇一七年九月三日

（院印）

签发人 廖某

经办人 朱某

本联存卷

某市人民法院

委托宣判函

（2017）某刑某933号

甲市人民法院：

我院受理吕某抢劫罪一案，现已审理终结。随函寄去本院（2017）某刑某888号判决书1份，送达回证1件，请于收到后七日内代为宣判和送达，并将宣判笔录和送达回证尽快寄回我院。

二〇一七年九月三日

（院印）

要点总结

1. 首部

（1）标题。写明“××××人民法院委托宣判函（稿）”。

（2）案号。写明“（××××）×刑×××号”。

2. 正文

（1）写明被委托法院名称。

（2）简要陈述委托法院对案件的判决情况；写明委托事项和随函附带的文书、送达回证的名称、数量。

3. 尾部

写明签发日期并加盖人民法院印章。

委托送达函（各类案件用）

适用情形

委托送达函（各类案件用），供各级人民法院在审判各类案件的过程中，委托其他法院代为送达诉讼文书时使用。

基本框架

第一联

××××人民法院
委托送达函（稿）

（××××）×刑×××号

××××人民法院：

我院受理____________一案，现委托你院送达有关诉讼文书。随函寄去×份，送达回证×件，请在收到后×日内代为向___________送达，并将送达回证尽快寄回我院。

××××年××月××日
（院印）
签发人　×××
经办人　×××

本联存卷

第二联

××××人民法院
委托送达函

（××××）×刑×××号

××××人民法院：

我院受理____________一案，现委托你院送达有关诉讼文书。随函寄去

× 份，送达回证 × 件，请在收到后 × 日内代为向__________送达，并将送达回证尽快寄回我院。

××××年××月××日

（院印）

文本演示

案情简介：2017 年 8 月 10 日，甘肃省某市人民法院对刘某持枪抢劫一案作出终审判决。因该市人民法院不方便向其送达诉讼文书，因此委托该省甲法院代为送达。

第一联

某市人民法院

委托送达函（稿）

（2017）某刑初 825 号

甲市人民法院：

我院受理刘某持枪抢劫一案，现委托你院送达有关诉讼文书。随函寄去 4 份，送达回证 1 件，请在收到后 3 日内代为向刘某家属及辩护人送达，并将送达回证尽快寄回我院。

二〇一七年八月十一日

（院印）

签发人　周某某

经办人　何某某

本联存卷

第二联

某市人民法院

委托送达函

（2017）某刑初825号

甲市人民法院：

我院受理刘某持枪抢劫一案，现委托你院送达有关诉讼文书。随函寄去4份，送达回证1件，请在收到后3日内代为向刘某家属及辩护人送达，并将送达回证尽快寄回我院。

二〇一七年八月十一日

（院印）

要点总结

1. 首部

（1）标题。写明“××××人民法院委托送达函（稿）”。

（2）案号。写明“（××××）×刑×××号”。

2. 正文

（1）抬头应注明委托送达文书的人民法院名称。

（2）需注明案件名称。

（3）需注明案件诉讼文书的数量，送达回证的数量。

（4）被传达人或单位名称

3. 尾部

（1）写明发文日期并加盖人民法院印章。

（2）签发人与经办人签名。

4. 第一联存卷，第二联与诉讼文书一并送达。

委托调查函（各类案件用）

适用情形

委托调查函（各类案件用），供各级人民法院在审理各类案件的过程中，针对不方便调查的情形，作出委托其他法院协助调查的书面文件时使用。

基本框架

第一联

××××人民法院

委托调查函（稿）

（××××）×刑×××号

××××人民法院：

我院受理____________一案，因______________特委托你院协助调查下列提纲中所列举的事项，并将调查材料和需要说明的问题尽快函复我院。

附调查提纲：

××××年××月××日

（院印）

签发人：×××

经办人：×××

本联存卷

第二联

××××人民法院

委托调查函

（××××）×刑×××号

××××人民法院：

我院受理____________一案，因________________特委托你院协助调查下列提纲中所列举的事项，并将调查材料和需要说明的问题尽快函复我院。

附调查提纲：

××××年××月××日

（院印）

文本演示

案情简介：未成年人徐某因考试成绩不合格，一怒之下持刀砍伤了授课老师贺某。2017年7月22日，福建省某市人民法院受理了此案。主审法官为了了解徐某的性格特点、家庭情况以及成长经历等相关信息，委托徐某居住地的县级司法行政机关对上述情况进行协助调查。

第一联

某市人民法院

委托调查函（稿）

（2017）某刑初729号

某县司法局：

我院受理徐某故意伤害一案，因徐某未满18周岁特委托贵局协助调查下列提纲中所列举的事项，并将调查材料和需要说明的问题尽快函复我院。

附调查提纲：徐某的性格特点、家庭情况以及成长经历等相关信息。

二〇一七年八月五日

（院印）

签发人：梁某某

经办人：毛某某

本联存卷

第二联

某市人民法院
委托调查函

（2017）某刑初729号

某县司法局：

我院受理徐某故意伤害一案，因徐某未满18周岁特委托贵局协助调查下列提纲中所列举的事项，并将调查材料和需要说明的问题尽快函复我院。

附调查提纲：徐某的性格特点、家庭情况以及成长经历等相关信息。

二〇一七年八月五日

（院印）

要点总结

1. 首部

（1）标题。写明"××××人民法院委托调查函（稿）"。

（2）案号。写明"（××××）×刑×××号"。

2. 正文

（1）抬头应注明委托调查的人民法院名称。

（2）需注明案件名称。

（3）委托调查的原因。

（4）本函发出时，必须附调查提纲，写明调查的项目的要求。

3. 尾部

第一联尾部应依次写明下列内容：

（1）发文日期。

（2）人民法院盖章。

（3）签发人与经办人签字。

（4）本联存卷。

第二联尾部应依次写明下列内容：

（1）发文日期。

（2）人民法院盖章。

第六章 笔　录

调查笔录（刑事案件用）

适用情形

调查笔录（刑事案件用），供司法机关工作人员、律师等人员在办理刑事案件过程中，为查明案件事实需要进行调查，对被调查人进行调查时使用。

基本框架

调查笔录

时间：________年____月____日____时____分至____时____分

地点：

调查人：

记录人：

被调查人：

____

____

____

____

____

____

调查人签名或盖章：

记录人签名或盖章：

被调查人签名或盖章：

文本演示

案情简介：上海市某区人民检察院对李某提起公诉，公诉书中载明的事实为：2016年11月30日晚10点左右，被告人李某与同事喝完酒后步行回家，路上不小心与行人范某发生碰撞，二人发生口角，李某对范某实施了殴打行为致使范某头部受创，经医院诊断为重伤。故该检察院认为被告人李某的行为已经构成故意伤害罪，应判处3年以下有期徒刑。被告人李某认为检察院查明的犯罪事实不清，因为自己当时并没有动手打人，是范某先对自己实施了推搡，自己在躲避过程中范某身体扑空，摔倒在地造成的头部受伤，因此自己并未实施伤害行为。被告人李某的辩护人楚律师为了查明2016年11月30日晚10点事发当时被告人与被害人具体行为情况，对当时在场并目睹了事发过程的李某的同事何某进行了调查。

调查笔录

时间：2017年2月10日14时45分至15时30分

地点：上海市某区某单位

调查人：楚某

记录人：王某

被调查人：何某，男，1984年11月19日出生，汉族，高中文化，某公司职工，住上海市某区某公寓3号楼102号。

问：我们是某律师事务所的律师，今天向你了解一下你同事李某故意伤害一事，希望你实事求是，讲清楚，不要隐瞒，你听明白了吗？

答：我听明白了。

问：你与李某是什么关系？

答：我们是同事，在一个生产车间工作，平时关系很好。

问：回忆一下2016年11月30日晚上你干什么了？

答：当天下班后我和李某一起去喝酒了，喝到了10点多。

问：喝完酒之后呢？

答：喝完酒以后我俩就一起步行回家了。

问：路上有没有发生什么事情？

答：我俩沿街走路过程中，对面过来一个人，不小心和李某身体发生了碰撞。

问：然后呢？请具体描述一下两人之后的反应。

答：那个路人和李某擦碰之后就对李某破口大骂，李某喝了点酒情绪也有点激动，然后就回骂了两句，路人就推搡了李某两下。我劝李某别动手，李某就忍住没还手。最后那个路人又想打李某，李某侧过身子一躲，那人扑空了摔倒在地，把头磕破了，就是这样。

问：也就是李某并没有对路人实施殴打行为，对吗？

答：是的。

问：好，今天就谈到这里，请你看看，刚才的笔录是否有误？如果有误，请提出，如果没有出入，请签名。

答：以上笔录我看过，跟我讲的完全一样。

调查人：楚某

记录人：王某

被调查人：何某

要点总结

1. 首部

写明“调查笔录”。

2. 正文

（1）写明时间、地点和调查人、记录人、被调查人的姓名。应注意的是，调查人员至少应为两人。

（2）“被调查人”一栏，应当依次写明姓名、性别、出生年月日、民族、出生地、文化程度、职业或者工作单位和职务、住址。

（3）只要是调查人和被调查人的谈话内容都应当如实、客观、全面地进行记录。

3. 尾部

经被调查人校阅后，由被调查人和调查人、记录人签名或者盖章。

讯问笔录（刑事案件用）

适用情形

讯问笔录（刑事案件用），供各级人民法院在办理刑事案件中，为了证实犯罪、查明犯罪事实，对被告人进行询问并如实记载时使用。

基本框架

讯问笔录

时间：______年___月___日___时___分至___时___分

地点：

审判员：

书记员：

审判人员核对被告人的姓名、性别、出生年月日、民族、出生地、文化程度等。

____

____

____

____

____

____

审判员签名：

书记员签名：

被调查人签名或盖章：

文本演示

案情简介：2017 年 6 月 27 日，石家庄市公安局某派出所接到一个报警电话，报警人肖某称自己是某 KTV 员工，下班后发现放在宿舍的手机和现金被盗，被盗金额共计 18000 元左右。公安人员接到报警立即赶到现场侦查，通过调取宿舍门口的监控锁定犯罪嫌疑人顾某。2017年7月1日，公安机关在石家庄汽车站将顾某抓获，并从其身上搜出他所盗窃的肖某的手机和现金，顾某面对搜出的赃物，承认了自己的犯罪事实。该案经石家庄市某区检察院的审查起诉，现已进入法院审理阶段。

讯问笔录

时间：2017年10月21日9时30分至9时50分

地点：石家庄市某区法院审判庭一庭

审判员：胡某

书记员：齐某

问：核实一下你的个人基本身份情况和被羁押情况。被告人顾某某，男，25岁，1992年11月29日出生，汉族，小学文化，无业，户籍所在地为河北省沧州市某县某村，现住石家庄市某县。因涉嫌犯盗窃罪于2017年7月1日被刑事拘留，7月2日被逮捕，同年9月19日被羁押于某看守所。以上信息是否属实？

答：属实。

问：请你讲述一下事发当天的具体情况。

答：（略）

问：你所讲的是不是实话？

答：是实话。

问：现在向你宣读笔录，你听一下与你讲的是否相符。

答：记录向我宣读过，和我讲的一样。

审判员：胡某

书记员：齐某

被告人：顾某某

要点总结

1. 首部

写明“讯问笔录”。

2. 正文

（1）写明时间、地点和审判员与书记员的姓名。

（2）如实、清楚地记录审判人员核对被告人的姓名、性别、出生年月日、民族、出生地、文化程度等情况。

3. 尾部

审判人员、书记员应当在笔录上签名；被告人承认笔录无误后，应当签名或者盖章。

勘验笔录（刑事案件用）

适用情形

勘验笔录（刑事案件用），供司法机关为了查明案件的事实，指派勘验人员对与案件争议有关的现场、物品或物体进行查验、拍照、测量时使用。

基本框架

勘验笔录

时间：______年_____月____日____时____分至____时____分

天气情况：

勘验地址和场所：

勘验人：

记录人：

在场当事人或者其成年家属：

被邀参加人：

勘验对象：

勘验情况和结果：

____

____

____

____

勘验人签名或盖章：

记录人签名或盖章：

在场当事人（或者其成年家属）签名或盖章：

被邀参加人签名或盖章：

文本演示

案情简介：2017年3月25日晚11时左右，被告人凌某通过窗户潜入方某住宅，趁方某熟睡时盗窃其家中财物，在盗窃过程中方某被吵醒，方某与凌某发生了肢体接触。在双方对抗过程中，凌某将方某踹倒在地，致其头部撞到桌角，流血身亡。凌某带着盗窃的笔记本、手机和现金逃跑，后被抓获。公诉机关认为凌某涉嫌盗窃罪和故意杀人罪。凌某对盗窃事实供认不讳，但坚决否认其实施了杀人行为，他提出方某死亡是由于地滑自己撞到桌角所致，当时自己并没有和方某发生肢体打斗。法院为确定方某死亡是地滑自己摔倒导致还是与凌某打斗有关，派人对事发现场进行了勘验。

勘验笔录

时间：2017年4月18日10时30分至11时10分

天气情况：晴，微风。

勘验地址和场所：烟台市某区某公寓3号楼502室。

勘验人：梁某、杨某

记录人：冯某

在场当事人或者其成年家属：凌某

被邀参加人：司某，男，烟台市某区居委会主任。

勘验对象：盗窃及故意杀人事故现场。

勘验情况和结果：

现在我们对被告人凌某盗窃及故意杀人现场进行勘验。现场位于某公寓3号楼502室，门锁完好无撬痕，厨房窗口敞开，有明显撬痕及鞋印若干枚。进入该室后，该室为三室两厅砖混结构，客厅及卧室物品散落一地，有明显翻动痕迹，屋内有一木质床和木质衣柜，衣柜门呈敞开状，里边物品有明显翻动痕迹。客厅的茶几有明显被移动的痕迹，且茶几桌角有清晰凝固血迹，客厅处地板被一块 1.5 米 ×2 米的毛毯覆盖，毛毯摩擦性极强。离茶几不远处的毛毯上也有明显血迹。至此，现场勘验结束。

结果：方某死亡不是地板湿滑摔倒所致，而是二人在打斗过程中被凌某推倒后头部撞到桌角流血过多导致。

勘验人：梁某、杨某

记录人：冯某

在场当事人或者其成年家属：凌某

被邀参加人：司某

要点总结

1. 首部

写明“勘验笔录”。

2. 正文

（1）写明时间和天气情况。

（2）写明勘验地址和场所。

（3）写明勘验人、记录人、在场当事人或者其成年家属、被邀参加人的姓名。其中，被邀参加人，是指人民法院邀请的当地基层组织或者有关单位的人员。笔录中应写明被邀参加人的姓名、性别、工作单位和职务等。

（4）写明勘验对象。

（5）写明勘验情况和结果。

3. 尾部

应当由勘验人、记录人、当事人或者其成年家属和被邀参加人等分别签名或盖章。如果当事人或者其成年家属不在场，或者拒绝签名、盖章，应当在笔录上记明。

检查笔录（刑事案件用）

适用情形

检查笔录（刑事案件用），办案人员在办理刑事案件的过程中，为确定被害人、犯罪嫌疑人、被告人的某些特征、伤害情况和生理状态等，对他们的人身进行检验和观察时使用。

基本框架

检查笔录

时间：_____年__月__日__时__分至__时__分

地点：

检查人：

记录人：

在场被检查人或者其家属：

见证人或者被邀到场人：

检查对象：

检查情况和结果：

____

____

检查人签名或盖章：

记录人签名或盖章：

在场被检查人（或者其成年家属）签名或盖章：

见证人（被邀到场人）签名或盖章：

文本演示

案情简介：2016 年 6 月 20 日，长沙市某区派出所接到报警称有人涉嫌寻衅滋事。民警接到报案后立即赶到现场，对涉嫌寻衅滋事的嫌疑人李某进行询问盘查。李某面对民警的询问极不配合，多次辱骂民警，并对民警邱某实施了殴打行为，导致邱某右手骨折，眼部红肿，经鉴定邱某伤情为轻伤七级。李某涉嫌妨害公务罪被公安机关立案侦查。在公安机关侦查过程中，李某面对公安人员的讯问，表示自己是属于正当防卫。自己是先遭到了民警邱某的推搡殴打后才进行了反抗。公安机关为了查证李某所说的遭到殴打的情况是否属实，对被告人李某进行了人身检查。

检查笔录

时间：2016年6月21日15时00分至15时30分

地点：长沙市公安局某区分局

检查人：董某、石某

记录人：焦某

在场被检查人或者其家属：李某

见证人或者被邀到场人：何某，男，长沙市公安局某区分局副局长。

检查对象：被告人李某，男，汉族，1978年10月21日出生，无业，初中文化，现住长沙市某区某路某公寓1号楼。

检查情况和结果：

被检查人李某，在某区公安局警察的带领下自行步入检查中心接受检查。查体：神清语晰，应答切题，查体合作，双瞳孔等大等圆，对光反射灵敏。外耳道干净，无充血、无渗透。全身体征无外伤，胸廓外观正常，未见明显畸形。CT片（C11189号）显示肋骨完好，无移位。余无特殊。

检查结果：根据医院病历记载和法医临床学检查所见，被检查人李某体征完好，不存在任何外伤和内伤。

检查人：董某、石某

记录人：焦某

被检查人：李某

见证人：何某

要点总结

1. 首部

写明“检查笔录”。

2. 正文

（1）写明时间和地点。

（2）写明检查人、记录人、在场被检查人或者其家属、见证人或者被邀到场人的姓名，其中，检查人应当为两人；检查妇女的身体，应当由女性工作人员或者医师进行。

（3）在场被检查人或者其家属、见证人或者被邀到场人，应写明其姓名、性别、职业或者工作单位和职务等。

（4）写明检查对象。

（5）写明检查情况和结果。

3. 尾部

应当由检查人、记录人、被检查人或者他的成年家属、见证人或者被邀到场人分别签名或者盖章。如果被检查人或者其家属不在场，或者拒绝签名、盖章，应当在笔录上记明。

查封（扣押、冻结）财产笔录（刑事案件用）

适用情形

查封（扣押、冻结）财产笔录（刑事案件用），供人民法院在刑事案件的法庭审理过程中，合议庭对证据有疑问，需要对证据进行调查核实时，或人民法院认为有必要对被告人的财产采取保全措施时，查封、扣押或者冻结被告人的财产时使用。

基本框架

查封（扣押、冻结）财产笔录

时间：____年___月___日___时___分至___时___分

地点：

执行人员：

书记员：

被查封（扣押、冻结）财产人或者其成年家属：

被邀到场人：

执行人员宣读______［根据《中华人民共和国刑事诉讼法》第一百零二条（或者第一百九十六条第二款）的规定，××××人民法院作出（××××）×××号查封（扣押、冻结）令的具体内容。］

查封（扣押、冻结）情况记载如下：

____

____

____

____

____

执行人员签名或盖章：

书记员签名或盖章：

被扣押财产人（或者其成年家属）签名或盖章：

被邀到场人签名或盖章：

附：查封（扣押、冻结）财产清单：

××××年××月××日

编号	财物名称	面额 型号	数额 数量	规格	重量	质量	成色	颜色	新旧程度	缺损严重

续表

被查封（扣押、冻结）财产或者其他成年家属（签名）： 执行人员（签名）： 书记员（签名）：										

文本演示

案情简介：闫某是北京某商贸公司的会计，2014年至2017年，其多次利用掌管财务的职务便利，在经手的财务报表上做手脚，将公司的财务转移到自己名下，导致公司的账务亏损120万元。闫某因涉嫌职务侵占罪已被公安机关立案侦查，目前该案已经进入法庭审理阶段。2017年11月10日，在该案的法庭审理阶段，北京市某区人民法院为了查清被告人闫某侵占财务后对钱财的具体使用情况，作出了对其名下财产扣押的决定。

扣押财产笔录

时间：2017年11月10日14时30分至15时10分

地点：北京市某区某小区3号楼

执行人员：吴某、李某、王某、撒某

书记员：赵某

被扣押财产人：闫某

被邀到场人：冯某，北京市某区某街道居委会主任。

房某，北京市某区某街道居委会副主任。

执行人员宣读：根据《中华人民共和国刑事诉讼法》第一百九十一条第二款[①]的规定，北京市某区人民法院作出（2017）某108号扣押令，以被告人闫某涉嫌职务侵占罪，决定扣押被告人名下的部分财产。

扣押情况记载如下：

---

① 对应2018年修正后《刑事诉讼法》第一百九十六条第一款。——编者注

依据北京市某区人民法院作出的（2017）某108号扣押令，在执行中，扣押了被告人闫某所有的保时捷轿车一辆、雷克萨斯轿车一辆、劳力士手表一块。详见附件扣押财产清单。

执行人员：吴某、李某、王某、撒某

书记员：赵某

被扣押财产人：闫某

被邀到场人：冯某、房某

附：扣押财产清单

二〇一七年十一月十日

编号	财物名称	面额型号	数额数量	规格	重量	质量	成色	颜色	新旧程度	缺损严重
1	保时捷轿车	718	1	轿车			好	红色	较新	否
2	雷克萨斯轿车	211	1	轿车			好	黑色	较新	否
3	劳力士手表	116233	1	手表			好	香槟色	较新	否
被扣押财产或者其他成年家属（签名）：闫某 执行人员（签名）：吴某、李某、王某、撒某 书记员（签名）：赵某										

要点总结

1. 首部

写明“查封（扣押、冻结）财产笔录”。

2. 正文

（1）写明时间、地点和执行人员、书记员、被查封（扣押、冻结）财产人或者其成年家属及被邀到场人姓名。

（2）被邀到场人，应当写明其姓名、工作单位和职务或者职业。

（3）写明执行人员应宣读查封（扣押、冻结）财产的依据及具体内容。

（4）正文在“查封（扣押、冻结）情况记载如下”以后，要如实、清晰地记载查封（扣押、冻结）情况。

3. 尾部

由被查封（扣押、冻结）财产人或者其成年家属签名，并由执行人员、书记员和在场的有关人员签名或者盖章。

送达起诉书副本笔录（公诉案件用）

适用情形

送达起诉书副本笔录（公诉案件用），供各级人民法院受理公诉案件后，向被告人送达人民检察院起诉状副本时使用。

基本框架

送达起诉书副本笔录

时间：______年___月___日___时

地点：

送达人：　　　　　　记录人：

送达人核对被告人姓名、性别、出生年月日、民族、出生地、文化程度等情况：

问：你何时被拘留？何时被逮捕？

答：

告知：××××人民检察院指控你犯有________罪向本院提起公诉，我院已经受理。根据《中华人民共和国刑事诉讼法》第一百八十七条第一款，现将×××人民检察院_______检__诉［____］___号起诉状副本送达给你。我院即将开庭审理。除你自己行使辩护权外，还可以委托律师等辩护人为你辩护。

问：你听清了吗？有什么要说的？

答：

____

____

被告人签名或盖章：

送达人签名或盖章：

记录人签名或盖章：

文本演示

案情简介：被告人张某于2017年8月22日晚因琐事与其妻子发生争吵，妻子离家出走。张某为寻找妻子在妻子朋友家公寓楼道内吵闹，敲打204房门并用灭火器砸门。居住在401房的被害人陆某出门制止。两人发生口角并进行推搡、扭打。张某被陆某打倒在地，反抗之际，张某拿出随身携带的水果刀刺向陆某，陆某腹部被刺伤，最终被送往医院经抢救无效死亡。被告人张某案发后逃逸，后被深圳市公安局某分局警察抓获。该案侦查终结后，深圳市某区人民检察院以张某涉嫌故意伤害罪向区人民法院提起公诉，现该案已进入法院审理阶段。

送达起诉书副本笔录

时间：2017年10月20日10时

地点：深圳市某区看守所

送达人：武某、徐某　　　　　　记录人：谢某

送达人核对被告人姓名、性别、出生年月日、民族、出生地、文化程度等情况：

被告人：张某，男，1982年10月29日出生，汉族，初中文化，无业，户籍所在地为广东省东莞市某县某村，现住深圳市某区某公寓8号楼503室。现羁押于深圳市某看守所。

问：你是何时被拘留以及何时被逮捕的？

答：我是2017年8月22日被羁押，同年9月11日被逮捕的。

告知：深圳市某区人民检察院指控你犯有故意伤害罪向本院提起公诉，我院已经受理。根据《中华人民共和国刑事诉讼法》第一百八十二条[①]第一款的规定，现将深圳市某区人民检察院某检刑诉［2017］某号起诉状副本送达给你。我院即将开庭审理。除你自己行使辩护权外，还可以委托律师等辩护人为你辩护。

问：你听清了吗？有什么要说的？

---

① 对应2018年修正后《刑事诉讼法》第一百八十七条。——编者注

答：听清了，没什么说的了。

被告人：张某

送达人：武某、徐某

记录人：谢某

要点总结

1. 首部

写明“送达起诉书副本笔录”。

2. 正文

（1）写明时间、地点和送达人、记录人的姓名。

（2）写明送达人核对被告人姓名、性别、出生年月日、民族、出生地、文化程度等情况。

（3）写明被告人被拘留、逮捕时间。

（4）告知被告人案由及诉讼权利和义务。

3. 尾部

被告人认为记录无误后，应当签名或者盖章。送达人和记录人应当在笔录上签名。

法庭笔录（刑事案件用）

适用情形

法庭笔录（刑事案件用），供各级人民法院开庭审理刑事案件记录庭审过程时使用。该笔录是由人民法院书记员制作，能如实反映人民法院在审判刑事案件过程中审判人员、公诉人员、被告人以及其他诉讼参与人的主要活动。

基本框架

法庭笔录（第__次）

时间：______年___月___日___时___分至___时___分

地点：

是否公开审理：　　　　　　旁听人数：

审判人员：

书记员：

被告人：

审判长（员）宣布开庭审理 ××× 一案。

记录如下：

书记员核对当事人及到庭情况，并宣读法庭纪律。________________

审判长：现在开庭，首先查明被告人身份（被告人的姓名、曾用名、出生年月、民族、籍贯、文化程度、职业、家庭住址、拘留及逮捕时间、是否受过法律处分、是否收到起诉书副本及时间。）其次宣布审判人员、书记员、公诉人、辩护人、诉讼代理人、鉴定人和翻译人员的名单，告知当事人诉讼权利和义务，询问当事人是否申请回避等______________________________

____

____

____

____

____

审判人员、书记员签名：

自诉人、刑事附带民事诉讼原告人、被告人签名：

证人签名：

文本演示

案情简介： 2017 年 7 月 17 日凌晨，被告人胡某酒后驾驶一辆冀 C123 号牌小轿车从秦皇岛市某大街往某县方向行驶，在途经某县某路与某路十字交叉路段左转弯时，与对向由陈某驾驶、徐某乘坐的无牌号普通两轮助力摩托车发生刮碰，造成两车均有损坏、徐某和陈某受伤的交通事故。经秦皇岛市某区公安司法鉴定中心鉴定：徐某的损伤属轻伤一级、陈某的损伤属于轻伤二级。交警部门对胡某的血液进行了抽样鉴定，司法鉴定中心的鉴定结论为：被告人胡某血样中含有乙醇，其浓度为186mg/100ml。交通管理大队的交通事故责任认定书中认定被告人胡某负此次交通事故的主要责任，陈某负次要责任，乘车人徐某无责任。胡某涉嫌危险驾驶罪被公安机关立案侦查，后经检察院审查起诉，现已进入法院审理阶段。2017年10月30日，秦皇岛市某区人民法院公开审理了此案。

法庭笔录（第一次）

时间：2017年10月30日14时30分至15时50分

地点：秦皇岛市某区法院刑事审判庭

是否公开审理：公开　　　　旁听人数：30人

审判人员：王某、利某、杨某　　书记员：田某

被告人：胡某

审判长（员）宣布开庭审理被告人胡某危险驾驶罪一案

记录如下：

书记员核对当事人到庭情况并宣布法庭纪律（略）

审判长（以下简称审）：现在开庭，下面查明被告人的身份。被告人胡某，男，1990年12月21日生于河北省秦皇岛市某县某村，汉族，高中文化，某公司职工，现居住于秦皇岛市某区某公寓，无犯罪前科，被告人胡某于2017年10月20日收到起诉书。

审：秦皇岛市某区人民法院刑事审判庭审理由秦皇岛市某区人民检察院提起公诉的被告人胡某危险驾驶罪一案，本院依照《中华人民共和国刑事诉讼法》第一百八十一条[①]之规定，今天在这里依法公开开庭审理本案。依照《中华人民共和国刑事诉讼法》第一百八十二条[②]之规定，今天审理本案的合议庭组成人员是：审判员王某、审判员利某、审判员杨某，由审判员王某担任审判长，主审本案，书记员田某担任本庭记录，秦皇岛市某区人民检察院检察员陈某出庭支持公诉。

① 对应2018年修正后《刑事诉讼法》第一百八十六条。——编者注

② 对应2018年修正后《刑事诉讼法》第一百八十七条。——编者注

审：告知被告人在法庭审理过程中，依法享有下列诉讼权利：申请回避权；辩护权；有权申请通知新的证人到庭，调取新的物证，申请重新鉴定或勘验；辩论结束后有最后陈述的权利。

审：鉴于被告人胡某在十天前收到了起诉书副本，未提出回避申请，现在进行法庭调查，请公诉人宣读起诉书。

公诉人：宣读起诉书（略，详见起诉书）。

审：现在由被告人就起诉书的指控内容答辩。

被告人：宣读答辩状（略，详见答辩状）。

审：法庭调查结束，开始法庭辩论，请公诉人发表公诉词。

公诉人：（略）

审：请被告人提出辩论意见。

被告人：（略）

审：法庭辩论结束，下面由被告人胡某作最后陈述。

被告人胡某：由于我对法律的无知和侥幸心理，导致发生了交通事故，给被害人带去了伤害，我万分后悔，我愿意竭尽自己所能赔偿被害人，我也会好好反省自己，以后一定遵纪守法，不做危害社会和他人的事。希望法院能对我从轻处罚。

审：现在休庭合议。

审：现在继续开庭，经过刚才合议庭评议，认为本案事实清楚，证据充分，被告人也表示认罪。合议庭将根据被告人的犯罪事实、情节、后果及认罪态度对本案作出判决，具体宣判日期另行通知。

审：现在宣布休庭。

审判人员：王某、利某、杨某　　　　书记员：田某

被告人：胡某

要点总结

1. 首部

写明“法庭笔录（第 × 次）”。

2. 正文

（1）写明时间和地点。

（2）写明审理方式和旁听人数。

（3）写明审判人员和书记员姓名。

（4）写明被告人姓名和案由。

（5）开庭时，首先由书记员核对当事人到庭情况并宣读法庭纪律；然后由审判长（员）依照《中华人民共和国刑事诉讼法》的规定，依次核对当事人是否到庭，宣布案由，宣布审判人员、书记员、公诉人、辩护人、诉讼代理人、鉴定人和翻译人员的名单，告知当事人诉讼权利和义务，是否申请回避等。

（6）之后书记员应当全面、客观、详细地记录法庭审判的全部活动，包括当事人和其他诉讼参与人的诉讼活动，都应如实记载。如果当庭宣布判决结果的，也应当一并记明。

3. 尾部

由审判长或者独任审判员、书记员、证人、当事人签名。

调解笔录（自诉案件和附带民事诉讼案件用）

适用情形

调解笔录（自诉案件和附带民事诉讼案件用），供各级人民法院在刑事诉讼过程中，为促成当事人自愿、合法达成解决纠纷的协议，依法对自诉案件和附带民事诉讼案件进行调解时使用。

基本框架

调解笔录

时间：___年___月___日___时___分至___时___分

地点：

审判人员：　　　　　　书记员：

被邀协助调解人员：

调解经过和结果：

（首先核对当事人，宣布案由，告知诉讼权利和义务等）

审判人员、书记员签名：

自诉人、刑事附带民事诉讼原告人、被告人等签名：

文本演示

案情简介：2016 年 9 月 10 日，被告人田某发现自己的妻子李某与同单位的何某有不正当关系，就来到何某家中讨个说法。何某明知田某来意，没有悔意还对田某冷嘲热讽，最终田某情绪失控，拿出藏在衣服里的水果刀刺向何某腹部，最终导致何某流血过多死亡。田某于 2016 年 9 月 11 日主动到天津市公安局某区分局自首。公安机关立案侦查后，将此案移交检察机关。天津市检察院以田某涉嫌故意杀人罪将其起诉至天津市中级人民法院。同时，被害人何某的妻子杨某以及何某母亲铁某提起刑事附带民事诉讼，要求田某承担相应刑事责任，并且赔偿丧葬费、被扶养人生活费以及死亡赔偿金共计 100 万元。2017 年 5 月 21 日，天津市中级人民法院对杨某和铁某提起的刑事附带民事诉讼进行了调解，最终以调解结案。

调解笔录

时间：2017 年 5 月 21 日 10 时 30 分至 11 时 30 分

地点：天津市中级人民法院调解室

审判人员：刘某　　　　　书记员：王某

被邀协助调解人员：尹某

调解经过和结果：

刑事附带民事诉讼原告人杨某，女，1981 年 8 月 12 日出生于天津市某县某村，汉族，无业，现住天津市某区某公寓 2 号楼 303 室。

刑事附带民事诉讼原告人铁某，女，1959 年 12 月 28 日出生于河北省沧州市某县某村，汉族，农民，现住天津市某区某公寓 2 号楼 303 室。

被告人田某，男，1984 年 11 月 13 日出生于天津市某县某村，汉族，某单位职工，无前科，现住天津市某区某某公寓 8 号楼 702 室。

刑事附带民事诉讼原告人杨某、铁某以被告人田某犯故意杀人罪并给其造成经济损失为由向本院提起控诉。

刑事附带民事诉讼案件的被告人有权随时委托辩护人。被告人、附带民事诉讼的原告人有权委托代理人、提出回避申请、收集、提供证据、申请执行。当事人必须依法行使诉讼权利，遵守诉讼秩序，履行发生法律效力的判决书。

法院调解贯穿于诉讼的始终，案件立案即可以调解。本案立案后，当事人双方主动联系法官，要求以调解的方式结案，本院及时于 2017 年 5 月 21 日在当事人不提异议的情况下开庭调解。调解结果如下：

一、被告人田某赔偿刑事附带民事诉讼原告人杨某、铁某丧葬费、被扶养人生活费、死亡赔偿金共计 80 万元。（上述款项限本案刑事判决生效后十日内履行完毕。）

二、刑事附带民事诉讼原告人杨某、铁某撤回刑事附带民事的起诉。

审判员：刘某

书记员：王某

被邀协助调解员：尹某

刑事附带民事诉讼原告人：杨某、铁某

被告人：田某

要点总结

1. 首部

写明“调解笔录”。

2. 正文

（1）写明时间、地点和审判人员、书记员、被邀协助调解人员的姓名。

（2）在“调解经过和结果”之后，要首先核对当事人，宣布案由，告知诉讼权利和义务等，然后再具体记录调解的经过和达成的调解合意。

3. 尾部

审判人员、书记员、当事人应在笔录上签名。

合议庭评议笔录（刑事案件用）

适用情形

合议庭评议笔录（刑事案件用），供各级人民法院在刑事案件的法庭审理完毕之后，案件依法进入裁判阶段，合议庭评议如何裁判时使用。

基本框架

合议庭评议笔录（第 × 次合议）

时间：________年____月____日____时____分

地点：

合议庭成员：审判长：

审判员（人民陪审员）：

书记员：

评议____________________一案。

记录如下：

____

____

____

____

____

____

____

____

评议人员签名：

书记员签名：

文本演示

案情简介：2014年8月15日，被告人谭某在中国民生银行办理信用卡1张，后用该卡透支，截至2016年10月21日共透支人民币本金61985元，利息19266.18元，超过511天未还。民生银行工作人员向谭某催款后，谭某通过拒接、更换手机号码、更换住所地等多种方式逃避银行的多次还款催收。最终民生银行报案，郑州市公安局某区分局以谭某涉嫌信用卡诈骗罪为由对谭某实施了抓捕。2016年12月15日，郑州市某区人民检察院以谭某构成信用卡诈骗罪向郑州市某区法院提起公诉。2016年12月16日，郑州市某区人民法院开庭审理了本案，现该案已经法院审理进入了合议庭评议阶段。

合议庭评议笔录（第一次合议）

时间：2016年12月16日10时30分

地点：合议庭办公室

合议庭成员：审判长：余某

审判员：李某

审判员（人民陪审员）：宋某

书记员：张某

评议被告人谭某信用卡诈骗罪一案。

记录如下：

余某：现就开庭查明的案件事实作介绍（以下内容省略）。

被告人谭某以非法占有为目的，使用信用卡恶意透支，数额较大，其行为已经构成信用卡诈骗罪。公诉机关指控的犯罪事实及罪名成立，予以支持。被告人谭某案发后认罪态度较好，且在公安机关立案侦查后积极偿还了透支的信用卡款息，依法可从轻处罚。依照《中华人民共和国刑法》第一百九十六条第一款第（四）项及《最高人民法院、最高人民检察院关于办理妨害信用卡管理刑事案件具体应用法律若干问题的解释》第六条之规定，我建议判决如下：

被告人谭某犯信用卡诈骗罪，判处有期徒刑六个月，并处罚金 30000 元。

李某：本案事实清楚，证据确实、充分，指控罪名成立，同意以上意见。

宋某：同意。

评议结果：

被告人谭某犯信用卡诈骗罪，判处有期徒刑六个月，并处罚金 30000 元。

评议员：余某、李某、宋某

书记员：张某

要点总结

1. 首部

写明“合议庭评议笔录（第 × 次合议）”。

2. 正文

（1）写明时间、地点和合议庭成员及书记员姓名。

（2）“评议__________一案”中应填明当事人姓名和案由。

（3）正文在“记录如下”以后，应写明下列内容：

①简要概述案件的事实、理由和经过，并总结出争议焦点。

②对案件事实、证据、性质、罪名的认定；适用法律定罪量刑的具体意见；对赃证物的处理；对有附带民事诉讼的如何解决；评议中的分歧意见、评议结果。

③二审、再审案件的评议，应记明承办审判员对案件事实的简介，对原审判决、裁定的意见及其评价（二审案件还应针对上诉或抗诉理由作出评定）；评议中的分歧意见和评议结果等。

3. 尾部

笔录记完后，由合议庭成员和书记员核对审阅，并由合议庭成员、书记员签名。

审委会讨论案件笔录（刑事案件用）

适用情形

审委会讨论案件笔录（刑事案件用），供各级人民法院在审理案件过程中，合议庭开庭审理并且评议后，对于疑难、复杂、重大的案件，认为难以作出决定的，或者独任审判员在审理案件时，认为有必要将案件提交审判委员会讨论的，提请院长决定提交到审判委员会讨论时使用。

基本框架

审委会讨论案件笔录

时间：______年___月___日___时___分至___时___分

地点：

会议主持人：

出席委员：

列席人员：

案件汇报人：

记录人：

讨论________________一案。

记录如下：

____

____

____

____

____

____

____

____

参加讨论的审判委员会成员签名：

记录人签名：

文本演示

案情简介：梁某与付某二人系夫妻，2017年3月12日付某因梁某长期晚归，怀疑其有外遇，便质问梁某。梁某表示自己确实因工作原因，每天加班导致晚归，其同事郭某可以作证。付某向梁某要了郭某的联系方式，找到郭某家里向其求证。郭某看到付某顿生歹心，对付某进行了调戏，付某实施了反抗。郭某仍然继续纠缠，付某借机自己想喝水，到郭某家的厨房中拿了一把小水果刀藏在口袋里。待郭某欲再次实施调戏行为时，付某掏出水果刀朝郭某胸部猛刺。在郭某反抗过程中，付某又先后朝郭某的腹部、背部等连捅20余刀，最终郭某因心脏被刺穿当场死亡。2017年3月14日，被告人付某主动到公安局自首。该案经过公安机关立案侦查和检察机关审查起诉，现已进入法院审判阶段。哈尔滨市中级人民法院审委会对该案的定性和量刑问题进行了讨论。

审委会讨论案件笔录

时间： 2017年11月18日9时30分至11时10分

地点： 哈尔滨市中级人民法院审委会办公室

会议主持人：薛某

出席委员：沈某、齐某、张某

列席人员：贺某，哈尔滨市人民检察院公诉处副处长

案件汇报人：李某

记录人：楚某

讨论被告人付某故意杀人罪一案。

记录如下：

李某：被告人付某面对郭某的调戏实施了用刀反抗的行为，属于正当防卫，但其防卫程度明显超过了必要的限度，最终导致郭某死亡，经审理查明被告人付某的行为已经构成防卫过当的故意杀人。公诉机关指控的被告人构成故意杀人犯罪事实及罪名成立，予以支持，但对公诉机关提出的被告人不构成防卫过当这一意见不予支持。关于被告人付某辩解其之所以杀人，完全是为免遭

正在进行的不法侵害所致，属正当防卫，不应承担刑事责任的意见，经查郭某确实对付某实施了调戏行为，但是付某实施的避免不法侵害的行为已经超出了必要的限度，为了防止被调戏而用刀子杀人，已经构成防卫过当，属于故意杀人。依照《中华人民共和国刑法》第二十条和第二百三十二条之规定，我建议判决如下：被告人付某构成故意杀人罪，判处有期徒刑八年。

沈某：同意李某意见。

齐某：被告人付某的行为不构成正当防卫，更不构成防卫过当，因为郭某的调戏行为并不具有很急迫的危及人身的不法性，付某此时的持刀反抗行为不属于面对不法侵害的防卫，应属于因为泄愤而故意杀人，因而不应当构成防卫过当的故意杀人。在量刑上，不应从轻处罚。

贺某：同意齐某的意见，被告人付某不构成防卫过当。

张某：判断是否属于正当防卫应从案发当时的具体情形考虑。被告人付某到了郭某家中是为求证，其本身与郭某素无积怨，当时在封闭的空间里，面对郭某的调戏应当内心是无助绝望的，应视为遇到了不法侵害，因此付某的持刀行为属于防卫行为，但是其在对不法侵害行为的防卫中，使用利器造成了被害人死亡的严重后果，属于防卫过当，构成故意杀人，因此应当构成防卫过当的故意杀人，同意李某的量刑建议。

讨论结果：

被告人付某构成防卫过当的故意杀人，应当判处其有期徒刑八年。

参加讨论的审判委员会成员：沈某、齐某、张某、李某

记录人：楚某

要点总结

1. 首部

写明“审委会讨论案件笔录”。

2. 正文

（1）写明时间、地点和会议主持人、出席委员、列席人员、案件汇报人、记录人的姓名。

（2）列席人员应写明其姓名、单位和职务。

（3）“讨论____________一案”中应填明当事人姓名和案由。

（4）正文在“记录如下”以后，应写明下列内容：

①要如实记载讨论案件的经过情况，与会人员的发言要点，会议作出的处理决定等。

②案件主审人汇报案情时，如有书面审理报告的，可以只作摘要记录。讨论中有争议的问题，各种不同的意见，均应如实记录；列席人员的发言，也应记录；有关处理决定，如果意见不一致而进行表决的，应当少数服从多数，但少数人的意见允许保留，亦应如实记录。

3. 尾部

一般由参加讨论的审判委员会成员签名，以示负责。最后，由记录人签名。

验明正身笔录（执行死刑用）

适用情形

验明正身笔录（执行死刑用），供中级以上人民法院根据《中华人民共和国刑事诉讼法》第二百六十三条第四款的规定，遵照最高人民法院院长签发的执行死刑命令，在对死刑犯执行死刑前，对死刑罪犯验明正身时使用。

基本框架

验明正身笔录

案由：

死刑罪犯姓名：

时间：______年____月____日____时____分

地点：

指挥执行的审判人员：　　　　书记员：

临场监督人：　　　　人民检察院检察员：

问：（核对死刑罪犯的姓名、性别、出生年月日、民族、出生地、文化程度、住址等）

答：____

____

____

____

____

问：（核对犯罪事实）

答：____

____

____

问：你有没有遗言和信札，还有什么话要说？

答：____

____

____

____

指挥执行的审判员（或者代理审判员）签名：

书记员签名：

文本演示

案情简介：被告人张某与陈某是情人关系，陈某本身有自己的家庭，张某对此也知情。2016 年 10 月，陈某突然提出要终止和张某的不正当关系，张某不同意，对陈某的绝情怀恨在心。2016 年 10 月 30 日晚，张某偷偷潜入陈某家中，趁陈某和其丈夫齐某在熟睡中，用刀砍中二人颈部，致二人失血过多而死亡。之后，张某又到陈某儿子的卧室，将年仅 5 岁的齐某某用被子捂至窒息。后张某被青岛市公安机关抓获。2017 年 2 月 15 日，青岛市中级人民法院审理认为张某的杀人行为后果严重，性质恶劣，判处死刑立即执行。在经最高人民法院核准后，现对张某验明正身，执行死刑。

验明正身笔录

案由：故意杀人案

死刑罪犯姓名：张某

时间：2017 年 10 月 16 日 10 时 30 分

地点：青岛市某看守所

指挥执行的审判人员：周某　　　　书记员：赵某

临场监督人：李某　　人民检察院检察员：胡某

问：张某，男，1980 年 12 月 21 日出生于山东省烟台市某县某村，汉族，初中文化，无业，现住于山东省青岛市某区某小区 320 号，是吗？

答：是的。

问：2016 年 10 月 30 日晚，你偷偷潜入与你存在不正当关系的陈某家中，为了报复其与你分手，趁其和其丈夫齐某在熟睡中，用刀砍中二人颈部，致二人失血过多而死亡。之后，你又到陈某儿子的卧室，对陈某年仅 5 岁的齐某某实施了用被子捂其头部致其窒息的行为。该犯罪事实你承认吗？

答：我承认。

问：你有没有遗言和信札，还有什么话要说？

答：有。我想对我的父母说，我不孝，因为自己的冲动走上了犯罪道路，毁了别人的家庭，也断送了自己的性命，希望父母别为我难过，这是我罪有应得。别的话就没有了。

指挥执行的审判员：周某

书记员：赵某

要点总结

1. 首部

写明“验明正身笔录”。

2. 正文

（1）写明案由、死刑罪犯姓名及时间、地点。

（2）写明指挥执行的审判人员、书记员、临场监督人、人民检察院检察员的姓名。

（3）核对死刑罪犯的姓名、性别、出生年月日、民族、出生地、文化程度、住址等。

（4）核对犯罪事实。

（5）询问死刑罪犯有没有遗言和信札以及还有什么话要说。

3. 尾部

由指挥执行的审判员或者代理审判员、书记员签名。

执行死刑笔录（刑事案件用）

适用情形

执行死刑笔录（刑事案件用），供人民法院在对死刑罪犯执行死刑时，对执行死刑情况进行记录时使用。

基本框架

执行死刑笔录

案由：

死刑罪犯姓名：

执行方法：

执行地点：

执行时间：　　　年　月　日　时　分　　天气：

临场监督人：　　　　　人民检察院检察员：

执行人：

执行死刑情况：

法医（或者检验人）验明毙命情况：

指挥执行的审判人员（签名）：

临场监督人（签名）：

法医或检验人（签名）：

书记员（签名）：

指挥执行的审判人员、临场监督人、法医或检验人、书记员应当在笔录上签名。

死刑罪犯_____照片

执行前照片	
执行后照片	
备注	

文本演示

案情简介：2016年10月28日下午，被告人谭某因琐事与邻居范某发生纠纷，后在村主任的调解下双方停止争执。当日20时许，被告谭某想起争吵时范某的妻子对其辱骂的事情，顿时又心生恼怒，遂持剪刀冲入邻居范某家。在范某家客厅用剪刀刺中范某腹部，致其当场死亡。随后，又在范某家卧室对范某的妻子和女儿进行殴打，后用剪刀将二人刺死。2016年11月18日，北京市某公安局将被告人谭某抓获。2017年1月22日，北京市中级人民法院经审理认为，谭某因琐事杀害他人，并乱伤无辜，造成三死的严重后果，犯罪手段残忍，情节恶劣，依法应予严惩。最终判处谭某犯死刑立即执行。2017年10月19日，经最高人民法院核准，被告人谭某被带赴刑场执行死刑。

执行死刑笔录

案由：故意杀人

死刑罪犯姓名：谭某

执行方法：注射

执行地点：北京市某刑场

执行时间：2017年10月19日10时30分　　天气：晴

临场监督人：何某　　　　人民检察院检察员：王某

执行人：陈某

执行死刑情况：静脉注射硫喷妥钠5g于被执行人手腕上部 ××mm处。

法医（或者检验人）验明毙命情况：被执行人脑电波从有规律的波动变成平行的直线，心跳、呼吸停止，确认死亡。

指挥执行的审判人员：冯某

临场监督人：何某

法医或检验人：刘某

书记员：齐某

死刑罪犯谭某照片

执行前照片	
执行后照片	
备注	无

要点总结

1. 首部

写明“执行死刑笔录”。

2. 正文

（1）写明案由和死刑罪犯姓名。

（2）写明执行方法、执行地点、执行时间及天气。

（3）写明临场监督人、人民检察院检察员、执行人姓名。

（4）写明执行死刑情况。采用枪决方法执行死刑的，主要应记明几枪毙命、弹丸出入口的位置和方向以及验尸情况等；采用注射方法执行死刑的，主要应记明注射的药物名称、剂量，注射的位置和方向，以及验尸情况等；采用枪决、注射以外的其他方法执行死刑的，除记明具体方法和执行情况外，还应当记明何时报请最高人民法院批准采用这种方法。

（5）法医（或者检验人）验明毙命情况。

3. 尾部

（1）指挥执行的审判人员、临场监督人、法医或检验人、书记员应当在笔录上签名。

（2）在笔录后附注表格，粘贴被执行人执行前后的照片，有特殊情况需说明的可以在“备注”栏写明。

宣判笔录（刑事案件用）

适用情形

宣判笔录（刑事案件用），供各级人民法院在法庭审理结束后，由审判长宣布判决结果时使用。

基本框架

宣判笔录

时间：_____年___月___日___时___分

地点：

审判长：　　　　　审判员（人民陪审员）：

书记员：

到庭的公诉人：

到庭的当事人和其他诉讼参与人：

记录如下：

审判长（员）____宣读_______人民法院_____年___月___日（××××）×××号刑事_____书。

____

____

____

审判人员签名：
书记员签名：
当事人签名：

文本演示

案情简介：2017 年 3 月 22 日 20 时 30 分许，被告人王某饮酒后驾驶冀 A3456 号牌小型轿车沿东风路由北往南行驶至某十字路口时，与由南向北行驶的驾驶电动自行车的顾某发生碰撞，造成顾某受伤（经检验，顾某为轻微伤）、车辆损坏的交通事故。石家庄市交警部门立即赶到，对王某进行抽血采样，在经过司法鉴定检验后，测定被告人王某血液中酒精含量为 140mg/100ml，属醉酒驾驶机动车。经石家庄市公安局交通警察大队道路交通事故认定书认定，被告人王某承担事故的全部责任，顾某无事故责任。另查明，案发后，被告人已积极对被害人进行了经济赔偿。现该案已经审理完结。

宣判笔录

时间：2017 年 10 月 10 日 09 时 30 分

地点：刑庭一庭

审判长：冯某　　审判员（人民陪审员）：田某、余某

书记员：胡某

到庭的公诉人：赵某，石家庄市某人民检察院公诉处副处长。

到庭的当事人和其他诉讼参与人：何某（王某的辩护律师）、顾某

记录如下：

审判长冯某宣读石家庄市某人民法院2017年10月10日（2017）某128号刑事判决书。

被告人王某犯危险驾驶罪，判处拘役三个月，缓刑六个月；并处罚金2000元，该罚金限于本判决发生法律效力之次日起十日内向本院缴纳，由本院上缴国库。

审判人员：冯某、田某、余某

书记员：胡某

当事人：赵某、何某、顾某

要点总结

1. 首部

写明“宣判笔录”。

2. 正文

（1）写明时间、地点和审判长、审判员、到庭公诉人、到庭的当事人和其他诉讼参与人的姓名。

（2）到庭的公诉人应写明其职务和姓名；到庭的当事人和其他诉讼参与人应写明其称谓和姓名。

（3）在“记录如下”以后，要如实、清楚地记录审判长宣读的判决书内容。

3. 尾部

审判人员、书记员、当事人均应在笔录上签名。

第七章　表

立案登记表（公诉案件用）

适用情形

立案登记表（公诉案件用），供各级人民法院对人民检察院已经侦查终结，认为应依法追究被告人刑事责任，进而提请人民法院予以审判的案件进行审查后，就案件基本情况进行登记并提请相关负责人进行审查时使用。

基本框架

××××人民法院

立案登记表

<table>
<tr><td>公诉机关</td><td colspan="2"></td><td>起诉书编号</td><td>检诉（　）号</td></tr>
<tr><td>案由</td><td colspan="2"></td><td>收到起诉书日期</td><td>年　月　日</td></tr>
<tr><td>被告人姓名</td><td>性别</td><td>出生日期</td><td colspan="2">住址或羁押处所</td></tr>
<tr><td></td><td></td><td>年　月　日</td><td colspan="2"></td></tr>
<tr><td></td><td></td><td>年　月　日</td><td colspan="2"></td></tr>
<tr><td colspan="5">审查意见：
审查人（签名）：
年　月　日</td></tr>
<tr><td colspan="5">审批意见：
审批人（签名）：
年　月　日</td></tr>
<tr><td colspan="3">立案时间：　年　月　日</td><td colspan="2">案件编号：（　）　号</td></tr>
<tr><td colspan="3">移交审判庭日期及接收人：
年　月　日</td><td colspan="2">备注：</td></tr>
</table>

文本演示

案情简介：2017 年 4 月 20 日，纪某与好友聚会，期间饮用了大量白酒。吃完饭后，纪某在朋友面前夸口，说自己车技了得，便在没有驾照的情况下，驾驶朋友的摩托车在道路上行驶。当纪某行驶至某路口时，被民警查获。经调查，纪某血液中乙醇含量超过醉酒驾驶机动车的标准，并且尚未取得机动车驾驶证。某市某区人民检察院对纪某以危险驾驶罪向当地人民法院提起公诉，某区人民法院依法进行立案登记。

某区人民法院
立案登记表

<table>
<tr><td>公诉机关</td><td colspan="2">某市某区人民检察院</td><td>起诉书编号</td><td>某检诉（2017）267 号</td></tr>
<tr><td>案由</td><td colspan="2">危险驾驶罪</td><td>收到起诉书日期</td><td>2017 年 5 月 22 日</td></tr>
<tr><td>被告人姓名</td><td>性别</td><td>出生日期</td><td colspan="2">住址或羁押处所</td></tr>
<tr><td>纪某</td><td>男</td><td>1987 年 6 月 28 日</td><td colspan="2">现羁押在某市拘留所</td></tr>
<tr><td colspan="5">审查意见：
符合立案条件，建议立案受理。
审查人（签名）：邓某
2017 年 5 月 24 日</td></tr>
<tr><td colspan="5">审批意见：
同意立案。
审批人（签名）：叶某
2017 年 5 月 24 日</td></tr>
<tr><td colspan="3">立案时间：2017 年 5 月 24 日</td><td colspan="2">案件编号：（2017）某刑 108 号</td></tr>
<tr><td colspan="3">移交审判庭日期及接收人：钱某
2017 年 5 月 25 日</td><td colspan="2">备注：</td></tr>
</table>

要点总结

1. 首部。写明“××××人民法院立案登记表”。

2. 公诉机关、起诉书编号、案由、收到诉状日期及案件编号需如实填写。

3. 被告人基本信息处，应当根据案件情况填写被告人的姓名或单位名称等基本信息。

4. 审查审批意见需要相关负责人审批并签字。

5. 案件编号需注明人民法院立案编号。

6. 立案时间，为经审查决定受理或者立案登记的日期；移交日期，为决定立案后将案件移送有关审判庭审理的日期。

立案登记表（自诉案件用）

适用情形

立案登记表（自诉案件用），供人民法院在对自诉案件的立案材料进行审查后，就案件基本情况及证据进行登记，并提请相关负责人进行审查时使用。

基本框架

××××人民法院

立案登记表

案由			收到起诉状日期		案件编号	
当事人称谓	姓名	性别	出生日期	住址、工作单位		
自诉的事实、理由及其请求						
证据材料						

续表

审查意见	（签名） 年 月 日		
审批意见	（签名） 年 月 日		
立案时间		移交审判庭日期及接收人	
备注			

文本演示

案情简介：明星李某（女）曾与明星冯某（男）拍过一部电视剧，很受观众喜爱。后来，李某在某电视采访节目中说冯某拍戏不负责，在片场骂哭工作人员。冯某的“粉丝”听后非常生气，便到李某的微博评论中辱骂李某。其中一名粉丝孙某甚至捏造李某被某导演包养的不实信息，张贴在网络上，被网友疯狂转载。李某对孙某以诽谤罪向法院提起诉讼，某市某区人民法院依照程序进行立案登记。

某区人民法院
立案登记表

案由	诽谤罪		收到起诉状日期	2017年6月14日	案件编号	（2017）某刑某530号
当事人称谓	姓名	性别	出生日期	住址、工作单位		
自诉人	李某	女	1988年8月24日	某省某市某区滨海花园小区2单元2102号		
被告人	孙某	男	1990年10月3日	某省某市某区明珠路203号		
自诉的事实、理由及其请求	自诉人李某在某电视采访节目中因对冯某作出一些言语评价导致孙某等人的不满，致使孙某捏造了李某被某导演包养的不实言论，并在网络上疯狂传播。孙某的行为对自诉人李某产生了极坏的影响。现李某要求孙某删除相关不实言论，公开向李某道歉，并赔偿李某精神损失费200000元。					

续表

证据材料	1. 李某微博评论的截图； 2. 某网站上孙某贴出的关于李某被包养的言论。		
审查意见	符合立案条件，建议立案受理。（签名）刘某 2017 年 6 月 18 日		
审批意见	符合立案条件，建议立案受理。（签名）赵某 2017 年 6 月 18 日		
立案时间	2017 年 6 月 18 日	移交审判庭日期及接收人	王某 2017 年 6 月 18 日
备注			

要点总结

1. 首部。写明“××××人民法院立案登记表”。

2. 案由、收到诉状日期及案件编号需如实填写。

3. 当事人基本信息处，应当根据案件情况填写当事人的姓名或单位名称等基本信息。

4. “事实、理由及其请求”一栏，主要写明自诉人控诉被告人的犯罪事实、相关依据及其诉讼请求。

5. “证据材料”一栏，需一一列明自诉人所提交的证据名称。

6. 立案时间，则为经审查决定受理或者立案登记的日期；移交日期，为决定立案后将案件移送有关审判庭审理的日期。

立案登记表（二审刑事案件用）

适用情形

立案登记表（二审刑事案件用），供第二审人民法院因上诉人的上诉或人民检察院的抗诉，决定立案受理第一审人民法院尚未发生法律效力的判决或裁定时，就案件基本情况进行登记并提请相关负责人进行审查时使用。

基本框架

××××人民法院

立案登记表

<table>
<tr><td>一审法院</td><td colspan="2"></td><td>一审案号</td><td>（　　）　号</td></tr>
<tr><td>案由</td><td colspan="2"></td><td>收到卷宗日期</td><td>年　月　日</td></tr>
<tr><td>当事人称谓或抗诉机关名称</td><td>姓名</td><td>性别</td><td>出生日期</td><td>住址或羁押处所</td></tr>
<tr><td></td><td></td><td></td><td></td><td></td></tr>
<tr><td></td><td></td><td></td><td></td><td></td></tr>
<tr><td></td><td></td><td></td><td></td><td></td></tr>
<tr><td>审查意见</td><td colspan="4">签名：
年　月　日</td></tr>
<tr><td>审批意见</td><td colspan="4">审批人：
年　月　日</td></tr>
<tr><td colspan="3">立案意见：　　　　年　月　日</td><td colspan="2">案件编号：（　　）　号</td></tr>
<tr><td colspan="3">移交审判庭日期及接收人：

年　月　日</td><td colspan="2">备注：</td></tr>
</table>

文本演示

案情简介：崔某从小被人拐卖，后来被救出，在福利院长大。长大后的崔某性格孤僻，为报复社会，竟也走上了拐卖人口的不归路。2017年5月，崔某见到十岁的小华独自走在马路上，便用计把小华骗到车上，并将小华迷晕后卖到了某深山地区。后来，小华的父母报案，公安机关几经波折破了案。随后，某县人民检察院以崔某犯拐卖儿童罪向县人民法院提起公诉，县人民法院审理后判处崔某十年有期徒刑。崔某不服，向市中级人民法院提起上诉。

某市人民法院
立案登记表

<table>
<tr><td>一审法院</td><td colspan="2">某市某区人民法院</td><td>一审案号</td><td>（2017）某 665 号</td></tr>
<tr><td>案由</td><td colspan="2">拐卖儿童罪</td><td>收到卷宗日期</td><td>2017 年 8 月 22 日</td></tr>
<tr><td>当事人称谓或抗诉机关名称</td><td>姓名</td><td>性别</td><td>出生日期</td><td>住址或羁押处所</td></tr>
<tr><td>上诉人</td><td>崔某</td><td>男</td><td>1983 年 3 月 20 日</td><td>现羁押于本市某拘留所</td></tr>
<tr><td></td><td></td><td></td><td></td><td></td></tr>
<tr><td></td><td></td><td></td><td></td><td></td></tr>
<tr><td>审查意见</td><td colspan="4">符合立案条件，建议立案进行审理。
审查人（签名）：廉某
2017 年 8 月 22 日</td></tr>
<tr><td>审批意见</td><td colspan="4">同意立案。
审批人（签名）：唐某
2017 年 8 月 22 日</td></tr>
<tr><td colspan="3">立案意见：
同意
2017 年 8 月 22 日</td><td colspan="2">案件编号：（2017）某字 540 号</td></tr>
<tr><td colspan="3">移交审判庭日期及接收人：韩某
2017 年 8 月 22 日</td><td colspan="2">备注：</td></tr>
</table>

要点总结

1. 首部。写明“×××× 人民法院立案登记表”。

2. 一审法院、案号、案由、收到卷宗日期需如实填写。

3. 当事人称谓或抗诉机关名称处，应当根据案件情况填写案件当事人的姓名、性别、出生年月等基本信息，或者是一审抗诉机关。

4. 审查、审批意见需要相关负责人审批并签字。

5. 立案时间，为经审查决定受理或者立案登记的日期；移交日期，为决定立案后将案件移送有关审判庭审理的日期。

立案登记表（刑事申诉案件用）

适用情形

立案登记表（刑事申诉案件用），供人民法院在审查因当事人及法定代理人认为已经发生法律效力的判决、裁定、调解确有错误，向原审人民法院和上级人民法院提出申诉而提交的刑事申诉材料时，就案件基本情况进行登记并提请相关负责人进行审查时使用。

基本框架

××××人民法院

立案登记表

申诉人姓名		案由		收到申诉日期	年　月　日
原审法院			生效裁判案号		
原审被告人	姓名	性别	出生日期	住址或工作单位	
原判事实和申诉理由					
审查意见	签名： 年　月　日				
审批意见	签名： 年　月　日				
立案时间			移交审判庭日期及接收人		
备注					

文本演示

案情简介：2016年10月，范某因耕地的问题与邻居许某发生争执，争吵中许某将范某打伤，范某扬言要杀了许某泄愤。过了两天，许某失踪，许某家人想起范某曾说过要杀死许某泄愤的话语，怀疑是范某将许某杀死，并将许某的尸体藏了起来，因此向公安机关报了案。不久后，县人民法院对本案进行审理后依法作出了判决。2017 年 7 月，范某的朋友说在某传销组织里见过许某。在公安机关的调查帮助下，许某和范某两家人找到了许某，证明了范某并未杀人，范某的母亲向原审法院提起申诉。

某县人民法院

立案登记表

申诉人姓名	周某	案由	故意杀人罪	收到申诉日期	2017 年 7 月 19 日
原审法院	某县人民法院		生效裁判案号	（2016）某刑 1102 号	
原审被告人	姓名	性别	出生日期	住址或工作单位	
	范某	男	1986 年 9 月 10 日	某省某市某县某村第 785 号	
原判事实和申诉理由	因被告范某未提供证据证明自己与某故意杀人案无关，县人民法院按故意杀人罪对其进行判决。2017 年 7 月，被困于传销组织的许某被救出，证实范某并非杀害许某的凶手，特向县人民法院提起申诉。				
审查意见	新证据充分，符合立案条件，建议对案件重新进行审理 。 审查人（签名）：徐某 2017 年 8 月 8 日				
审批意见	同意立案。 审批人（签名）：武某 2017 年 8 月 8 日				
立案时间	2017 年 7 月 31 日		移交审判庭日期及接收人		李某 2017 年 8 月 5 日
备注					

要点总结

1. 首部。写明“××××人民法院立案登记表”。

2. 申诉人姓名、案由、收到申诉日期原审法院及生效裁判案号需如实填写。

3. 原审被告人基本信息处，应当根据案件情况填写被告人的姓名或单位名称等基本信息。

4.“原判事实和申诉理由”一栏，需写明申诉的事实依据和法律依据，应针对原终审判决认定事实、适用法律或审判程序上存在的问题和错误陈述理由，当事人有新证据证明原裁判认定的事实确有错误为由申诉的，应当同时附证据清单。

5.审查审批意见需要相关负责人审批并签字。需要注意的是，对于上级人民法院指令再审等情形的案件，可以在“审查意见”一栏内据实填写。

6.立案时间，为经审查决定受理或者立案登记的日期；移交日期，为决定立案后将案件移送有关审判庭审理的日期。

延长审限案件呈批表（刑事案件用）

适用情形

延长审限案件呈批表（刑事案件用），供基层人民法院或中级人民法院审理较为复杂的案件时，认为在法定审理期限内无法完成审理需要延长审理时间，而向上级人民法院申请批准延长审理期限时使用。

基本框架

××××人民法院

延长审限案件呈批表

<table>
<tr><td colspan="2">案由</td><td colspan="3"></td><td>案号</td><td colspan="3">（ ） 号</td></tr>
<tr><td colspan="2">公诉机关</td><td colspan="3"></td><td>自诉人</td><td colspan="3"></td></tr>
<tr><td rowspan="2">被告人</td><td>姓名</td><td></td><td>性别</td><td></td><td>出生年月日</td><td></td><td>民族</td><td></td></tr>
<tr><td>出生地</td><td></td><td colspan="2">工作单位或地址</td><td colspan="2"></td><td>职务或职业</td><td></td></tr>
<tr><td colspan="2">收案日期</td><td colspan="3">年 月 日</td><td colspan="2">审限届满日期</td><td colspan="2">年 月 日</td></tr>
<tr><td colspan="9">简述案情和延长审限的理由：</td></tr>
</table>

续表

报告机关意见： 年 月 日 （院印）	审批机关决定： 年 月 日 （院印）

文本演示

案情简介：某日凌晨4时，曹某趁秦某一家人不在家，放火烧了秦某的房子。后来，人民检察院以放火罪将曹某起诉至当地县人民法院。人民法院在审理此案时，曹某的姐姐向法院提交了曹某患有精神病的证据材料。法院认为案件需要补充侦查，向上级人民法院报送延长审限案件呈批表进行审批。

某县人民法院

延长审限案件呈批表

<table>
<tr><td colspan="2">案由</td><td colspan="3">放火罪</td><td>案号</td><td colspan="3">（2017）某334号</td></tr>
<tr><td colspan="2">公诉机关</td><td colspan="3">某市某县人民检察院</td><td>自诉人</td><td colspan="3"></td></tr>
<tr><td rowspan="2">被告人</td><td>姓名</td><td>曹某</td><td>性别</td><td>男</td><td>出生年月日</td><td>1984年2月10日</td><td>民族</td><td>汉</td></tr>
<tr><td>出生地</td><td>某省某市某县某村</td><td colspan="2">工作单位或地址</td><td colspan="2">无</td><td>职务或职业</td><td>无</td></tr>
<tr><td colspan="2">收案日期</td><td colspan="3">2017年1月7日</td><td colspan="2">审限届满日期</td><td colspan="2">2017年3月6日</td></tr>
<tr><td colspan="9">简述案情和延长审限的理由：
某县人民检察院提起公诉的被告人曹某放火罪一案，在审理过程中，曹某的姐姐提交了曹某患有精神病的证据，认为案件需要补充侦查，特申请延长审理期限。</td></tr>
</table>

续表

报告机关意见： 因案情较复杂，本院建议本案审理期限延长15日，请审批。 2017年3月1日 （院印）	审批机关决定： 同意延期申请。 2017年3月1日 （院印）

要点总结

1. 首部。写明“××××人民法院延长审限案件呈批表（刑事案件用）”。

2. 案由、案号、公诉机关或自诉人需如实填写。

3. 被告人基本信息处，应当根据案件情况填写案件当事人的姓名、性别、出生年月等基本信息。

4. 收案日期和审限届满日期应详细记录立案登记的日期及按照规定应审理终结的日期。

5. “简述案情和延长审限的理由”一栏，需简要写明案件基本情况，并根据案情写明案件需延长审限的原因。

6. “报告机关意见”一栏，应当写明请求延长审限的具体时间。上级人民法院收到该呈批表（一式两份）后，应当在“审批机关决定”一栏内写明是否准予延长审限的决定，然后一份留存，另一份退回报告机关，以代替书面批复。

提请审判委员会讨论案件报告表（刑事案件用）

适用情形

提请审判委员会讨论案件报告表（刑事案件用），供人民法院在审理案件的过程中，对经过合议庭审理并评议后认为疑难、复杂、重大，难以作出决定的案件，提请院长决定提交审判委员会讨论决定后作出判决时使用。

基本框架

××××人民法院

提请审判委员会讨论案件报告表

<table>
<tr><td>案由</td><td></td><td>案号</td><td>（　　）刑　　号</td></tr>
<tr><td>被告人或者上诉人的姓名</td><td></td><td>开庭日期</td><td>年 月 日</td></tr>
<tr><td colspan="4">合议庭（独任审判员）提请院长决定提交审判委员会讨论的理由：

审判长（或独任审判员）签名：
年　　月　　日</td></tr>
<tr><td colspan="4">院长意见：

签字：
年　　月　　日</td></tr>
<tr><td colspan="4">备注：</td></tr>
</table>

文本演示

案情简介：钟某与妻子苏某和两个儿子居住在某省某市某区。因钟某经常出差，便雇了保姆林某。苏某对林某十分的照顾，不但给林某高于平均水平的工资，还借钱给林某，帮助林某偿还债务。但是林某却在2017年5月的一天，下毒杀害了苏某和她两个儿子。事发后，钟某从外地赶回家，处于悲伤之中的他注册了微博账号，将整个事件发布到了网上，随即在网上引起了轰动。后该案经该区人民检察院提起公诉，区人民法院依法进行审理并由合议庭进行了合议，但考虑到案件在社会上有较大影响，全市人民极其关注，案情也较为复杂，合议中参议人员出现了不同意见，难以作出决定，所以合议庭提请院长决定提交审判委员会讨论决定。

某区人民法院
提请审判委员会讨论案件报告表

案由	故意杀人罪	案号	（2017）某刑某 546 号
被告人或者上诉人的姓名	林某	开庭日期	2017 年 6 月 3 日
合议庭（独任审判员）提请院长决定提交审判委员会讨论的理由： 因本案较为复杂，受到了全市人民广泛关注，考虑到本案件在社会上有较大影响，属于疑难、复杂、重大的案件，合议庭已进行开庭审理并进行评议，认为难以作出决定，故本合议庭提请院长决定提交审判委员会讨论决定。 审判长（或独任审判员）签名：胡某 2017 年 6 月 12 日			
院长意见： 同意本案件提交审判委员会讨论。 签字：王某 2017 年 6 月 12 日			
备注：			

要点总结

1. 首部。写明"××××人民法院 提请审判委员会讨论案件报告表"。

2. 案由、案号、被告人或上诉人姓名及开庭日期需如实填写。

3. "合议庭（独任审判员）提请院长决定提交审判委员会讨论的理由"处，应当根据案件实际情况由合议庭审判长根据合议庭评议的意见（或者独任审判员的意见），填写需提请院长决定提交审判委员会讨论的理由。

4. 院长意见处需由院长作出决定，是否将案件提交审判委员会讨论。

结案登记表（送交执行机关执行用）

适用情形

结案登记表（送交执行机关执行用），供人民法院在对受理的案件进行结案时，对判处徒刑以上刑罚的罪犯，在刑事判决（或者裁定）生效后，依相关法律对案件被告人、判决书、裁定书和执行通知书等移送执行机关执行时使用。

基本框架

结案登记表

审判机关名称

填表人：________　　填表日期：______年___月___日

<table>
<tr><td>被执行人姓名</td><td></td><td>曾用名</td><td></td><td>性别</td><td></td><td>出生年月日</td><td></td><td>民族</td><td></td></tr>
<tr><td>出生地</td><td></td><td>文化程度</td><td></td><td>特长</td><td></td><td colspan="2">捕前政治面貌</td><td colspan="2"></td></tr>
<tr><td colspan="2">捕前职业或工作单位和职务</td><td colspan="8"></td></tr>
<tr><td colspan="2">家庭住址</td><td colspan="8"></td></tr>
<tr><td>罪名</td><td colspan="2"></td><td>主刑</td><td colspan="2"></td><td colspan="2">剥夺政治权利期限</td><td colspan="2"></td></tr>
<tr><td>简历</td><td colspan="9"></td></tr>
<tr><td colspan="2">过去违法犯罪和处理情况</td><td colspan="8"></td></tr>
<tr><td colspan="10">本案犯罪事实（时间、地点、手段、动机、结果等）</td></tr>
<tr><td colspan="10"></td></tr>
<tr><td>证据</td><td colspan="9"></td></tr>
<tr><td colspan="3">罪犯的认罪态度和是否已经考虑从严或者从宽判处等</td><td colspan="7"></td></tr>
<tr><td>备考</td><td colspan="9"></td></tr>
</table>

文本演示

案情简介：2017 年 3 月，某省某市林业局副局长葛某收受该市某木材加工公司好处费 15 万元，违反林业局办理业务的规定，为木材加工公司在业务上提供便利。该市人民检察院以葛某犯有受贿罪为由向市人民法院提起公诉。市人民法院对葛某犯有的受贿罪依法作出判决，案件结案，交由市公安机关执行。

结案登记表

某市人民法院

填表人：石某　　　　　　　　填表日期：二〇一七年四月五日

<table>
<tr><td>姓名</td><td>葛某</td><td>曾用名</td><td>无</td><td>性别</td><td>男</td><td>出生年月日</td><td>1979年5月20日</td><td>民族</td><td>汉族</td></tr>
<tr><td>出生地</td><td>某省某市</td><td>文化程度</td><td>大专</td><td>特长</td><td>跑步、爬山</td><td colspan="2">捕前政治面貌</td><td colspan="2">党员</td></tr>
<tr><td colspan="2">捕前职业或工作单位和职务</td><td colspan="8">某省某市林业局副局长</td></tr>
<tr><td colspan="2">家庭住址</td><td colspan="8">某省某市某区玉华小区3栋1202号</td></tr>
<tr><td>罪名</td><td colspan="2">受贿罪</td><td>主刑</td><td colspan="2">十二年有期徒刑</td><td colspan="2">剥夺政治权利期限</td><td colspan="2">十二年</td></tr>
<tr><td>简历</td><td colspan="9">1987年9月至1993年8月，某省某市某县某小学学习
1993年9月至1996年8月，某省某市某县初级中学学习
1996年9月至1999年6月，某省某市某县高级中学学习
1999年9月至2002年6月，某省某市某专科学院学习
2002年至今，某省某市林业局工作</td></tr>
<tr><td colspan="2">过去违法犯罪和处理情况</td><td colspan="8">无</td></tr>
<tr><td colspan="10">本案犯罪事实（时间、地点、手段、动机、结果等）</td></tr>
<tr><td colspan="10">罪犯葛某收受木材加工公司的好处费，召开林业局有关部门的会议，就木材加工公司与检查站纠纷问题进行协调。在办理2017年采伐指标时，葛某给予了木材加工公司关照。事情办成后，葛某收受木材加工公司好处费共15万元。</td></tr>
<tr><td>证据</td><td colspan="9">1. 林业局相关部门召开会议的会议记录；
2. 检查站工作人员的证人证言；
3. 银行的转账记录；
4. 木材加工公司工作人员邢某的证人证言；
5.2017年关于采伐指标的相关规定及木材加工公司采伐的实际数量的记录。</td></tr>
<tr><td colspan="3">罪犯的认罪态度和是否已经考虑从严或者从宽判处等</td><td colspan="7">葛某被公安机关逮捕后，认罪态度良好，经考虑决定从宽处理。</td></tr>
<tr><td>备考</td><td colspan="9">无</td></tr>
</table>

要点总结

1. 首部

（1）标题。写明“结案登记表送交执行机关执行用”。

（2）注明审判机关名称、填表人和填表日期。

2. 正文

（1）写明罪犯的基本信息，包括姓名、曾用名、性别、出生年月、民族、出生地、文化程度、特长、被捕前政治面貌、捕前职业或工作单位和职务、家庭住址等信息。

（2）注明罪犯所犯罪名、主刑以及剥夺政治权利情况。

（3）简述罪犯的简历。

（4）叙述过去违法犯罪和处理情况。

（5）详述本案犯罪事实，包括时间、地点、手段、动机、结果等。

（6）概述罪犯犯罪证据。

（7）写明罪犯的认罪态度和是否已经考虑从严或者从宽判处。

（8）注明备考情况。

第八章　报　　告

审理报告（一审刑事报告用）

适用情形

审理报告（一审刑事报告用），供刑事案件的主审人员在一审审理后、判决作出前，把案件的具体情况制作成书面汇报材料，提交给合议庭评议或者报给审判委员会讨论、领导审查时使用。

基本框架

关于某案的审理报告

（××××）×刑初××号

一、控辩双方和其他诉讼参与人的基本情况

公诉机关××××人民检察院。

被害人________。

自诉人________。

附带民事诉讼原告人________。

委托（或者法定、指定）代理人________。

被告人________。

辩护人________。

二、案件的由来和审理经过

被告人________一案，由××××人民检察院于××××年××月××日以×检×诉［____］××号起诉书，向本院提起公诉。

本院审查后，认为符合法定开庭条件，决定开庭审判，依法组成合议庭或依法由审判员×××独任审判，于××××年××月××日公开（或不公开）开庭审理了本案。××××人民检察院检察长×××出庭支持公诉，被

害人 ××× 及其诉讼代理人 ×××，被告人 ××× 及其辩护人 ×××，鉴定人 ×××，翻译人员 ××× 等到庭参加诉讼。现已审理终结。

三、案件的侦破、揭发情况

____。

四、控辩双方的主要控辩内容

____。

五、审理查明的事实和证据

____。

六、需要说明的问题

____。

七、处理意见和理由

合议庭评议认为，______________________________。

主审法官（承办人）或者独任审判员署名　×××

×××× 年 ×× 月 ×× 日

文本演示

案情简介：郑某大学毕业后一直沉迷于网络游戏，并且经常向父母索要生活费以及网络游戏的开销。2017 年 1 月 1 日，郑某尾随了一名从银行取完钱的妇女实施抢劫。面对被害人黄某的极力反抗，郑某一怒之下将其打成重伤。郑某抢劫一案被人民检察院提起公诉，人民法院受理了此案。

关于郑某抢劫罪一案的审理报告

（2017）某刑初 221 号

一、控辩双方和其他诉讼参与人的基本情况

公诉机关某市人民检察院。

被害人黄某，女，1970 年 3 月生，汉，初中文化，清洁工，住址：河北省某市某路 391 号。

委托代理人张某，河北某律师事务所律师。

被告人郑某，男，1987年10月生，汉，大学本科，无业，住址：河北省某市某街道800号。

辩护人曹某，河北某律师事务所律师。

二、案件的由来和审理经过

被告人郑某抢劫罪一案，由某市人民检察院于2017年2月8日以某检某诉（2017）33号起诉书，向本院提起公诉。

本院审查后，认为符合法定开庭条件，决定开庭审判，依法组成合议庭，于2017年2月27日公开开庭审理了本案。某市人民检察院检察长李某出庭支持公诉，被害人黄某及其诉讼代理人张某，被告人郑某及其辩护人曹某，鉴定人蒋某等到庭参加诉讼。现已审理终结。

三、案件的侦破、揭发情况

2017年1月1日，被害人黄某从银行取完钱离开后，郑某一直尾随其后。郑某伺机实施抢劫行为，却遭到黄某的极力反抗。为了制止黄某的反抗行为，郑某将其打伤。最后，郑某从黄某手中抢走1万元现金，并前往游戏厅挥霍。公安机关接到被害人黄某的报案后立即展开了侦查，并顺利地将郑某控制在案。经过公安机关的讯问，确认郑某存在抢劫的犯罪事实。

四、控辩双方的主要控辩内容

公诉机关指控，2017年1月1日，郑某对受害人黄某实施了抢劫行为，期间，郑某把黄某打成重伤。郑某实施犯罪行为后，便前往游戏厅挥霍赃款。被告人郑某的行为已经构成抢劫罪，应适用《中华人民共和国刑法》第二百六十三条之规定定罪量刑。

被告人郑某认为自己并没有伤害受害人黄某的故意，他是为了制止黄某的反抗才在无奈之下将其打伤。他对受害人实施的伤害行为，不应负担刑事责任。

五、审理查明的事实和证据

经审理查明，郑某毕业后一直未找到工作，并一直靠父母提供的生活费维持生计。2017年1月1日，他因羞于向父母索要生活费，继而实施了抢劫行为。在郑某实施抢劫行为的过程中，受害人黄某本能地进行反抗，于是，郑某将黄某打伤。经司法鉴定部门的鉴定，黄某所受的伤害已经达到重伤的程度。因此，郑某实施抢劫行为，并致受害人重伤的事实查证属实。

认定郑某实施抢劫罪的主要证据有：郑某实施抢劫行为的视频记录，受害人陈述、路人贾某、白某的证人证言，司法鉴定结果等，本案事实清楚，证据确实、充分，足以认定抢劫罪事实成立。

六、需要说明的问题

上诉人张某为初犯，并无犯罪记录。

七、处理意见和理由

合议庭评议认为，郑某以非法占有为目的，故意对受害人黄某实施暴力、胁迫行为，导致其受重伤，符合抢劫罪的构成要件。郑某及其律师曹某的辩护与事实不符，公诉机关指控的抢劫罪成立。被告人郑某的行为性质恶劣，社会危害性较大，定罪证据充分，能够认定郑某有罪，罪名为抢劫罪。主审人意见：可依《中华人民共和国刑法》第二百六十三条的规定，以抢劫罪判处被告人郑某有期徒刑 12 年 6 个月，并处罚金 2 万元。抢劫所得的 1 万元予以追缴。

汪某

二〇一七年三月五日

要点总结

1. 首部

（1）标题。简要写明被告人的姓名和案由，但也要注意不能简写成“审理报告”。

（2）案号。写明“（××××）×刑初字××号”。

2. 正文

（1）写明控辩双方当事人和其他参与人的基本情况。

①写明被害人、自诉人、附带民事诉讼原告人的姓名、性别、出生日期、民族、文化程度、工作单位和职务、家庭住址，另外，被害人还需写明与被告人的关系以及受害情况等。

②写明代理人的姓名、性别、工作单位、职务等。

③分三部分写明被告人的基本情况。首先，写明姓名、性别、出生日期、民族、文化程度、工作单位和职务、家庭住址，因此案件被采取相关强制措施时间和情况，现羁押于某地点；其次，写明被告于何时、何地、何原因受过何种劳动教养、刑事拘留、行政拘留等处罚；最后，写明被告人的家庭成员情况。

④写明被告人请的辩护律师的姓名、工作单位、职务。如果被告人或者其他诉讼参与人有多个人员的，依次在后面列明。

（2）案件由来和审理经过。

① 由来：写明某案，由某人民检察院于××××年××月××日以×检×诉［××××］××号起诉书，向本院提起公诉。如果是自诉案件，写明自诉人某某以被告人某某犯××罪一案，于××××年××月××日向本院提起控诉。

②审理经过：写明本院审查后，认为符合法定开庭条件，决定开庭审判，并依法组成合议庭。如果是独任审判，写明依法由审判员独任审判，于××××年××月××日公开或者不公开开庭审理了此案。某人民检察院检察长某某出庭支持公诉。最后需写明现已审理终结。

（3）案件的侦破、揭发情况。

在这里需要写明案件发生经过、侦查、破获过程的情况，包括时间、地点和侦查方法以及主要参与人员等。如果案情特别重大复杂的，应当详细写明。如果所写案件时自诉案件的，这项可以省略不写。

（4）控辩双方控辩内容。

① 写明检察机关或者自诉人对被告人指控的罪名、犯罪事实、犯罪情节、证据、诉讼请求。

②写明被告人及其辩护人对检察机关或者自诉人指控的罪名、犯罪事实和证据、犯罪情节的供认情况，辩解内容和相关证据。如果被告的口供有反复的，应当一并写明。如果在自诉案件中，被告人提出反诉的，应当写明反诉的内容，包括事实、证据、诉讼请求事项及其理由 。

（5）审理查明的事实和证据。

写明经法庭审理查证后所认定的事实和具体证据。犯罪事实部分应写作案的时间、地点、动机、目的、实施过程、危害后果，以及被告人作案后的认罪态度等。证据部分应是经过庭审查证属实的证据。

（6）需要说明的问题。

这部分根据案件的具体实际情况，对案件的审判有影响而又不宜写入裁判文书的事实有什么需要特别说明，就将特殊情况写清楚即可。案件本身没有什么要写的，就可以省略此部分。

（7）处理意见和理由。

将案件的处理意见和理由写在“合议庭评议认为”后面，此项应当写明的内容，实际上就是判决书中的理由和判决两部分的内容。

3. 尾部

由审理本案的主审法官（承办人）或者独任审判员署名，并写明此报告作出的日期。

审理报告（二审刑事案件用）

适用情形

审理报告（二审刑事案件用），供二审法院的审判人员在二审审理后、判决作出前，把二审刑事案件审理全过程、事实定性、审理意见等制作成书面汇报材料，提交给院领导审核或者上报给该院审判委员会讨论时使用。

基本框架

关于某案的审理报告

（××××）×刑终××号

一、一审控辩双方和其他诉讼参与人的基本情况

原公诉机关××××人民检察院。

被害人______。

原审被告人______。

辩护人______。

二、案件的来源和审理经过

原审被告人____一案，××××人民法院于××××年××月××日作出（××××）×刑初××号刑事判决，__________。被告人×××不服，提出上诉。（或××××人民检察院认为______，依法提出抗诉。）

本院受理后，依法组成合议庭，于××××年××月××日公开（或

不公开）开庭审理了本案，××××人民检察院检察长×××出庭履行职务。概述诉讼参加人到庭情况。本案现已审理终结。

三、案件的侦破、揭发情况

____。

四、原判要点和上诉、抗诉的主要内容

____。

五、二审审理查明的事实和证据

____。

六、需要说明的问题

____。

七、处理意见和理由

合议庭评议认为，________________________________。

主审法官（承办人）署名　×××

××××年××月××日

文本演示

案情简介： 张某是一个无业游民，2017年3月12日，他因涉嫌盗窃罪被人民检察院提起公诉。一审法院认定张某的盗窃数额为6万元，张某因此被判处9年有期徒刑。张某不服一审判决提起上诉，二审法院认为一审法院认定事实和适用法律没有错误，但量刑过重，应当改判，并向相关领导作出了审理报告。

关于张某盗窃罪一案的审理报告

（2017）某刑终711号

一、一审控辩双方和其他诉讼参与人的基本情况

原公诉机关某省某市某区人民检察院。

被害人周某，女，1970年4月1日生，汉族，本科毕业，银行职员，住某省某市某区某街道309号。

诉讼代理人胡某，某律师事务所律师。

上诉人（原审被告人）张某，男，1975年10月7日生，汉族，初中文化，无业，住某省某市某区某街道311号。

辩护人刘某，某律师事务所律师。

二、案件的来源和审理经过

上诉人（原审被告人）张某涉嫌盗窃罪一案，某省某市某区人民法院于2017年5月30日作出（2017）某刑初920号刑事判决，判决张某有期徒刑9年。被告人张某不服，提出上诉 。

本院受理后，依法组成合议庭，于2017年7月10日公开开庭审理了本案，某市人民检察院检察长郑某出庭履行职务。被害人周某及其诉讼代理人胡某，原审被告人张某及其辩护人刘某到庭参加诉讼。本案现已审理终结。

三、案件的侦破、揭发情况

2017年2月20日，周某发现家中的贵重财物被盗，于是向公安机关报案。公安机关经过侦查，发现了一名可疑男子曾于案发时间进入周某的家中。受害人周某发现该男子是住在隔壁的张某。公安机关立即控制了张某，张某承认了犯罪事实。

四、原判要点和上诉的主要内容

原审法院判决认定，2017年2月20日上午10时，张某发现受害人周某一家人全部外出，于是动了歪念，以非法占有为目的实施了盗窃行为。张某共盗窃现金6万元，事后，他便将赃款存入某建设银行。依据《中华人民共和国刑法》第二百六十四条规定，张某构成盗窃罪，盗窃数额巨大，判处张某有期徒刑9年，并将追缴的赃款归还给受害人周某。一审判决后，被告人张某提出上诉，认为原审法院量刑过重，希望二审法院予以改判。

五、二审审理查明的事实和证据

经审查，2017年2月20日上午10时左右，因受害人周某家中无人，张某以非法占有为目的，实施了入室盗窃行为，共窃得6万元现金。为了掩饰盗窃事实，张某立即将该笔现金存入某建设银行。

认定上述事实的主要证据有：（1）上诉人张某的供述；（2）受害人周某的陈述；（3）视频监控等图像资料；（4）某建设银行的电子银行对账单。

上诉人张某认为其是初犯，一审法院对其量刑过重，请求适当减轻刑罚。

综上所述，此案证据确实、充分，张某入室盗窃的犯罪事实可以认定成立。

六、需要说明的问题

上诉人张某为初犯，并无犯罪记录。

七、处理意见和理由

合议庭评议认为，上诉人张某以非法占有为目的，秘密窃取了周某的财物，且数额巨大，已经构成盗窃罪。一审判决认定事实和适用法律没有错误，但结合张某系初犯，且认罪态度良好，本合议庭认为原审法院对被告人张某的量刑过重，应当改判。依据《中华人民共和国刑事诉讼法》第二百二十五条[①]第（二）项的规定，判决“撤销原判决，将九年有期徒刑改判为五年有期徒刑”。以上是否妥当，请审判委员会审议。

白某

二〇一七年八月十五日

要点总结

1. 首部

（1）标题。写明“关于某案的审理报告”。

（2）案号。写明“（××××）×刑终××号”。

2. 正文

（1）一审控辩双方和其他诉讼参与人的基本情况。

①写明原公诉机关某人民检察院。

②写明被害人的姓名、年龄、民族、性别、工作单位、家庭住址等基本信息。另外，最好能写明与被告人的关系和受害情况。

③写明原审被告人的姓名、年龄、民族、性别、工作单位、家庭住址等基本信息。另外，还要写明被告人因为此案受到的拘留、羁押的强制措施情况，现羁押地点。如果被告人曾受过刑事处罚，要如实写明受处罚的时间、地点以及所受处罚种类。最后，要写明被告人的家庭成员情况，如果家庭成员有侨居国外或居住在港澳台的，也要一一写明。

④写明原审被告人辩护律师的姓名、工作单位、职务。如果是非律师辩护

① 对应2018年修正后《刑事诉讼法》第二百三十六条。——编者注

人，还要特别写明是否与原审被告人有亲属关系，是何种关系。

（2）案件由来和审判经过。

①写明原审某案，原审被告人不服原审法院作出的（××××）×刑初××号刑事判决结果，现提出上诉。或者写明某人民检察院认为应当提出抗诉的事实和理由，依法提出抗诉。

②写明本案受理后，于某年某月某日依法组成了合议庭，公开（或不公开）审理了此案，接着写检察院检察员、被告人及其辩护人、被害人及其代理人、证人等诉讼参与人出庭的情况。最后写本案现已审理终结。

（3）案件的侦破和揭发情况。

在这里主要写案件的发生、揭发、侦查、破获的全过程，具体要写明时间、地点、主要参与人物、案件的复杂问题和曲折过程等详细信息。自诉案件可以不写此部分。

（4）原判要点和上诉、抗诉的主要内容。

首先，写明原审判决认定的事实和证据；其次，写明案件定性处理的理由和依据；最后，写明诉讼双方意见、理由、依据。

（5）二审审理查明的事实和证据。

重点写明本院经审理后认定的原审法院的审判事实哪些是正确的，哪些是错误的；正确的有哪些证据可以证明，错误的有哪些理由可以说明。如果上诉或者抗诉对事实和证据都提出了不同意见，还应写明本院是否依法进行了调查论证，以便能够充分确认上诉或者抗诉的理由和依据能否成立，进而作出公正而又准确的判决。

（6）需要说明的问题。

这项的处理因案件而异。如果案件有特殊情况而又对案件的处理结果有重大影响的，那么就要详细地写清楚，如果没有特别情况要说明，也可以省略不写。

（7）处理意见和理由。

这部分的写作是审理报告的最后一部分，也是最重要的部分。通常要根据二审认定的事实和证据，依据法律法规或者相关司法解释对一审的判决也就是二审上（抗）诉部分内容作出全面综合的论述，再写明依据《中华人民共和国刑事诉讼法》的有关规定，提出对原判决的维持、改判或者发回重审的具体意见。需要向有关单位提出司法建议的，也要在最后写明。

3. 尾部

由审理本案的主审法官（承办人）署名，并写明此报告作出的日期。

审理报告（再审刑事案件用）

适用情形

审理报告（再审刑事案件用），供各级人民法院按照第一审程序或者中级人民法院按照第二审程序审理再审案件的过程中，把再审案件的审理状况、事实认定、法律适用等审判情况制作成汇报材料，提交给相关领导或者部门时使用。

基本框架

关于某案的审理报告

（××××）×刑×××号

一、原审控辩双方和其他诉讼参与人的基本情况

原公诉机关××××人民检察院。

被害人＿＿＿＿＿。

原审自诉人＿＿＿＿＿。

原审附带民事诉讼原告人＿＿＿＿＿。

委托（或法定、指定）代理人＿＿＿＿＿。

原审被告人＿＿＿＿＿。

辩护人＿＿＿＿＿。

二、案件的由来和审理经过

原审被告人＿＿＿一案，本院于××××年××月××作出（××××）×刑×××号判决（或者裁定）。该判决（或者裁定）已经发生法律效力。＿＿＿＿（启动再审程序的原因、事实和理由等）。本院依法另行组成合议庭，于××××年××月××日公开（或不公开）开庭审理了本案。××××人民检察院检察员×××出庭履行职务，被害人×××及其诉讼代理人×××，原审被告人×××及其辩护人×××和证人×××等到庭参

加诉讼。本案现已审理终结。

三、案件的侦破、揭发情况

____。

四、原判要点和再审中诉讼双方的意见

____。

五、再审认定的事实和证据

____。

六、需要说明的问题

____。

七、处理意见和理由

合议庭评议认为，______________________________。

主审法官（承办人）署名　×××

××××年××月××日

文本演示

案情简介：邱某经营了一家书店，2017年6月5日，邱某因涉嫌走私淫秽物品罪被某市某区人民检察院提起公诉。一审法院经审理，认定邱某犯有走私淫秽物品罪。一审判决生效后，邱某不服，提起申诉。再审法院认为，邱某对货物中夹杂的淫秽物品不知情，因此邱某无罪，再审审判人员作出了以下审理报告。

关于邱某走私淫秽物品罪一案的审理报告

（2017）某刑某779号

一、原审控辩双方和其他诉讼参与人的基本情况

原公诉机关某人民检察院。

申诉人（原审被告人）邱某，男，1984年6月1日出生，汉族，高中文化，家住某省某市某路499号，个体户。

辩护人蒋某，某律师事务所律师。

二、案件的由来和审理经过

原审被告人邱某走私淫秽物品一案，本院于 2017 年 8 月 15 作出（2017）某刑初 698 号判决。该判决已经发生法律效力。邱某认为本院认定事实不清，定罪量刑的证据不充分，故向本法院提出申诉。本院依法另行组成合议庭，于 2017 年 9 月 20 日公开开庭审理了本案。某人民检察院检察长白某出庭履行职务，原审被告人邱某及其辩护人蒋某到庭参加诉讼。本案现已审理终结。

三、案件的侦破、揭发情况

2017 年 5 月 1 日，为了丰富书店图书的种类，邱某从国外购买了一批图书。5 月 7 日，公安机关接到举报称，邱某涉嫌走私淫秽物品。公安机关通过侦查，发现该批图书里夹杂了大量淫秽书籍。因此，认定邱某有走私淫秽物品的事实。

四、原判要点和再审中诉讼双方的意见

原审法院认定，邱某走私淫秽物品的事实属实。公安机关介入后，邱某虽自愿交出淫秽书籍，但是，该行为仅能够证明其认罪态度良好，并不能改变其构成走私淫秽物品罪的事实。考虑到邱某积极移交淫秽书籍的行为，可酌情从轻处罚。故依据《中华人民共和国刑法》第一百五十二条规定，判决被告人邱某有期徒刑四年，并处罚金两万元。

原审法院依法作出判决后，邱某对原判决不服，认为自己对货物中夹带的淫秽书籍并不知情，自己欠缺走私淫秽物品罪的犯罪故意，因此不构成走私淫秽物品罪。现邱某提出申诉，要求再审此案，撤销错误判决。

再审中，邱某的辩护人蒋某辩护意见如下：原审认定邱某存在走私淫秽物品的事实不成立。邱某虽然在客观上实施了走私淫秽物品的行为，扰乱了国家对外贸易管理以及社会管理秩序。但是，邱某并没有以牟利为目的，买入这批淫秽物品。换言之，该批货物中夹带的淫秽物品，超出了邱某的认知范围。因此，邱某欠缺走私淫秽物品的故意。故，原审法院认定邱某构成走私淫秽物品罪事实不清，证据不足。综上所述，辩护人蒋某请求法院公平、公正地对本案事实重新予以认定。

五、再审认定的事实和证据

经审查，2017 年 5 月 1 日前，邱某为了丰富其书店的图书种类，决定从国外购买一批图书并列出了一个图书清单。5 月 1 日，卖家将该批图书送至邱某手中。5 月 7 日，公安机关经侦查，认定邱某购买的图书中夹带了大量淫秽书籍。届时，邱某才发现这一情况。

认定上述事实的主要证据有：（一）邱某制作的图书清单；（二）公安机关的询问笔录；（三）邱某与卖家的交谈记录以及卖家发货清单；（四）庭审笔录。

六、处理意见和理由

本院再审审查认为，原审认定的事实不清楚，证据不足，被告人邱某犯走私淫秽物品罪罪名不成立。依照《中华人民共和国刑法》第十三条、第一百五十二条的规定，经本院审判委员会讨论决定，判决如下：

一、撤销本院于2017年8月15作出的（2017）某刑初698号判决。

二、宣告被告人邱某无罪。

曹某

二〇一七年十月二十日

要点总结

1. 首部

（1）标题。写明“关于某某案的审理报告”。

（2）案号。写明“（××××）×刑×××号”。

2. 正文

（1）写明一审控辩双方当事人以及其他诉讼参与人的基本情况。

①如果是某人民检察院依照审判监督程序提出抗诉的再审案件，应写明抗诉机关某人民检察院。

②写明被害人的姓名、年龄、民族、性别、工作单位、家庭住址、与被告人的关系和受害情况等基本信息。

③写明原审自诉人、原审附带民事诉讼原告人的姓名、年龄、民族、性别、工作单位、家庭住址等信息；写明委托代理人的姓名、工作单位、职务以及与被代理人的关系。

④写明原审被告人的姓名、年龄、民族、性别、工作单位、家庭住址等基本信息，另外，还要写明被告人因为此案受到的拘留、羁押等强制措施情况，现羁押地点。如果被告人曾受过刑事处罚，要如实写明受处罚的时间、地点以及所受处罚种类。最后写明原审被告人辩护律师的姓名、工作单位、职务，要特别写明是否与原审被告人有亲属关系。

需要注意的是，本部分内容，应当结合启动再审程序的具体情况，按实际需要进行叙述。

（2）案件由来和审判经过。

①写明原审某案，本院于××××年××月××作出（××××）×刑×××号判决，该判决已经发生法律效力，接着写明提起再审案件的经过。

②写明本案受理后，于××××年××月××日依法组成了合议庭，公开（或不公开）审理了此案，接着写检察院人员、被告人及其辩护人、被害人及其代理人、证人等诉讼参与人出庭的情况。最后写本案现已审理终结。

（3）案件的侦破和揭发情况。

在这里主要写案件侦破或揭发的时间、地点、人物、侦破方式。案件有复杂问题和曲折过程的，要详细写明。

（4）原判要点和再审中诉讼双方的意见。

首先，写明原审判决认定的事实、证据、定性处理的理由和依据；其次，写明在再审中诉讼双方的意见、理由和依据。

（5）再审认定的事实和证据。

重点写明本院经再审审理后认定的原审法院的审判事实哪些是正确的，哪些是错误的；正确的有哪些证据可以证明，错误的有哪些理由可以说明。诉讼双方当事人对事实认定和证据有异议的，写出异议的理由和依据。

（6）需要说明的问题。

与本案的事实认定、证据采用、定罪量刑等有密切联系的重大问题，包括上级机关的交办情况、人大代表的建议、政协委员的提案、有关单位的反映和意见，要一一写明。

（7）处理意见和理由。

根据再审所确认的事实和证据，在“合议庭评议认为”后，对诉讼双方提出的异议、量刑意见进行最后评定。此外，需全面论述原审被告人是否犯罪，犯什么罪，有无从宽或从严处理情节，原判适用的法律是否正确，是否违反程序规定。最后写明要提出对原审判决维持或者改判的具体意见。需要向有关单位提出司法建议的，一并写明。

3. 尾部

由审理本案的主审法官（承办人）署名，并写明此报告作出的日期。

审理报告（减刑、假释案件用）

适用情形

审理报告（减刑、假释案件用），供各级人民法院在审理减刑、假释案件后作出判决前，把减刑、假释的具体意见制作成书面汇报材料，提交给审判委员会、合议庭讨论或者提交给领导审查时使用。

基本框架

关于对罪犯 ××× 减刑（或假释）一案的审理报告

（××××）× 刑执 ×× 号

一、罪犯的基本情况

罪犯 ×××__________（写明性别、出生日期、民族、住所地、工作单位和职务等，应特别注明罪犯是否存在不能假释的情况）。

二、案件的由来和审理经过

罪犯 ×××__________（写明原判文书认定的案件定性、罪名、刑罚，执行过程中有无减刑或者加刑的情况，执行机关减刑、假释的意见和理由，合议庭的审理结果等信息）。

三、罪犯在服刑中的表现

__________（主要包括是否认真服从监规，接受教育改造，是否有立功表现，或者减刑、假释后有无危害社会可能性等）。

四、需要说明的问题

____。

五、处理意见和理由

合议庭评议认为____________（是否适宜减刑或假释，及其法律依据）。

主审法官（承办人）署名 ×××

×××× 年 ×× 月 ×× 日

文本演示

案情简介： 王某与廖某是上下级关系，因廖某处处打压王某，王某心生嫉妒并伺机报复。后来，廖某因误食王某家中的有毒食物而中毒身亡。2010 年 3 月 1 日，王某因涉嫌过失杀人罪被法院判处十年有期徒刑，王某在服刑期间认真遵守监规，虚心接受教育改造。2017 年 4 月 20 日，法院作出了关于王某减刑的审理报告。

关于对罪犯王某减刑一案的审理报告

（2017）某刑执 971 号

一、罪犯的基本情况

罪犯王某，男，1978 年 12 月 23 日出生，汉族，家住某省某市某路 80 号，本科文化，现于某监狱服刑。服刑前是甲公司职员，不属于被判处死刑缓期执行的累犯以及因故意杀人、强奸、抢劫、绑架、放火、爆炸、投放危险物质或者有组织的暴力性犯罪被判处死刑缓期执行的犯罪分子等限制减刑的情况。

二、案件的由来和审理经过

罪犯王某与受害人廖某是同事，且为上下级关系。王某在甲公司兢兢业业工作了十余年，但是负责人事调动的领导人廖某却故意压制王某。王某为了报复廖某，打算请廖某去家中做客，并伺机向廖某下毒。王某事先烹制好含有毒药的小吃，并放在茶几上等待廖某食用。但是，在廖某到达王某家之前，王某心生悔意，他端走小吃并放到厨房餐桌上。廖某去厨房倒水时，他顺手拿起有毒的小吃吃了下去。最后，廖某经抢救无效死亡。法院认为，王某将有毒食品放在厨房餐桌上，其应当预见到此行为可能会导致他人食用有毒食品继而死亡。但是，王某因疏忽大意，应当预见危害结果却没有预见。王某疏忽大意的行为导致廖某死亡，侵害了廖某的生命权。鉴于以上情况，王某已经构成过失杀人罪，判处其有期徒刑十年。王某在服刑期间，认真遵守监规，虚心接受教育改造，确有悔改表现。现在，王某已经服刑七年，符合减刑的条件。合议庭依法对王某的表现进行了讨论，认为可以减刑。

三、罪犯在服刑中的表现

王某在服刑期间，不但认真遵守监规，虚心接受教育改造，他还多次向廖某的家人书写道歉信。可见，王某已经深刻地认识到了自己的错误。其他囚犯遇到困难，他也主动提供帮助。经过监狱部门的考察，王某符合减刑的条件。

四、处理意见和理由

合议庭评议认为，王某在服刑期间，认真遵守监规，虚心接受教育改造，确有悔改表现，且服刑时间已达五年以上。依据《中华人民共和国刑法》第七十八条的规定，可以对王某适用减刑。

吕某

二〇一七年四月二十日

要点总结

1. 首部

（1）标题。写明“关于对罪犯某某减刑（或假释）一案的审理报告”。

（2）案号。写明“（××××）×刑执××号”。

2. 正文

（1）写明罪犯的基本情况。主要包括姓名、性别、年龄、党派、工作单位、家庭住址，另外要特别写明是否为累犯或者杀人、强奸、爆炸、绑架等暴力性犯罪判处十年有期徒刑不得假释的情况。

（2）案件的由来和审理经过。写明原判文书认定的案件定性、罪名、刑罚，执行过程中有无减刑或者加刑的情况，执行机关减刑、假释的意见和理由，合议庭的审理结果等信息。

（3）罪犯在服刑过程中的表现。主要包括是否认真服从监规，接受教育改造，是否有立功表现，或者减刑、假释后有无危害社会可能性等。

（4）需要特别说明的问题。这里要根据具体情况书写，通常写原判决中存在的问题或者监狱管理过程中存在的特殊情况。

（5）处理意见和理由。主要是写明罪犯是否符合减刑、假释的条件以及减刑、假释后是否对社会有危害性，并依据相关法条，对减刑、假释提出具体意见。

3. 尾部

写明主审法官（承办人）的姓名，并写明此报告作出的日期。

报请核准假释案件的报告（有特殊情况假释用）

适用情形

报请核准假释案件的报告（有特殊情况假释用），供中级以上人民法院在审理刑事案件的过程中，针对罪犯具有特殊情况，罪犯的假释不受执行刑期限制的情况，报请上级人民法院核准时使用。

如系中级人民法院报请高级人民法院复核的，文书名称应当写作《报请复核假释案件的报告》。

基本框架

××××人民法院

报请核准假释案件的报告

（××××）×刑×××号

××××人民法院：

××××中级人民法院（或者本院）于××××年××月××日作出了（××××）×刑×执××号裁定书，因罪犯×××具有特殊情况，裁定准予假释。______（写明高级法院复核的经过和同意的具体意见）。现将罪犯×××具有特殊情况的报告，××××中级人民法院（或者本院）假释裁定书各十五份和全案卷宗一并报上，请予复核（或者核准）。

（院印）

××××年××月××日

文本演示

案情简介：贾大某和贾小某是亲兄弟，二人均未成家。2014年2月4日，二人因争夺父亲的遗产大动干戈。贾大某把贾小某打成重伤导致其残疾，生活不能自理。2014年3月20日，贾大某因涉嫌故意伤害罪被人民检察院提起公诉。2014年5月29日，贾大某被人民法院判处7年有期徒刑。贾大某在监狱服刑期间表现良好，且有两次重大立功。考虑到贾小某生活无法自理，体弱多病的母亲又无人照料，2017年5月9日，所在监狱向该市人民法院提出假释建议书，该市人民法院作出同意假释的裁定，并报请高级人民法院复核同意。最后，高级人民法院同意假释，并书面报请最高人民法院核准。

某省高级人民法院
报请核准假释案件的报告

（2017）某刑某984号

最高人民法院：

某省某市中级人民法院于2017年5月15日作出了（2017）某刑某执790号裁定书，因罪犯贾大某故意伤害罪一案具有特殊情况，裁定准予假释。某省高级人民法院经复核，认为贾大某在监狱服刑期间表现良好，且有两次重大立功。考虑到贾小某生活无法自理，其母亲体弱多病又无人照料，同意中级人民法院所作的假释裁定。现将罪犯贾大某具有特殊情况的报告，某省某市中级人民法院假释裁定书各十五份和全案卷宗一并报上，请予核准。

（院印）

二〇一七年五月二十日

要点总结

1. 首部

（1）标题。写明“××××人民法院报请核准假释案件的报告”。

（2）案号。写明“（××××）×刑×××号”。

2. 正文

（1）写明报请核准的人民法院名称。

（2）写明某中级人民法院作出准予假释裁定书的时间、案号及案件基本情况，并写明高级法院复核的经过和同意的具体意见，最后将假释裁定书和全案卷宗一并报请最高人民法院核准。

3. 尾部

写明发文日期并加盖人民法院印章。

报请核准在法定刑以下判处刑罚的报告（刑事案件用）

适用情形

报请核准在法定刑以下判处刑罚的报告（刑事案件用），供地方各级人民法院在审理刑事案件的过程中，针对不具有刑法规定的减轻处罚情节的犯罪分子在法定刑以下判处刑罚的情形，报请上级人民法院复核或者最高人民法院核准时使用。

基本框架

××××人民法院

报请核准在法定刑以下判处刑罚的报告

（××××）×刑×××号

××××人民法院：

××××人民检察院提起公诉的被告人×××_____（写明案由）一案，本院（或者××××人民法院）已于××××年××月××日作出（××××）×刑×××号刑事判决，以被告人×××犯××罪，在法定刑以下判处_____（写明具体刑种，刑罚）。_____（经过二审审理终结的，写明上诉、抗诉和第二审审理结果，或者经××××人民法院复核的经过和意见）。现将在法定刑以下判处刑罚的被告人×××（写明案由）一案的审理报告、判决书各十五份，以及全案诉讼案卷、证据一并送上，请予核准（或者复核）。

××××年××月××日

（院印）

文本演示

案情简介：2017年2月12日，大学生李某因涉嫌拐卖妇女罪被人民检察院提起公诉。李某被捕后，积极配合公安机关的询问，主动交代了犯罪团伙中其他成员的姓名以及联系方式。人民法院在审理过程中，发现李某是受犯罪团伙头目区某的胁迫，才不得不从事拐卖妇女的行为。结合李某的具体情况，中级人民法院决定对李某判处法定刑以下的刑罚。高级人民法院复核后，同意原审判决。于是，中级人民法院报请最高人民法院核准。

某市中级人民法院
报请核准在法定刑以下判处刑罚的报告

（2017）某刑某512号

最高人民法院：

某省某市人民检察院提起公诉的被告人李某拐卖妇女罪一案，本院已于2017年5月5日作出（2017）某刑某500号刑事判决，以被告人李某犯拐卖妇女罪，在法定刑以下判处有期徒刑三年。判决作出后，被告人未提出上诉，人民检察院也未提出抗诉，后经高级人民法院复核同意原判。现将在法定刑以下判处刑罚的被告人李某拐卖妇女罪一案的审理报告、判决书各十五份，以及全案诉讼案卷、证据一并送上，请予核准。

二○一七年五月二十七日

（院印）

要点总结

1. 首部

（1）标题。写明“××××人民法院报请核准在法定刑以下判处刑罚的报告”。

（2）案号。写明“（××××）×刑×××号”。

2. 正文

（1）写明报请核准的上级人民法院名称。

（2）写明案件的基本情况，人民法院作出刑事判决的时间、案号及所判刑罚，并写明对被告人处以法定刑以下刑罚，同时注明报请核准在法定刑以下判处刑罚的法律依据，请予核准。

（3）写明附件内容及份数，判决书、案卷及证据等。

3. 尾部

写明发文日期并加盖人民法院印章。

报请核准死刑缓期二年执行案件报告（中级人民法院用）

适用情形

报请核准死刑缓期二年执行案件报告（中级人民法院用），供中级人民法院在审理刑事案件的过程中，针对依法作出死刑缓期二年执行的判决情形，将案件的基本情况报请高级人民法院核准时使用。

基本框架

××××中级人民法院

报请核准死刑缓期二年执行案件报告

（××××）×刑×××号

××××高级人民法院：

我院审理______（写明被告人姓名和案由）一案，于××××年××月××日以（××××）×刑××××号刑事判决，判处被告人×××死刑，缓期二年执行，剥夺政治权利终身。在法定期限内，被告人不上诉且人民检察院不抗诉。依照《中华人民共和国刑事诉讼法》第二百四十八条的规定，现将全案卷宗材料报去，请予核准。

附：判决书×份，死刑案件综合报告×份，案卷×宗，证据×件。

××××年××月××日

（院印）

文本演示

案情简介：梁某是一名大龄青年，2016年年底，经过熟人介绍，交往了一个名叫郑某某的女朋友。2017年3月10日，梁某向郑某某提出结婚请求，郑某某拒绝。梁某恼羞成怒，便将郑某某掐死。2017年6月12日，梁某被某市中级人民法院判处死刑，缓期两年执行，同时报请高级人民法院予以核准。

某市中级人民法院
报请核准死刑缓期二年执行案件报告

（2017）某刑某764号

某省高级人民法院：

我院审理被告人梁某故意杀人一案，于2017年6月12日以（2017）某刑某760号刑事判决，判处被告人梁某死刑，缓期二年执行，剥夺政治权利终身。在法定期限内，被告人不上诉、人民检察院不抗诉。依照《中华人民共和国刑事诉讼法》第二百三十七条[①]的规定，现将全案卷宗材料报去，请予核准。

附：判决书3份，死刑案件综合报告2份，案卷3宗，证据17件。

二〇一七年六月十三日

（院印）

要点总结

1. 首部

（1）标题。写明“××××人民法院报请核准死刑缓期二年执行案件报告”。

（2）案号。写明“（××××）×刑×××号”。

① 对应2018年修正后《刑事诉讼法》第二百四十八条。——编者注

2. 正文

（1）写明报请核准的高级人民法院名称。

（2）写明案件的基本情况，某中级人民法院作出刑事判决的时间、案号及所判刑罚，并写明被告人不上诉、人民检察院不抗诉，同时注明报请核准死刑缓期二年执行的法律依据，请予核准。

（3）写明附件内容及份数，判决书、死刑案件综合报告、案卷及证据等。

3. 尾部

写明发文日期并加盖人民法院印章。

第九章　卷宗、票证

卷内目录（刑事案件用）

适用情形

卷内目录（刑事案件用），供人民法院统一管理所受理案件的卷宗时，放于卷宗存档第一页的目录文书。

基本框架

卷内目录

序号	文书名称	页次
备考		

本卷宗连同封面、封底共计 页，附证物 袋

文本演示

案情简介：李某为逼迫女友许某与他复合，将许某关在废弃的厂房内，威胁许某和他结婚。后许某被救出，李某以非法拘禁罪被起诉。2017 年 4 月，河北省邢台市某县人民法院受理了本案，现本案已经结案，案件归档，其中一项为卷内目录。

卷内目录

序号	文书名称	页次
1	卷宗封面	1
2	卷内目录	2
3	接收刑事案件登记表	3
4	立案决定书	4
5	起诉书正本及附件	5
6	送达起诉书副本笔录	6
7	传唤通知书，拘传证，询问通知书	7~8
8	拘留证，拘留通知书	9~10
9	逮捕证，逮捕通知书，变更强制措施通知书	11~13
10	羁押期限届满通知书	14
11	起诉意见书	15
12	证据材料	16~40
13	庭审笔录	41~47
14	刑事判决书	47~51
15	卷宗封底	52

本卷宗连同封面、封底共计 52 页，附证物 1 袋

要点总结

1. 首部

（1）标题。写明“卷内目录”。

2. 正文

（1）依次编号。

（2）注明文书名称和页次信息。

（3）注明备考信息。

3. 尾部

写明本卷宗连同封面、封底在内的总页数和证物数量。

刑事卷宗封页

适用情形

刑事卷宗封页，用于刑事卷宗的封面，是装帧页，供人民法院在刑事诉讼的一审、二审、复核、再审案件时使用。

基本框架

<table>
<tr><td colspan="6">××××人民法院
刑事卷宗
正卷</td></tr>
<tr><td colspan="6">年度　　号</td></tr>
<tr><td colspan="2">案由</td><td colspan="4" rowspan="3"></td></tr>
<tr><td rowspan="2">诉讼双方的称谓和姓名</td><td></td></tr>
<tr><td></td></tr>
<tr><td colspan="2">审判长</td><td colspan="2">审判员</td><td>审判员</td><td>书记员</td></tr>
<tr><td colspan="2"></td><td colspan="2"></td><td></td><td></td></tr>
<tr><td>收案日期</td><td colspan="2">年　月　日</td><td>结案日期</td><td colspan="2">年　月　日</td></tr>
</table>

续表

原审法院			有关案号		
一审结果		二审结果		再审复核结果	
归档日期	年 月 日		保管期限		

全宗号　　目录号　　案卷号

××××人民法院 **刑事卷宗** **副卷**					
年度　　号					
案由					
诉讼双方的称谓和姓名					
审判长		审判员		审判员	书记员
收案日期	年 月 日		结案日期	年 月 日	
原审法院			有关案号		
一审结果		二审结果		再审复核结果	
归档日期	年 月 日		保管期限		

全宗号　　目录号　　案卷号

文本演示

案情简介：2017年5月，武某因欠下巨额债务被人威胁，为摆脱被追债的困境，武某在5月9日晚上持刀抢劫了周某，并将周某刺成重伤。河北省某市人民法院受理了武某抢劫案件。现在本案一审已经结案，武某对公诉机关指控的犯罪事实供认不讳，并不再上诉，案件终结，现将案件卷宗进行归档。

<table>
<tr><td colspan="6">××××人民法院
刑事卷宗
正卷</td></tr>
<tr><td colspan="6">2017年度某981号</td></tr>
<tr><td colspan="2">案由</td><td colspan="4" rowspan="3">武某抢劫一案</td></tr>
<tr><td rowspan="2">诉讼双方的称谓和姓名</td><td>公诉机关某市人民检察院</td></tr>
<tr><td>被告人武某</td></tr>
<tr><td colspan="2">审判长</td><td colspan="2">审判员</td><td>审判员</td><td>书记员</td></tr>
<tr><td colspan="2">冯科</td><td colspan="2">张艳</td><td>刘达</td><td>赵小峰</td></tr>
<tr><td>收案日期</td><td colspan="2">二〇一七年五月二十八日</td><td>结案日期</td><td colspan="2">二〇一七年八月二日</td></tr>
<tr><td>原审法院</td><td colspan="2">河北省某市人民法院</td><td>有关案号</td><td colspan="2">（2017）某56号</td></tr>
<tr><td>一审结果</td><td>武某因抢劫他人财物并致人重伤被判处有期徒刑十年，立即执行</td><td>二审结果</td><td>无</td><td>再审复核结果</td><td>无</td></tr>
<tr><td>归档日期</td><td colspan="2">二〇一七年八月二日</td><td>保管期限</td><td colspan="2">永久</td></tr>
</table>

全宗号	目录号	案卷号
31012	56	

<table>
<tr><td colspan="3">××××人民法院
刑事卷宗
副卷</td></tr>
<tr><td colspan="3">2017年度某981号</td></tr>
<tr><td colspan="2">案由</td><td rowspan="3">武某抢劫一案</td></tr>
<tr><td rowspan="2">诉讼双方的称谓和姓名</td><td>公诉机关某市人民检察院</td></tr>
<tr><td>被告人武某</td></tr>
</table>

续表

<table>
<tr><td colspan="2">审判长</td><td colspan="2">审判员</td><td>审判员</td><td>书记员</td></tr>
<tr><td colspan="2">冯科</td><td colspan="2">张艳</td><td>刘达</td><td>赵小峰</td></tr>
<tr><td>收案日期</td><td colspan="2">二〇一七年五月二十八日</td><td>结案日期</td><td colspan="2">二〇一七年八月二日</td></tr>
<tr><td>原审法院</td><td colspan="2">河北省某市人民法院</td><td>有关案号</td><td colspan="2">（2017）某 56 号</td></tr>
<tr><td>一审结果</td><td>武某因抢劫他人财物并致人重伤被判处有期徒刑十年，立即执行</td><td>二审结果</td><td>无</td><td>再审复核结果</td><td>无</td></tr>
<tr><td>归档日期</td><td colspan="2">二〇一七年八月二日</td><td>保管期限</td><td colspan="2">永久</td></tr>
</table>

全宗号　目录号　案卷号

31012　56

要点总结

1. 首部

（1）标题。写明“××××人民法院刑事卷宗”“正卷”或“副卷”。刑事诉讼的一审案件，应当填写“公诉机关××××人民检察院”，另起一行填写“被告人×××”。二审案件，另起一行填写“原审被告人×××”；被告人上诉的，填写“上诉人×××”。刑事自诉的一审案件，应当填写“自诉人×××”，另起一行填写“被告人”。二审案件，自诉人上诉的，填写“上诉人×××”，另起一行填写“原审被告人×××”。

再审案件，如系检察机关抗诉的，写“抗诉机关××××人民检察院”；以下写当事人的原审称谓。

（2）编号。写明“××××年度××××号”。

2. 正文

（1）注明刑事案件案由，诉讼双方的称谓和姓名。

（2）注明审判长、审判员姓名、书记员姓名，独任审判的，独任审判员可以在封面审判人员栏的第二格内署名。

（3）写明收案日期、结案日期。

（4）注明原审法院单位名称，有关案件编号。

（5）如果是一审结案，注明一审结果；如果有二审结案，要分别注明一审结果和二审结果；若需再审复核，则需要分别注明一审结果、二审结果和再审复核结果。

（6）注明本刑事卷宗归档日期、刑事卷宗保管期限。

3. 尾部

（1）全宗号、目录号、案卷号。

（2）副卷应当随同正卷一并归档。

证物袋目录（各类案件用）

适用情形

证物袋目录（各类案件用），供人民法院在受理公诉、自诉案件时，列明案件在审理中所收集到的相关证物时使用。

基本框架

证物袋目录

编号	证物名称	数量	证物来源	收到日期	备考
备注					

文本演示

案情简介： 2017 年 5 月，河南省某市某自来水公司将未达到卫生标准的水供应给广大市民使用，后被市民举报。河南省某市人民法院受理了此案，为证明罪犯所犯罪行，将其绳之以法，河南省某市某人民法院公开征集犯罪证据并将收集到的证物统一规范管理。

证物袋目录

编号	证物名称	数量	证物来源	收到日期	备考
1	河南省某市某自来水公司供应的自来水	一瓶（200 毫升）	市民代表上交	2017 年 5 月 26 日	
2	河南省某市某检测机构检测的自来水未达到卫生标准的检测证明	两张	市民代表上交	2017 年 5 月 26 日	
备注					

要点总结

1. 首部

要写明“证物袋目录”。

2. 正文

写明证物名称、数量、来源等信息。

3. 尾部

与案件相关的必要说明，应填写在“备考”一栏。

证据收据（刑事案件用）

适用情形

证据收据（刑事案件用），供人民法院在收到有关单位和个人提供的证据后，向提供证据的有关单位或个人出具收据时使用。

基本框架

××××人民法院

证 据 收 据

（××××）×刑×××号

序号	证据名称	是否原件	件数	页数	备注
提供上列证据的个人姓名或单位名称：					
收到上列证据的书记员或审判员签名：					
收到上列证据的时间：					年 月 日

文本演示

案情简介： 李某因肺部患有疾病，需要做手术。某市某私立医院的医生陈鹏为李某做的手术。在手术过程中，陈鹏利欲熏心，私自摘除李某的一个肾出卖给他人。2017 年 8 月 20 日，河北省某市中级人民法院受理此案，李某的代理律师向法院提交了李某做手术的相关资料以及李某术后体检的报告。

某市中级人民法院

证据收据

（2017）某刑初 64 号

序号	证据名称	是否原件	件数	页数	备注
1	李某住院治疗时的医嘱	是	1	1	
2	医院出具的相关化验单	是	1	3	
3	手术过程的监控视频	否	1		
4	术后体检报告	是	1	2	
提供上列证据的个人姓名或单位名称：李某、河北省某市某医院					
收到上列证据的书记员或审判员签名：顾燕					
收到上列证据的时间：					二〇一七年八月二十九日

要点总结

1. 首部

（1）标题。写明“××××人民法院证据收据”。

（2）案号。写明“（××××）×刑×××号”。

2. 正文

（1）依次注明证据名称、是否是原件、件数或者页数，需要特别说明的要在“备注”栏中填写清楚。

（2）注明提供证据的个人的姓名或单位的名称。

（3）收到证据的书记员或审判员签名。

（4）注明证据收到的时间。

证据移交清单（刑事案件用）

适用情形

证据移交清单（刑事案件用），供人民法院在遇到法定原因的情况下，将其受理的公诉或自诉案件的相关证据移送给其他司法机关时使用。

基本框架

××××人民法院
证据移交清单

（××××）×刑×××号

序号	证据名称	数量（页数或型号、盘数）	备注

移交人：　　　　　　　接收人：

交接证据时间：　　　年　月　日

文本演示

案情简介：邵某是无业游民，因手头紧，想要弄点钱。一日，他在某偏僻的小道上，上了一辆客运车。在客运车行驶两分钟后，邵某拿出携带的匕首，逼司机停车，并让乘客将随身物品全部交出。两天后，邵某被公安机关抓获。河北省某市人民法院审理了此案，于 2017 年 7 月 2 日审理结束，判处邵某有期徒刑十年，移送公安机关执行并连同证据一起移交。

某市人民法院

证据移交清单

（2017）某刑初 21 号

序号	证据名称	数量（页数或型号、盘数）	备注
1	匕首	1 把	
2	客车行车记录	1 份	
3	乘客手机拍摄视频	1 份	
4	被抢人民币	5089 元	
5	金银首饰	12 件	
6	电子设备	7 件	

移交人： 萧芳　　　　接收人：唐纪辉

交接证据时间：二〇一七年七月二日

要点总结

1. 首部

（1）标题。写明"×××× 人民法院证据移交清单"。

（2）案号。写明"（××××）× 刑 ××× 号"。

2. 正文

（1）依次注明证据名称，数量（页数或型号、盘数）。

（2）需要特别说明的证据应在相应"备注"栏中填写具体。

3. 尾部

（1）移交人和接收人签字。

（2）写明交接证据时间。

备考表（各类案件用）

适用情形

备考表（各类案件用），供机关档案室装订在全册卷宗材料末页，以对册内归档文件进行必要的注释说明时使用。

基本框架

备考表

卷　宗　号： 案卷目录号： 案卷顺序号： 本卷内缺点及其他情况：   立卷人：　　　　　　　　　　年　月　日 检查人：　　　　　　　　　　年　月　日

文本演示

案情简介：2017年7月，闻某因故意伤害他人被河北省某市人民检察院提起公诉，某市人民法院对案件进行了审理。在开庭时，闻某指出本案审判员齐某是本案受害人戚某的姐夫，于是向法院提出要求审判员齐某回避的请求。法院依法要求齐某回避本案的审理，卷宗归档时需要制作备考表存入诉讼文书。

备考表

卷　宗　号：198 案卷目录号：2 案卷顺序号：第2卷 本卷内缺点及其他情况：因法定事项，审判人员回避。   立卷人：赵某某　　　　　　　二〇一七年七月二十六日 检查人：董某某　　　　　　　二〇一七年七月二十六日

要点总结

1. 首部

写明“备考表”。

2. 正文

写明卷宗号、案卷目录号、案卷顺序号、本卷内缺点及其他情况。

3. 尾部

（1）立卷人签字及写明立卷日期。

（2）检查人签字及写明检查日期。

传票（刑事案件用）

适用情形

传票（刑事案件用），供人民法院为审理案件而依法定程序传唤与案件相关人员时使用。

基本框架

第一联

××××人民法院

传票

案号	（ ） 号
案由	
当事人姓名	
工作单位或者住址	
传唤事由	
应到时间	年 月 日 时 分
应到处所	
注意事项：1. 被传唤人必须准时到达应到处所。 2. 被传唤人应携带传票报到。 3. 被传唤人收到传票后，应在送达回证上签名或者盖章。 审判员： 书记员： 年 月 日 （院印）	

本联送达被传唤的当事人

第二联

××××人民法院

传票（存根）

案号	（ ） 号
案由	
当事人姓名	
工作单位或者住址	
传唤事由	
应到时间	年 月 日 时 分

续表

应到处所	
备考 审判员： 书记员： 年 月 日 （院印）	

本联存卷

文本演示

案情简介：夏某从事珠宝设计工作。2017年8月，夏某将假冒的某知名品牌的珠宝卖给蔡女士，不久后被抓获。夏某以诈骗罪被起诉至河北省某市某县人民法院，法院下发传票：该案于2017年9月5日9时在第二审判庭开庭审理，夏某需按时出庭。

第一联

某市某县人民法院

传 票

案号	（2017）某547号
案由	涉嫌诈骗
当事人姓名	夏某
工作单位或者住址	河北省某市某县某小区23栋8单元302室
传唤事由	开庭
应到时间	二〇一七年九月五日九时零分
应到处所	第二审判庭
注意事项：1. 被传唤人必须准时到达应到处所。 2. 被传唤人应携带传票报到。 3. 被传唤人收到传票后，应在送达回证上签名或者盖章。 审判员：郑某 书记员：卢某 二〇一七年八月十五日 （院印）	

本联送达被传唤的当事人

第二联

某市某县人民法院
传票（存根）

案号	（2017）某 547 号
案由	涉嫌诈骗
当事人姓名	夏某
工作单位或者住址	河北省某市某县某小区 23 栋 8 单元 302 室
传唤事由	开庭
应到时间	二〇一七年九月五日九时零分
应到处所	第二审判庭
备考 无 审判员：郑某 书记员：卢某 二〇一七年八月十五日 （院印）	

本联存卷

要点总结

1. 首部

（1）标题。写明“××××人民法院传票”存根联标题可以写为“××××人民法院 传票（存根）”。

2. 正文

（1）在表格中写明案号、案由、当事人姓名、工作单位或者住址、传唤事由、应到时间、应到处所。

（2）第一联中列明注意事项，审判员、书记员签字，发文日期和人民法院盖章。

（3）第二联中分条概述备考内容，审判员、书记员签字，签发日期和人民法院盖章。

3. 尾部

（1）第一联写明“本联送达被传唤的当事人”。

（2）第二联写明“本联存卷”。

送达回证（刑事案件用）

适用情形

送达回证（刑事案件用），供各级人民法院在审理刑事案件时，证明已将相关诉讼文书送达时使用。

基本框架

××××人民法院
送达回证

案由		案号	（　　）　　号
受送达人的姓名、住址			
送达的文书名称及件数	受送达人签收	代收人签收	送达人
备注：			

填发人：

文本演示

案情简介：2017年5月，曹某以旅游的名义乘坐国内某航班到海南。过安检时，安检人员发现其将毒品伪装成糖果放在行李箱内。因涉嫌运输毒品，曹某被石家庄市某区人民检察院起诉到该区人民法院。人民法院将应诉通知书送达曹某并签收。

某区人民法院
送达回证

案由	运输毒品	案号	（2017）某刑初430号
受送达人的姓名、住址	曹某，河北省石家庄市某区某小区12栋3单元301室		
送达的文书名称及件数	受送达人签收	代收人签收	送达人
应诉通知书一份	曹某 2017年5月28日		宋某某
备注：无			

填发人：钱某某

要点总结

1. 首部

要写明“××××人民法院送达回证”。

2. 正文

（1）写明案由、案号、受送达人的姓名、住址、送达的文书名称、件数、受送达人签收、代收人签收、送达人。需要注意的是，“受送达人签收”和“代收人签收”栏中应写明签收人的姓名和签收日期。

（2）写明需备注的事项。

3. 尾部

尾部应写明填发人并由填发人签字。

拘传票（刑事案件用）

适用情形

拘传票（刑事案件用），供各级人民法院在审理刑事案件时，依照法定程序拘传被告人时使用。

基本框架

第一联

××××人民法院

拘传票（审批联）

（××××）×刑×××号

被拘传人姓名		性别		出生日期	年　月　日
工作单位或者住所					
应到时间	年　月　日			应到处所	
拘传原因和理由： 审判员： 年　月　日					
批准人： 年　月　日					

本联存卷

第二联

××××人民法院

拘传票

（××××）×刑×××号

被拘传人姓名		性别		出生日期	年　月　日
工作单位或者住所					
应到时间	年　月　日			应到处所	
执行人宣布： 依照《中华人民共和国刑事诉讼法》第六十六条的规定，本院决定对　　　予以拘传。 被告经法院传票传唤，没有正当理由拒不到庭的，可以缺席判决。 年　月　日 （院印）					

续表

本拘传票已于　年　月　日　时　分向被拘传人出示。 被拘传人：
执行拘传情况： 执行人：

本联执行拘传后存卷

文本演示

案情简介：秦某与施某都是某外企公司的职工，两人同在销售部门。在一次职位晋升中，秦某知道自己竞争不过施某，便捏造施某时常出入夜店、患有性病等不实传言在公司传播。该外企公司以施某行为作风有问题为由取消了施某晋升的资格。施某得知是秦某制造谣言后，便以侮辱诽谤为由将秦某起诉至人民法院，人民法院受理了此案，并在开庭前向被告人秦某送达拘传票。

第一联

某区人民法院

拘传票（审批联）

（2017）某刑初102号

被拘传人姓名	秦某	性别	男	出生日期	1990年2月27日
工作单位或者住所	工作单位：河北某某外贸有限责任公司 住所：河北省某市某区某小区23栋3单元601室				
应到时间	2017年3月22日			应到处所	某市某区人民法院执行庭

续表

拘传原因和理由： 　　秦某为获得职位晋升，捏造施某出入夜店、患有性病等不实传言，导致施某因人品素质存在问题而失去晋升机会。不仅如此，施某在公司还受到了同事们的歧视，精神上受到严重伤害，工作和生活也受到了极坏的影响。秦某应当对此承担刑事责任。 审判员：冯某 二〇一七年三月十一日
同意 批准人：唐某 二〇一七年三月十一日

本联存卷

第二联

某区人民法院

拘传票

（2017）某刑初102号

被拘传人姓名	秦某	性别	男	出生日期	1990年2月27日
工作单位或者住所	工作单位：河北某某外贸有限责任公司 住所：河北省某市某区某小区23栋3单元601室				
应到时间	2017年3月22日			应到处所	某市某区人民法院执行庭
执行人宣布： 　　依照《中华人民共和国刑事诉讼法》第六十四条[①]的规定，本院决定对秦某予以拘传。 　　被告人经法院传票传唤，没有正当理由拒不到庭的，可以缺席判决。 二〇一七年三月十一日 （院印）					
本拘传票已于2017年3月1日14时30分向被拘传人出示。 被拘传人：秦某					
执行拘传情况： 　　已向秦某传达拘传的原因，并签字确认。 执行人：叶某					

本联执行拘传后存卷

要点总结

1. 首部

（1）标题。写明“×××× 人民法院拘传票（审批联）”或者“×××× 人民法院拘传票”。

（2）案号。写明“（××××）× 刑 ××× 号”。

2. 正文

（1）写明被拘传人姓名、性别、出生日期、工作单位或者住所、应到时间、应到处所。

（2）第一联写明拘传原因和理由、审判员签字和签发日期、批准人签字和签发日期。

（3）第二联写明拘传的法律依据、拘传票向被拘传人出示的日期及被拘传人签字、概述执行拘传情况及执行人签字。

3. 尾部

（1）样式 1 写明“本联存卷”。

（2）样式 2 写明“本联执行拘传后存卷”。

提押票（刑事案件用）

适用情形

提押票（刑事案件用），供各级人民法院依照法定程序，提押被羁押的犯罪嫌疑人或者被告人时使用。

基本框架

×××× 人民法院

提押票

（××××）×刑×××号

<table>
<tr><td colspan="4">看守所：
下列犯罪嫌疑人（或被告人）一名，请准予提押。

审判员：
书记员：
年　月　日</td></tr>
<tr><td>姓名</td><td>性别</td><td>出生日期</td><td>出生地</td></tr>
<tr><td></td><td></td><td>年　月　日</td><td></td></tr>
<tr><td>提押事由</td><td>提押时间及执行法警</td><td colspan="2">还押时间和看守所值班民警</td></tr>
<tr><td></td><td>年　月　日　时　分
执行法警：</td><td colspan="2">年　月　日　时　分
值班民警：</td></tr>
<tr><td></td><td>年　月　日　时　分
执行法警：</td><td colspan="2">年　月　日　时　分
值班民警：</td></tr>
<tr><td></td><td>年　月　日　时　分
执行法警：</td><td colspan="2">年　月　日　时　分
值班民警：</td></tr>
<tr><td></td><td>年　月　日　时　分
执行法警：</td><td colspan="2">年　月　日　时　分
值班民警：</td></tr>
<tr><td colspan="4">备注：</td></tr>
</table>

本提押票还押案犯后存卷

文本演示

案情简介：2017 年 5 月，楚某穿上警察制服，到河北省唐山市某县的一处房屋，“抓获”正在赌博的李某和吴某。随后，楚某将李某和吴某带到某旅店，称只要李某和吴某每人交出 5000 元便不“追究”此事。李某和吴某因胆小，每人交出了 5000 元。不久后，楚某的计谋被发现，该县人民检察院以招摇撞骗罪向县人民法院提起公诉。该县人民法院对本案立案审理，并决定于 2017 年 5 月 23 日 9 时开庭审理，按照法定程序要提押楚某出庭。

某县人民法院
提押票

（2017）某刑初 89 号

看守所：
下列犯罪嫌疑人（或被告人）一名，请准予提押。

审判员：史某

书记员：常某

二〇一七年五月二十一日

姓名	性别	出生日期	出生地
楚某	男	1989 年 8 月 28 日	河北省唐山市
提押事由	提押时间及执行法警	还押时间和看守所值班民警	
开庭	2017 年 12 月 23 日 8 时 0 分执行法警：孙某	2017 年 12 月 23 日 12 时 0 分 值班民警：杨某	
	年 月 日 时 分 执行法警：	年 月 日 时 分 值班民警：	
	年 月 日 时 分 执行法警：	年 月 日 时 分 值班民警：	
	年 月 日 时 分 执行法警：	年 月 日 时 分 值班民警：	
备注：无			

本提押票还押案犯后存卷

要点总结

1. 首部

（1）标题。写明“××××人民法院提押票”。

（2）案号。写明“（××××）×刑×××号”。

2. 正文

（1）写明看押被告人的看守所的名称及审判员、书记员签字、发文日期。

（2）写明被告人姓名、性别、出生日期、出生地。

（3）写明提押事由、提押时间及执行法警、还押时间和看守所值班民警。

（4）写明备注事项。

3. 尾部

写明本提押票还押犯案后存卷。

换押票（公诉案件用）

适用情形

换押票（公诉案件用），供人民法院在受理公诉案件时，将人民检察院指控并已被羁押的犯罪嫌疑人换押为法院羁押时使用。

基本框架

××××人民法院

换押票

（××××）×刑×××号

××××看守所：

你所羁押的犯罪嫌疑人×××（性别____，××××年××月××日出生），××××人民检察院指控其犯______罪，向本院提起公诉，经审查，我院已依法受理，请予换押。

审判员 ×××

书记员 ×××

××××年××月××日

（院印）

附注：

本联送交看守所

文本演示

案情简介：2017年6月，雷某到外地出差，只剩下保姆和十九岁的女儿在家。方某趁着雷某不在家，晚上到雷某家中行窃。保姆夜里醒来上厕所的时候发现有小偷，便报了警。警察在调查后将目标锁定为方某并将其抓获，方某如实交代了自己的罪行。随后，人民检察院以盗窃罪向人民法院提起公诉，人民法院受理案件后向关押方某的看守所下发了换押票。

某县人民法院

换押票

（2017）某刑初456号

某看守所：

你所羁押的犯罪嫌疑人方某（男，1988年6 月16日出生），某市某县人民检察院指控其犯盗窃罪，向本院提起公诉，经审查，我院已依法受理，请予换押。

审判员　范某某

书记员　安某某

二〇一七年六月二十九日

（院印）

附注：无

本联送交看守所

要点总结

1. 首部

（1）标题。写明“××××人民法院换押票”。

（2）案号。写明“（××××）×刑×××号”。

2. 正文

（1）写明羁押犯罪嫌疑人的看守所。

（2）写明羁押犯罪嫌疑人的基本信息，包括姓名、性别、出生年月日。

（3）写明公诉人民检察院的名称及涉嫌罪名。

3. 尾部

（1）审判员、书记员签字。

（2）写明发文日期并加盖人民法院印章。

（3）有需要注意的问题在“附注”里写明。

（4）写明“本联送交看守所”。

换押票（回执）

适用情形

换押票（回执），供看守所接到人民法院换押票后将犯罪嫌疑人交给人民法院看押并告知人民法院时使用。

基本框架

××××人民法院

换押票（回执）

××××人民法院：

根据你院××××年××月××日（××××）×刑×××号换押票，我所已将羁押的犯罪嫌疑人×××换押。

看守所所长　×××

××××年××月××日

（看守所印章）

附注：

本联由看守所填写，加盖看守所印章后，退回法院存卷

文本演示

案情简介：孟某因涉嫌强奸被某看守所收押。2017年7月，河南省某市某区人民法院向看守所下发换押犯罪嫌疑人孟某的换押票，看守所遂将孟某换押给该区人民法院，并以书面形式将换押情况告知区人民法院。

某区人民法院

换押票（回执）

安阳市某区人民法院：

根据你院2017年7月23日（2017）某刑初431号换押票，我所已将羁押的犯罪嫌疑人孟某换押。

看守所所长 彭某某

二〇一七年七月二十四日

（看守所印章）

附注：无

本联由看守所填写，加盖看守所印章后，退回法院存卷

要点总结

1. 首部

（1）标题。写明“××××人民法院换押票（回执）”。

2. 正文

（1）写明换押犯罪嫌疑人的人民法院的名称。

（2）写明人民法院换押票的基本信息。

（3）写明看守所换押的情况。

3. 尾部

（1）看守所所长签字。

（2）写明发文日期并加盖看守所印章。

（3）有需要注意的问题在“附注”里写明。

（4）写明“本联由看守所填写，加盖看守所印章后，退回法院存卷”。

图书在版编目(CIP)数据

人民法院刑事法律文书大全/《人民法院民商法律文书大全》编写组编著. -- 北京：法律出版社，2021
ISBN 978-7-5197-5078-7

Ⅰ. ①人… Ⅱ. ①人… Ⅲ. ①刑事诉讼-法律文书-范文-中国 Ⅳ. ①D926.13

中国版本图书馆 CIP 数据核字(2020)第 211341 号

人民法院刑事法律文书大全
RENMIN FAYUAN XINGSHI
FALÜ WENSHU DAQUAN

《人民法院民商法律文书大全》编写组 编著

策划编辑 李 群
责任编辑 张红蕊
装帧设计 鲍龙卉

编辑统筹 法规出版分社
出版 法律出版社
总发行 中国法律图书有限公司
经销 新华书店
印刷 三河市龙大印装有限公司
责任印制 张建伟
开本 710 毫米×1000 毫米 1/16
印张 32
字数 480 千
版本 2021 年 3 月第 1 版
印次 2021 年 3 月第 1 次印刷

法律出版社/北京市丰台区莲花池西里 7 号(100073)
网址/www.lawpress.com.cn
投稿邮箱/info@lawpress.com.cn
举报维权邮箱/jbwq@lawpress.com.cn
销售热线/400-660-8393
咨询电话/010-63939796

中国法律图书有限公司/北京市丰台区莲花池西里 7 号(100073)
全国各地中法图分、子公司销售电话：
统一销售客服/400-660-8393/6393
第一法律书店/010-83938432/8433 西安分公司/029-85330678 重庆分公司/023-67453036
上海分公司/021-62071639/1636 深圳分公司/0755-83072995

书号:ISBN 978-7-5197-5078-7
定价:128.00 元